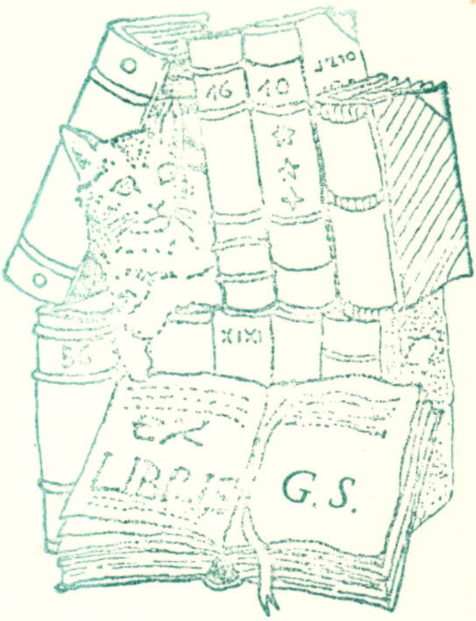
ex
LIBRIS
G.S.

Zoltán Szabó
Buch der Runen

Zoltán Szabó

# Buch der Runen

## Das westliche Orakel

Knaur

Originalausgabe

Umschlaggestaltung: Dieter Bonhorst
Satz: Appl, Wemding
Druck und Bindung: Franz Spiegel Buch GmbH
Printed in Germany 1 · 20 · 1085
ISBN 3-426-04146-4

1. Auflage

# Inhaltsverzeichnis

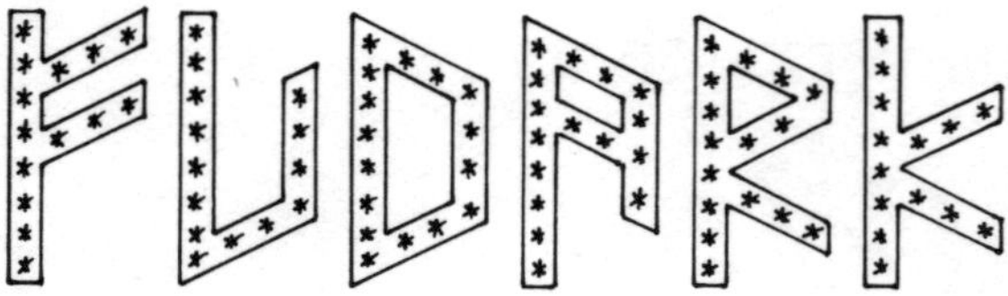

**Für Ingrid**

»Heil Tag! Heil Tagsöhne!
Heil Nacht und Nachtkind!
Heil Asen! Heil Asinnen!
Heil fruchtschwere Flur!«

# Einleitung

»Ex oriente lux.«
(Bekannter Spruch)
»Ex oriente nix.«
(Ben Kon aus Wien)

Aus dem Osten kommt das Licht – *zurück* in den Westen. Das ist das Ergebnis von langen Überlegungen, die ich vor Jahren zusammen mit meinem alten jüdischen Freund Ben Kon in Wien anstellte. Oft saßen wir im Kaffeehaus, tranken unzählige Tassen Kaffee und besprachen dabei Gott und die Welt. Da wir beide aus dem Osten kamen und nun im Westen lebten und da Wien als Tor zum Osten ohnehin geeignet für solche Gespräche ist, kam unser Gespräch immer wieder auf die Kernfrage zurück: Wo auf dieser Erde lag die Wiege von Weisheit und Wahrheit? Ben Kon wurde bei diesem Thema stets aufgeregt, fuchtelte mit seinen Händen und sprach: »Ex oriente lux, ex oriente lux ... ich sage dir: ex oriente nix. Gor nix.« Regelmäßig bestellte er nach diesem Spruch einen Kognak zu seinem Kaffee und wurde dann ruhiger.
Aus irgendwelchen unersichtlichen Gründen reagierte Ben Kon allergisch auf den Osten. Manchmal – wenn der Kognak nichts nützte – mußte ich sogar Goethe zitieren, um ihn zu beschwichtigen, wohl wissend, daß gegen ein Zitat von Goethe kein Kraut gewachsen ist:

»Gottes ist der Orient!
Gottes ist der Okzident!
Nord- und südliches Gelände
Ruht im Frieden seiner Hände.«

So konnten wir uns auf die eingangs erwähnte Formel einigen: Zumindest was die letzten 10000 Jahre der Weltgeschichte betrifft, kommt das Licht der Wahrheit aus dem Osten in den Westen zurück. Das heißt aber, daß es zuvor im Westen war.
Ben Kon und Wien liegen schon lange Jahre hinter mir, und ich denke an diese schöne Zeit sehr gerne zurück. Seither hat sich unsere damalige Auffassung zu meiner Überzeugung gefestigt. Vor ungefähr 10000 Jahren versank Atlantis in den Fluten des Ozeans, und wir sind die Erben. Alle Spuren führen dorthin zurück. Ein langer Marsch der atlantischen Flüchtlinge setzte sich damals in Richtung

Osten in Bewegung, und sie nahmen nur mit, was leicht zu transportieren war: ihr Wissen. Da sie den Eingeborenen von Eurasien in jeder Hinsicht weit überlegen waren, erschienen sie diesen als Götter oder zumindest als Engel. Selbstverständlich waren auch Teufel dabei. Sie sahen, daß die Töchter der Menschen schön waren, und nahmen viele zu Frauen, ließen sich nieder und erzählten von Atlantis.

Diejenigen, die bis Indien vorgestoßen sind, verkündeten dort die Weisheit als *Weda.* Im Laufe der Zeit wurde die atlantische Herkunft bis auf einige unerklärliche Bruchstücke der Erinnerung vergessen. Das Wissen kam jedoch mit der Entwicklung der verschiedenen Kulturen über Persien, Babylon, Ägypten, Griechenland, Rom und Spanien in den Westen zurück: ex oriente lux.

Neben diesem »Kulturkreislauf« vom Westen nach Osten und zurück gibt es aber einen anderen, geheimen Weg der atlantischen Traditionsübergabe. Dies ist die Gralstradition. Einen geographischen Weg des Grals auszumachen ist schon deshalb schwierig, weil er eben geheim verläuft. Aus dem Untergrund bestimmt die Gralsidee die Kulturentwicklung, und nur manchmal kommt sie für alle sichtbar an die Oberfläche. Als das römische Christentum nach Norden vorstieß und sich nach und nach in ganz Europa durchsetzte, war dies nur möglich, weil es tatkräftige Unterstützung von den Dienern des Grals, insbesondere aus Irland, erhielt. Die damalige Hilfe ist der Grund, weshalb die römische Kirche, obwohl sie niemals mit der Gralsidee einverstanden sein konnte, diese niemals offen angriff. Allerdings hat die Kirche die Existenz des Grals nie auch nur mit einem einzigen Wort erwähnt. Das ist eine ganz gute Arbeitsteilung: die Kirche schweigt, und der Gral arbeitet.

Ein weiteres Mal erschien der Gral nachweislich gegen Ende des 12. Jahrhunderts, als die französische und etwas später die deutsche Gralsliteratur einsetzte. Schließlich ist die Vermutung kaum von der Hand zu weisen, daß wir gerade heute erneut in einer »gralsträchtigen« Zeit leben: wer sucht, findet leicht die uralte Idee.

Den historischen Weg des Grals zu finden ist äußerst schwierig. Wenn man ihn sucht, findet man ihn fast überall. So wird berichtet, daß auch der Gral aus dem Osten nach Europa kam. Während ich diesen Satz schreibe, sehe ich meinen Freund Ben Kon vor mir und höre seine aufgeregte Stimme: »Ich sage dir, ex oriente nix!« In der Tat, mein Freund, es gibt eine äußerst schwerwiegende Überlieferung, die besagt, daß der Gral aus dem Westen kommt und sich immer noch auf dem Weg nach Osten befindet. Demnach übergaben die Priester von Atlantis das Gralsgeheimnis den Kelten, von diesen bekamen es die Germanen, die es wiederum den jetzigen Gralsträgern, den Slawen*, übergaben. Höre, Ben Kon, mein Freund, diesmal sage ich: ex occidente lux.

Bei weitem nicht alle atlantischen Flüchtlinge zogen ganz nach Indien. Viele ließen sich unterwegs nieder, manche sogar gleich an der Westküste Europas. Alle westlichen Inseln sind Überreste von Atlantis oder waren Brückenköpfe bei der atlantischen Katastrophe. Irland, die »grüne Insel im Westen«, ist wahrscheinlich ein übriggebliebener Teil des versunkenen Kontinents; Albion, der Name Englands, deutet auf das Nebelreich von Atlantis, von »prima Thule«, deren Name in »ultima Thule«, dem antiken Namen von Island, weiterlebt. Die Völker im Norden und Westen Europas konnten also ihre Erinnerungen an Atlantis in relativ reiner Form erhalten, nur wenig beeinflußt von fremden Kulturen, wie dies bei denen der Fall war, die weiter nach Osten zogen. Das alte Wissen von Atlantis wurde von Generation zu Generation weitergegeben, auch wenn man es kaum mehr verstand. Trotzdem wäre uns von diesem Wissen nicht viel geblieben, wenn nicht im 13. Jahrhundert ein Sammler in Island alte Götter- und Heldengedichte seiner Heimat auf das Pergament gebracht hätte. Diese Sammlung heißt *Edda.* So erstreckt sich der weite Bogen der Indogermanen zwischen Indien und Island, zwischen Weda und Edda.

Die Edda als »Bibel der Germanen« auffassen zu wollen wäre nun ganz falsch. Sie ist schlicht und einfach eine isländische Sammlung von Gedichten oder Liedern, allerdings die einzige, die solch gewaltige Themen wie Kosmologie und Weltuntergang behandelt. Und sie erzählt uns von den *Runen.*

Eine der Edda vergleichbare südgermanische Überlieferung gibt es nicht und somit auch keine gemeingermanische Götterlehre. Es gibt jedoch viele Anhaltspunkte dafür, daß die germanische Religion des Nordens und des Südens einander zumindest sehr ähnlich waren. Wir dürfen also doch ein wenig die Edda als germanisches Weisheitsbuch betrachten, zumal wir nichts anderes haben. Wer sie liest, spürt ohnehin die alte Weisheit durch den Körper strömen, und er weiß, daß er einen alten Schlüssel aus Atlantis in den Händen hält.

Die Schwierigkeiten beginnen bereits beim Namen; denn die Bedeutung von »Edda« ist unklar. Es gibt viele Erklärungen, die originellste stammt von dem Runenforscher Guido von List. Er deutet Edda als Eh-da, und – wie wir es bei der Behandlung der EH-Rune sehen werden – Eh-da bedeutet »schon immer da«, »ewig da«, also eine Urschrift. Und durch diese Urschrift raunen Runen.

Das Wort Rune bedeutet *Geheimnis,* geheime Beratung, Abstim-

* Zu der europiden Völkergruppe der Slawen gehören u. a. die Russen, Polen, Tschechen, Slowaken und Slowenen.

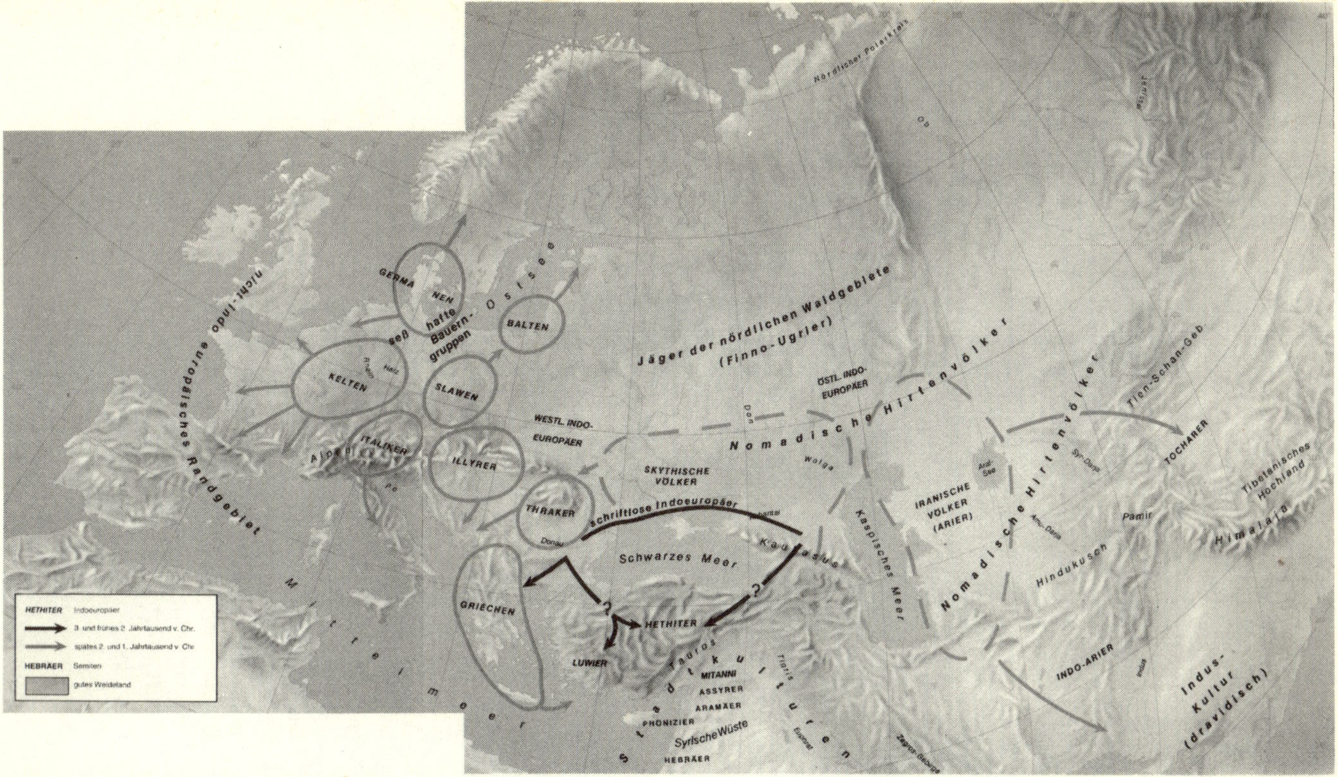
HETHITER Indoeuropäer
3. und frühes 2. Jahrtausend v. Chr.
spätes 2. und 1. Jahrtausend v. Chr.
HEBRÄER Semiten
gutes Weideland
nicht-indo europäisches Randgebiet
GERMANEN
seßhafte Bauerngruppen
Ostsee
BALTEN
KELTEN
Rhein
Harz
SLAWEN
ITALIKER
Alpen
Po
ILLYRER
WESTL. INDO-EUROPÄER
THRAKER
Donau
GRIECHEN
Mittelmeer
Jäger der nördlichen Waldgebiete (Finno-Ugrier)
ÖSTL. INDO-EUROPÄER
Nomadische Hirtenvölker
Don
Wolga
SKYTHISCHE VÖLKER
schriftlose Indoeuropäer
Schwarzes Meer
Kaukasus
HETHITER
LUWIER
Tauros
MITANNI
ASSYRER
ARAMÄER
PHÖNIZIER
Syrische Wüste
HEBRÄER
Tigris
Euphrat
Stadtkulturen
Kaspisches Meer
IRANISCHE VÖLKER (ARIER)
Aral-See
Syr-Darja
Amu-Darja
Pamir
Hindukusch
TOCHARER
Tien-Schan-Geb.
Tibetanisches Hochland
Himalaja
INDO-ARIER
Indus
Indus-Kultur (dravidisch)
Zagros-Gebirge
Ob
Jenissei
Nördlicher Polarkreis

mung und Rat. Diese Bedeutung finden wir noch in den Worten raunen und Raun (schweizerisch für »geheime Abstimmung«). Bischof Wulfila, der die Bibel im 4. Jahrhundert ins Gotische übertrug, übersetzte das griechische Wort »mysterion« (Geheimnis) mit »runa«. Der Römer Tacitus berichtet in der »Germania« von der Verwendung der Runen bei den Germanen zum Zwecke des Orakels wie folgt: Der Losende hebt drei mit Zeichen versehene Stäbchen auf, ohne hinzusehen, und deutet sie dann nach den eingeritzten Zeichen. Demnach sind also die Runen einzelne Stäbchen, und auch das eingeritzte Zeichen heißt Runstab. Es ist durchaus möglich, daß das Wort Buchstabe von Buchen-Stab (Stab der Buche) herstammt. Als Schriftzeichen sind die Runen jedenfalls seit mindestens 200 n. Chr. im Gebrauch, wie dies von den zahlreichen gefundenen Runeninschriften bezeugt wird. Ihre ursprüngliche magische Verwendung zum Zauber und Orakel geht jedoch zweifellos in weitaus ältere Zeiten zurück.
Die Germanen waren Naturmenschen und daher schreibfaul. Außerdem hatten sie eine viel zu hohe Achtung vor der Macht des geschriebenen Wortes. Als es aber nicht mehr anders ging, übernahmen sie von ihren Nachbarvölkern die Sitte des Schreibens und versuchten dabei *auch* ihre angestammten Zeichen, die Runen, zu verwenden. Viel lieber jedoch ritzten sie einzelne oder einige Runen in Holz, Ton, Knochen, Stein und einfach überall hin. Die Edda berichtet, »wo Runen stehen«:

»Auf den Schild sind sie geritzt,
der steht vor der schimmernden Göttin,
auf Arwakers Ohr und auf Alswinns Huf,
auf das Rad, das sich dreht unter des Donnerers Wagen,
auf Sleipnirs Zähne und die Zunge Bragis,
auf des Schlittens Kufen und den Schnabel des Adlers,
auf des Bären Pranke und die Pfoten des Wolfs,
auf blutige Schwinge und der Brücke Stoß,
auf der Heilbringerin Hand und der Helferin Spur,
auf Glas und auf Gold und auf gutes Kleinod,
in den Wein und ins Bier und auf gewohnten Sitz,
auf Gungnirs Spitze und auf Granis Brust,
auf der Norne Nagel und der Nachteule Schnabel.«
(Alle Zitate aus der Edda entnehme ich der Übersetzung von Felix Genzmer)

Runen sind eben nicht nur Schriftzeichen, sondern viel mehr. Jede Rune besitzt einen Lautwert, und dieser ist wichtiger als der Buchstabe als optisches Zeichen. Der *Laut* geht tiefer in die Körperlichkeit als das Bild. Wenn Sie etwas lesen, so kann die ganze Wirkung auf den Kopf beschränkt bleiben, wobei der Verstand entweder erfreut oder enttäuscht ist. Wenn Sie aber etwas aussprechen, so gerät der Kehlkopf, und wenn Sie es richtig aussprechen, der ganze Mensch in Bewegung. Insbesondere gilt das für die stabreimende Dichtung der Edda. Für die Arbeit mit Runen ist es absolut wichtig und unerläßlich, daß man die Runen laut beim Namen nennt.

Der Name einer Rune ist genauso persönlich wie der Name eines Menschen. Jede Rune lebt, sie ist eine Persönlichkeit, mehr noch, ein Individuum. Hinter dem Namen steckt kein leeres Wort, sondern – wie beim Menschen – ein Begriff, besser gesagt eine ganze Kategorie von Begriffen. Der astrologisch gebildete Leser kann einen Vergleich *eitwa* mit den Planeten anstellen. (Soeben habe ich mich verschrieben und statt »etwa« »eitwa« getippt. Eitwa erinnert aber stark an Teiwaz, den Namen des ursprünglichen Himmelsgottes und späteren Kriegsgottes [TYR-Rune], dem in der Astrologie der Planet Mars entspricht, womit der Zusammenhang hergestellt wäre. Solche »Fehlleistungen« sind geradezu typisch, wenn man sich mit den Runen abgibt, sie melden sich sofort.) Wie die Planeten, fassen die Runen viele verschiedene Begriffe aus unterschiedlichen Seinsebenen unter einem Namen zusammen. Aus der psychologischen Sicht kann man die Runen als archetypische Strukturen betrachten. Sie sind Strukturen der Wirklichkeit, die auf der jeweiligen Ebene der Realität Form und Ausdruck finden.

In diesem Buch interessieren wir uns für Runen hauptsächlich als Mittel für das Orakel. Nach der Edda ist dieser Aspekt der Runen offensichtlich so alt wie die Welt selbst. Es wird berichtet, wie die drei Nornen an der Wurzel des Weltenbaumes sitzen und dabei mit Hilfe des Runen-Orakels das Schicksal von Menschen, aber auch von Göttern sehen und bestimmen:

»Eine Esche weiß ich, sie heißt Yggdrasil,
die hohe, umhüllt von hellem Nebel;
von dort kommt der Tau, der in Täler fällt,
immergrün steht sie am Urdbrunnen.
Von dort kommen Frauen, vielkundige,
drei, aus dem Born, der beim Baume liegt:
Urd hieß man eine, die andre Werdandi –
sie schnitten ins Scheit –, Skuld die dritte;
Lose lenkten sie, Leben koren sie
Menschenkindern, Männergeschick.«

Nicht nur die drei Nornen, sondern auch die Götter benutzen die Runen. Man kann sogar ohne Übertreibung feststellen, daß die Runen geradezu das Wesen der Götter bestimmen und diese zu jenen Göttern machen, die sie eben sind. Denn die Asengötter heißen auch Rater. Wir haben bereits gesehen, daß »Rat« Rune bedeutet, wodurch sich die Asen als Runengötter entpuppen. Allen voran Odin, der unter anderem Raterfürst heißt. Die Asen reiten *jeden Tag* zu ihrer Richtstätte (nur Thor geht zu Fuß), um die Runen zu befragen:

»Zum Richtstuhl gingen die Rater alle,
heilge Götter, und hielten Rat.«

Runen werfen und lesen ist jedoch mehr als nur die Befragung des Orakels. In den Händen der Götter werden die Runen zum Instrument der Schöpfung, an der Welt selbst wird nach den Gesetzen der Runen geschaffen:

»Zum Richtstuhl gingen die Rater alle,
heilge Götter, und hielten Rat;
für Nacht und Neumond wählten sie Namen,
benannten Morgen und Mittag auch,
Zwielicht und Abend, die Zeit zu messen.«

»Zum Richtstuhl gingen die Rater alle,
heilge Götter, und hielten Rat,
wer der Zwerge Schar schaffen sollte
aus Brimirs Blut und Blains Knochen.«

Dieser schöpferische Aspekt der Runen erklärt ihre magische Verwendung. Man kann die Runen zum Abwehrzauber benutzen, also zur Selbstverteidigung, indem man zum Beispiel Älrunen (Bierrunen) auf den Bierpokal ritzt, wenn der Verdacht besteht, daß die Frau des anderen den Runenkundigen vergiften will:

»Älrunen lerne, soll eines andern Weib
nicht trügen dein Vertrauen!
Aufs Horn soll man sie ritzen und auf den Handrücken
und ziehn auf dem Nagel ›Not‹.
Den Becher soll man segnen und vor Bösem sich schirmen,
werfen Lauch in den Labetrank;
dann bin ich gewiß, daß Böses dir nicht
gemischt wird in den Met.«

Und auch zur Drohung und Verfluchung, also zu schwarzmagischen Zwecken, sind die Runen geeignet:

»Einen Thursen ritz ich und der Runen drei:
Argheit und Unrast und Irresein;
so ritz ich's ab, wie ich's ritzte ein,
wenn es dessen bedarf.«

Der magische Aspekt der Runen steht keineswegs im Widerspruch zu ihrer Verwendung als Orakel. In Wirklichkeit sind diese zwei Aspekte letztlich identisch. Denn wir schaffen unsere Zukunft selbst, zumindest potentiell und zum Teil. Wenn wir also das Orakel befragen, so erheischen wir nicht nur einen Blick in die Zukunft, vielmehr erschaffen wir diese zugleich ein bißchen mit.
Das dialektische Verhältnis zwischen Schicksal und Freiheit ist ein ewiges Thema für Philosophen. Just in Verbindung mit unseren orakelnden und weltschaffenden Runengöttern drängt sich dieses alte Problem ganz besonders stark auf. Man könnte von einer »zufallsbedingten Zukunftsgestaltung in Freiheit« sprechen, doch wir wollen uns hier auf keinen Fall in philosophischen Erörterungen verlieren. Lediglich die eindeutige Tatsache soll betont werden, daß unsere Asen keine Probleme hatten, Freiheit und Schicksal als Einheit zu sehen. Darum auch liebten sie das Spiel und betrieben es in ihrer »Freizeit«:

»Sie pflogen heiter im Hof des Brettspiels –
nichts aus Golde den Göttern fehlte.«

Wie man sieht, ist das Orakel mehr als ehrwürdig. Erst recht das Orakel mit Runen, denn wenn es nicht seit Anbeginn der Zeiten besteht, so doch – nach dem Bericht des Tacitus – seit mindestens 2000 Jahren. Das Runen-Orakel ist *das* Orakel des Westens. Mit diesem ehrwürdigen Alter kann das andere westliche Orakel, der Tarot, nicht mithalten. Trotzdem ist dieser mehr verbreitet und bekannter als die Runen, und dafür gibt es gute Gründe.
Der Tarot funktioniert mittels der menschlichen Imagination. Wer keine Vorstellungs- und Einbildungskraft hat, kann auch nicht die Karten legen. Für das Orakel mit Runen reicht jedoch Imagination nicht aus, diese Kunst erfordert Inspiration. Es gibt eine Hierarchie der geistigen Tätigkeiten, die auch gleichzeitig eine Hierarchie für Orakel darstellt. Sie stellt sich etwa wie folgt dar:

| | | | |
|---|---|---|---|
| Intuition | Hellsehen | Religion | |
| Inspiration | Runen | Kunst | } Orakel |
| Imagination | Tarot | Psychologie | |
| Konzentration | Brücke | Brücke | Brücke |
| Verstand | Denken | Wissenschaft | Logik |

Während uns beim Tarot das Bild und die dadurch ausgelöste Imagination zur Verfügung steht, haben wir bei den Runen lediglich nackte, geometrische Strukturen. Daraus erkennt man, daß Runenwerfen insofern schwieriger ist als Kartenlegen, als hier die Imagination nur in sehr geringem Umfang angeregt wird. Ebenso wie beim großen chinesischen Orakel, dem I Ging, wo man es mit Hexagrammen, also gleichfalls mit geometrischen Figuren zu tun hat. I Ging und Runen gehören zur selben Kategorie, sie dürften auch beide in Urzeiten entstanden sein.*

Doch seit diesen uralten Zeiten hat sich unser Verstand immer mehr zur Logik hin entwickelt, und wir haben das Hellsehen längst verlernt. Wollen wir die verlorene Fähigkeit wieder erobern, so haben wir in den Runen ein ausgezeichnetes Mittel zur Schulung der Inspiration. Ein ganz hohes Ziel wäre die Intuition, wer diese erreicht, braucht weder Bild noch Rune, er ist ein Hellseher und freier (immer mit Abstrichen!) Gestalter des Schicksals.

Aus diesen Überlegungen geht auch eine Hauptschwierigkeit für das vorliegende Buch und überhaupt für jede Verwendung der Runen hervor. Da die Fähigkeit der Inspiration ein Ziel und nicht Gegebenheit ist, müssen wir immer wieder auf die Imagination zurückgreifen, die wesentlich besser funktioniert. Mit anderen Worten, wir müssen Bilder suchen und finden, die die abstrakten Strukturen der Runen verdeutlichen. Dazu ist der Tarot ein ausgezeichnetes Hilfsmittel und unzählige andere Bilder ebenfalls.

Schon jetzt können wir also zwei Grundregeln für jegliche Beschäftigung mit Runen aufstellen:

1. Ein Bild sagt mehr als tausend Worte.
2. Ein Laut bewirkt mehr als tausend Bilder.

Dieses Buch soll der praktischen Arbeit (und dem Vergnügen!) mit den Runen dienen und keine theoretische Abhandlung sein. Hintergründige Überlegungen lassen sich trotzdem nicht immer vermeiden, wenn man den organischen Zusammenhang des Ganzen begreifen will. Und dies ist der einzig wahre Weg, denn Runen sind Lebewesen. Sie haben eine Mutter und einen Vater, sind untereinander verwandt und verschwägert, haben ihr höchst individuelles Anliegen, und sie haben auch Probleme. Dementsprechend wollen wir sie behandeln: mit Achtung, in Liebe und mit Humor. Dann werden sie wie die Tänzerin auf der 21. Tarot-Karte, »Die Welt«. Sie beginnen zu tanzen. Und wenn wir wollen, können wir mittanzen, denn »alles Leben ist Tanz« und Gesang.

* Die Entwicklung der chinesischen Kultur verlief unabhängig von der angedeuteten indogermanischen Entwicklung der Arier.

Zu diesem Zweck werden wir uns etwas im Garten der Götter umsehen, das Mutterzeichen der Runen suchen und den Vater Odin beleuchten müssen, bevor wir an die Behandlung der einzelnen Runen gehen können. Die *Beschreibung jeder einzelnen Rune ist zweifach* gestaltet. Das *Urteil* gibt ausreichende Auskunft für die erste Orientierung im Hinblick auf die Frage des Orakels. Das ist die eigentliche Antwort, der »Urteilsspruch«, der die Lage des Fragers andeutet. Hier kann der eilige Leser eine schnelle Information erhalten. Der *Kommentar* beleuchtet die Hintergründe und ist für jede ernsthafte Beschäftigung mit der Rune und somit für jedes tiefere Verständnis der eigenen Lage absolut unerläßlich.

»Dies ist das Buch deiner Abstammung.
Hier fängt das Buch vom Heiligen Gral an.
Hier beginnen die Schrecknisse.
Hier beginnen die Wunder.«

(Perlesvaus)

# Runen-Tabellen

## Die nordischen oder Wikinger-Runen

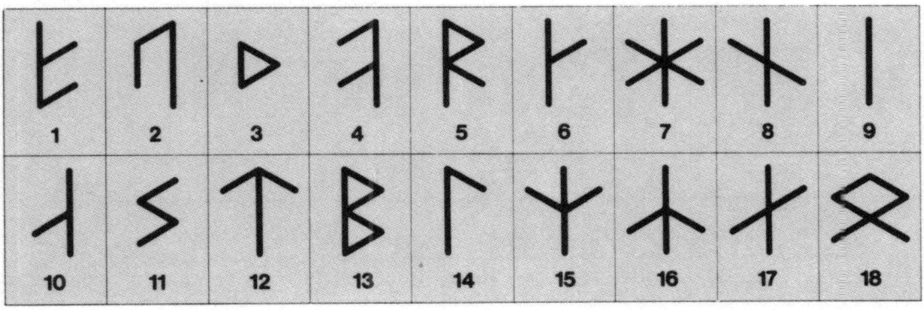


| Nr. | Name | Lautwert | Bedeutung (Orakel) |
|---|---|---|---|
| 1 | FA | f | Vater |
| 2 | UR | u (w) | Urquell |
| 3 | DORN | d (th) | Kraft |
| 4 | AS | o (a) | Sprache |
| 5 | RIT | r | Ritter |
| 6 | KAN | k (g, ng) | Potenz |
| 7 | HAGAL | h | Kristall |
| 8 | NOT | n | Not |
| 9 | IS | i (j) | Wille |
| 10 | AR | a | Adler |
| 11 | SIG | s | Sieg |
| 12 | TYR | t | Speer |
| 13 | BAR | b (p) | Mutter |
| 14 | LAF | l | Leben |
| 15 | MAN | m | Mensch |
| 16 | YR | R (y) | Verführung |
| 17 | EH | e | Gesetz |
| 18 | ODIL | | Gral |

## Die gemeingermanischen Runen

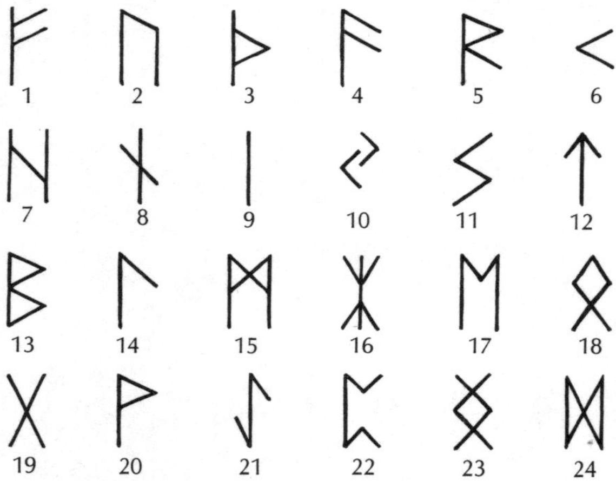


| Nr. | Name | Lautwert | Bedeutung |
|---|---|---|---|
| 1 | fehu | f | Vieh |
| 2 | uruz | u | Auerochs |
| 3 | durisaz | d (th) | Riese |
| 4 | ansuz | a | Ase |
| 5 | raido | r | Ritt |
| 6 | kaunan | k | Krankheit |
| 7 | hagla | h | Hagel |
| 8 | naudiz | n | Not |
| 9 | eisaz | i | Eis |
| 10 | jeran | j | Jahr |
| 11 | sowelo | s | Sonne |
| 12 | teiwaz | t | Himmelsgott |
| 13 | berkanan | b | Birke |
| 14 | laukaz | l | Lauch |
| 15 | mannaz | m | Mensch |
| 16 | algiz | z (R) | Elch |
| 17 | ehwaz | e | Pferd |
| 18 | odala | o | Heimat |
| 19 | gebo | g | Geschenk |
| 20 | wunjo | w | Wonne |
| 21 | iwaz | e (ei) | Eibe |
| 22 | perdo | p | ? |
| 23 | ingwaz | ng | Fruchtbarkeitsgott |
| 24 | dagaz | d | Tag |

Die Reihenfolge der ersten 18 gemeingermanischen Runen entspricht der nordischen Reihe der Wikinger-Runen. Die restlichen Runen der gemeingermanischen Reihe haben in der kürzeren nordischen Reihe keine Entsprechung. Die Namen und Zeichen der Runen sind nicht eindeutig, für fast jede Rune existieren verschiedene Varianten.

Die ursprünglich magische (esoterische) Verwendung der Runen ist unumstritten, erst später wurden sie auch als profane (exoterische) Schrift- und Merkzeichen verwendet. Da jedoch die wissenschaftliche Runenforschung nicht viel mit dem esoterischen Aspekt der Runen anzufangen wußte, wurde zuerst ihre profane Bedeutung erforscht. Während sich die wissenschaftliche Runenforschung auf die zeitliche Datierung der Runenfunde stützen muß, ist die esoterische Einstellung zeitlos und versucht, das verborgene Wesen der Runen zu erfassen.
Als weitere Schwierigkeit kommt hinzu, daß mindestens fünf verschiedene Runenreihen bekannt sind, die zum Teil erheblich voneinander abweichen. Folgende kurze Übersicht soll versuchen, die im Rahmen dieses Buches notwendige Klarheit zu verschaffen.

1. *Die gemeingermanische Runenreihe*
Die 24 Runen der Reihe sind auf ihre profane Bedeutung hin wissenschaftlich erforscht. Sie waren von 150 v. Chr. bis 800 n. Chr. bei allen germanischen Stämmen verbreitet, wonach sie verschwanden.

2. *Die angelsächsische Runenreihe*
Diese Reihe war vom 8. bis zum 12. Jahrhundert verbreitet und bestand zuerst aus 28, später aus 33 Runen. Die Runen der Reihe werden im vorliegenden Buch nicht behandelt.

3. *Die nordische Runenreihe*
Die Reihe war im Norden (Skandinavien) verbreitet und erlebte in der Wikingerzeit (800 bis 1050) ihre Blütezeit. Sie enthält 16 Runen (von FA bis YR), deren exoterische Bedeutung wissenschaftlich erforscht wurde. Die nordischen Runen bilden die Brücke zur esoterischen Runenkunde.

4. *Die esoterische Erneuerung*
Guido von List (1848–1919) erweiterte die nordische Reihe um die Runen EH und GIBUR zu seinem 18teiligen »Armanen-System«. Er setzte die 18 Runen mit den 18 Zauberliedern Odins aus der Edda in

Verbindung und beleuchtete ihre verborgene Bedeutung. Alle späteren esoterischen Runenforscher bauen auf seine Erkenntnisse.

5. *Die Wikinger-Runen*

Unter diesem Namen behandeln wir die 18teilige (nordische) Runenreihe, die bis auf eine Rune mit dem esoterischen System von Guido von List identisch ist. Den Unterschied bildet die letzte Rune, diese ist in der Armanen-Reihe GIBUR, in der Wikinger-Reihe hingegen ODIL.

GIBUR

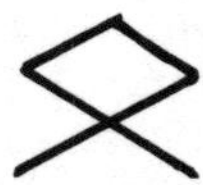

ODIL

# Die Runen im Garten der germanischen Götter

»Wer findet sich noch zurecht in dem ›wissenschaftlichen‹ Gewirr der Runenforschung, in dem ungeklärten Nebeneinander von Theorien gegensätzlicher Art, in dem Durcheinander der Auffassungen über die Bedeutung der Runstaben (Sinnzeichen? Profanzeichen? Geschäftige Entlehnung? Eigenständigkeit?), in dem Hin- und Herirren zwischen Antike und Spätantike, Persern und Goten, Römern und Griechen, Germanen und Norditalikern, Kelten und Skythen, Steinzeit und Eisenzeit, Atlantis, Skandinavien und Iran, Donau und Südrußland, Alpen und Westdeutschland, nördlichen und südlichen Zonen!« (Erich Buchholz, Schriftgeschichte als Kulturgeschichte)
Dort, wo die Wissenschaft nicht mehr weiterführt, hilft nur noch die Kunst. Darum will dieses Buch keine wissenschaftliche Abhandlung, sondern ein Kunstwerk sein; und der Leser wird am Ende selbst entscheiden müssen, ob dieses Ziel erreicht worden ist. Trotzdem müssen wir am Anfang ein wenig wissenschaftlich vorgehen, wir müssen ordnen und systematisieren, damit wenigstens etwas Ordnung ins oben zitierte Gewirr einziehen kann.
Verschiedene Runenreihen (»Alphabete«) sind bekannt, und einzelne Runen können auf verschiedene Art und Weise, durch unterschiedliche Zeichen dargestellt werden. Zwei Runenreihen sind für unsere Betrachtungen besonders wichtig: Die gemeingermanische Reihe (24 Runen) war im gesamten germanischen Raum verbreitet und starb um 800 n. Chr. allmählich aus. Gleichzeitig trat eine nordgermanische Runenreihe hervor (18 Runen, 16 davon »wissenschaftlich« nachgewiesen), verbreitete sich im Norden Europas und erlebte in der Wikingerzeit ihre Blüte. Aus diesem Grund nennen wir diese geschichtlich gesehen jüngere, dem Wesen nach jedoch viel ältere Reihe die »Runenreihe der Wikinger« und ihre Runen »Wikinger-Runen«.
Beide Runenreihen heißen auch FUDARK (auch Futhark und Futhork), weil ihre Runen nicht in der Ordnung des Abc stehen, sondern die ersten sechs Runen (FA, UR, DORN, AS, RIT, KAN) eben das Wort Fudark ergeben. Wir beschäftigen uns fast ausschließlich mit den Wikinger-

Runen. Die gemeingermanischen Runen werden nur gelegentlich in die Betrachtung einbezogen, wenn sie für das Verständnis der Zusammenhänge behilflich sind. Natürlich sind die zwei Reihen zum großen Teil einander ähnlich oder gar gleich. Sie sind ja keine unabhängigen Entwicklungen. Vielmehr setzten die Nordgermanen die Tradition fort, als diese im Süden durch das römische Christentum unterdrückt wurde. Lediglich als Folge der Lautverschiebung änderte sich der Lautwert einiger Runen, bei anderen Zeichen und Bedeutung. Auf jeden Fall scheinen die Wikinger-Runen den Höhepunkt germanischer Runen-Kultur aufzuzeigen.
Man kann versuchen, dem Geist einer Schrift näherzukommen, indem man das Mutterzeichen des Alphabets sucht. Dieses entsteht, wenn man die geometrische Figur findet, die alle Buchstaben des Alphabets in sich enthält. Ist das gefundene Mutterzeichen ein Mandala (das heißt wohlgeordnet, harmonisch und symmetrisch), so kann man auf einen entsprechenden geistigen Zustand der Kultur schließen, die die Schrift benutzte bzw. hervorgebracht hat. Ist das Mutterzeichen chaotisch, so ist es der Kulturgeist ebenfalls. Der eingangs zitierte Erich Buchholz hat diese Untersuchung in seinem Buch »Schriftgeschichte als Kulturgeschichte« für einige Alphabete unternommen, unter anderem auch für das gemeingermanische Fudark. Das Mandala, das er dabei fand, beschreibt er wie folgt:
»Bildlich genommen, erinnert das runische Schlüsselzeichen an ein Gartentor vor einem Giebelhaus. Ich suche danach in der Mythologie (sollte Walhall gemeint sein?) und denke bei dem Schlüsselsymbol an Grimnismal Strophe 22:

›Walgatter heißt, das steht auf dem Felde,
heilig, vor heiligem Eingang,
alt ist das Gatter, aber wenige wissen,
wie es ins Schloß sich schließt.‹ «

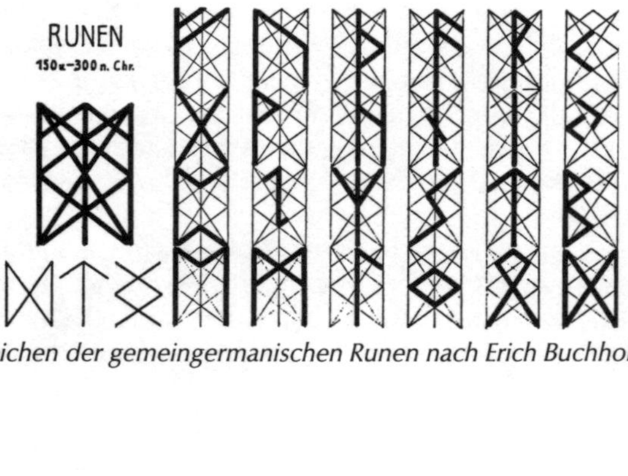

*Mutterzeichen der gemeingermanischen Runen nach Erich Buchholz*

Es scheint so, daß die Wikinger den Schlüssel zum Tor des gemeingermanischen Runenmandalas gefunden hatten. Unverzagt (wild wie sie waren) öffneten sie das Tor und gingen in den Garten der Götter hinein. Denn während das gemeingermanische Mutterzeichen noch etwas kompliziert und kein vollständiges Mandala ist zeigt das Mandala der Wikinger-Runen eine denkbar einfache und daher überzeugende geometrische Figur. Es ist das Sechseck mit dem eingezogenen sechsstrahligen Stern.

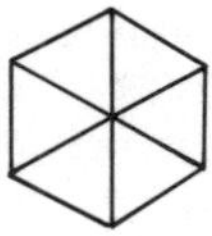

Alle 18 Wikinger-Runen (und einige andere Runen ebenfalls) entstammen diesem Mandala, und umgekehrt wird das Runenmandala durch die Runen erzeugt. Wir werden nun im folgenden die Beziehung zwischen den Runen und ihrem Mutterzeichen näher untersuchen und dabei versuchen, die scheinbar zufällig aussehenden Runen zu ordnen. Jede Rune ist ein Individuum und von den anderen grundverschieden. Gruppen von bestimmten Runen stehen im verwandtschaftlichen Verhältnis zueinander, sie haben eine unterschiedliche Abstammung und sind verschieden alt. Mit dem Alter der Runen wollen wir beginnen und dabei eine *Genesis* vor unseren Augen entstehen lassen.
Am Anfang werden Ihnen die Runen wahrscheinlich fremdartig erscheinen (es sei denn, Sie sind ein Runenforscher). Greifen Sie dann immer zu den Tabellen mit den Zeichen und Erklärungen und schauen Sie nach. Noch besser ist es, Sie fertigen sich eigene Tabellen an und sprechen jedesmal beim Lesen die Namen der Runen laut aus. Bald werden die Runen Ihre Freunde sein, und wenn Sie sie schätzen und lieben gelernt haben, werden sie zu Ihnen sprechen. Ich jedenfalls tue mein Bestes dazu.
Runen sind wie Menschen, sie werden gezeugt und geboren. Ihre Mutter ist die Große Mutter Erde, das weibliche Prinzip schlechthin. Sie trägt unzählige Namen, doch sind diese hier nicht von Bedeutung. Im Rahmen einer geometrischen Symbolik wurde sie schon immer als O dargestellt, als Kreis, Quadrat, Raute oder Vieleck; in unserem Runenmandala ist das leere Sechseck die Große Mutter. Am Anfang ist die Mutter allein. Dann gebärt sie aus sich heraus den ersten namenlosen Mann, den Phallus, der ihr Sohn ist: I. Nun kann sich das männliche mit dem weiblichen Prinzip vereinigen, Kinder zeugen und gebären, und die Geschichte beginnt.

Die 18 Wikinger-Runen werden nach der überlieferten Tradition in drei Geschlechter eingeteilt:
Freyrs Geschlecht: FA, UR, DORN, AS, RIT, KAN
Hagals Geschlecht: HAGAL, NOT, IS, AR, SIG
Tyrs Geschlecht: TYR, BAR, LAF, MAN, YR, EH, ODIL
Dies ist eine rein mechanistische Einteilung. Zwar stehen den Geschlechtern die Namensgeber oder Stammväter vor (FA ist die Rune des Freyr), ansonsten handelt es sich jedoch lediglich um eine sture Wiederholung der FUDARK-Reihenfolge. Aus dieser Einteilung ist kein organischer Zusammenhang zu ersehen, keinerlei verwandtschaftliche Beziehungen der Runen untereinander sind zu entdekken.

**Der Stamm der Thule-Runen**

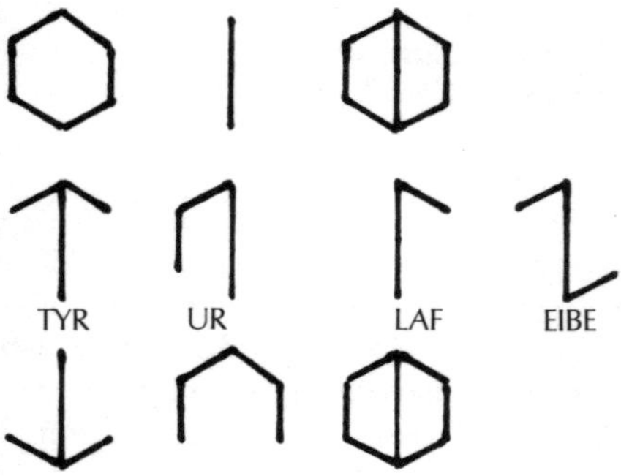


| | |
|---|---|
| Erste Zeile: | Die Große Mutter, der Phallus, ihre Vereinigung |
| Zweite Zeile: | Die vier Thule-Runen aus dieser Verbindung:<br>TYR als Himmelsgott<br>UR (Auerochs, Urquell)<br>LAF (Lauch, Leben)<br>EIBE (Kultbaum) – gemeingermanische Rune (Nr. 21)<br>Wir nehmen die vier Runen als Buchstaben und lesen:<br>TULE = Thule |
| Dritte Zeile: | TYR als Fruchtbarkeitsgott, UR als Urmutter, ihre Vereinigung |

Wir fangen bei der Großen Mutter an und betrachten das leere Sechseck (siehe Abbildung »Der Stamm der Thule-Runen«). Das Sechseck besteht aus sechs Seiten, und jede dieser Seiten ist ein Teil der Großen Mutter. Immer, wenn wir in einer Rune eine solche Seite entdecken, haben wir den mütterlichen Erbteil der Rune vor uns. Der Stab ist der Phallus. Wie ihn die Mutter aus sich hervorgebracht hat, ist ein Mysterium, doch jetzt ist er da, der namenlose Mann, und kann sich mit der Mutter verbinden. Der Stab spaltet das Sechseck.

Eine Zwischenbemerkung sei mir erlaubt. Wenn man mit Runen erfolgreich arbeiten will, ist es äußerst wichtig, auf die Sprache zu achten. Der Stab spaltet das Sechseck und teilt es nicht. Teilen kann man nur waagrecht, wie dies das Wort »Zeile« zeigt.* Die Spalte hingegen ist immer senkrecht.

Würden wir die Mutter, so wie sie da steht, teilen, wäre sie tot oder zumindest schwer verletzt. Wir müßten dabei nämlich zwei ihrer Seiten durchschneiden und würden damit einigen Runen das Leben nehmen. Wir spalten also und suchen die Runen, die aus dieser Vereinigung als Kinder hervorgehen. Von allen Runen (einschließlich der gemeingermanischen Reihe) sind es vier: TYR, UR, LAF und EIBE. Alle vier Runen enthalten den Stab als väterlichen und eine oder zwei Seiten des Sechsecks als mütterlichen Erbteil. Der Stab ist jedoch kein richtiger Vater, er ist nur ein namenloser Phallus, eine Hilfskonstruktion, die die Mutter zum Zwecke der Zeugung aus sich hervorgebracht hat. Diese Runen gehören ganz und gar zum mütterlichen Bereich, und genau diese Tatsache macht sie miteinander verwandt. Andere Runen mit denselben Eigenschaften gibt es nicht, die Familie ist geschlossen.

Sehen wir uns diese vier Runen im einzelnen an. TYR (er heißt auch Teiwaz) ist der frühe Himmelsgott der Germanen, später wurde er durch Odin verdrängt und übernahm die Aufgaben des Kriegsgottes. Er ist der erste Vatergott, der erste Allvater, weil er der Erstgeborene ist. Tyr kennt seinen Vater nicht, dieser war der namenlose Phallus. Tyr ist der erste männliche Gott, der einen *Namen* trägt. Trotzdem ist er in der Hauptsache ein phallischer Begleiter der Großen Mutter, denn außer dem Stab trägt er nur Teile der Mutter (Sechseckseiten) und keine eigenen männlichen Anteile in seiner Gestalt. Sein Zeichen, der Speer (oder Pfeil), ist phallisch genug, vornehmlich, wenn er nach unten gerichtet ist. Der nach unten gerichtete Pfeil hat die erste Aufgabe, die Mutter Erde zu pflügen und neues Leben zu erzeugen. Doch die Zweiheit ist bereits da: Während der

* Zeile = Teile, denn Z und T haben denselben Ursprung. So auch bei der Wandlung des Namens Tyr, Tiw, Ziu.

phallische Fruchtbarkeitsgott Tyr seinen irdischen Pflichten nachgeht, fliegt der nach oben gerichtete Speer als Himmelsgott Tyr in einen luftigen, männlichen Himmel. Bald wird er dort seine männlichen Eigenschaften entdecken und sein Gesicht sowie die Welt wandeln.

Die zweite Rune ist UR. Der Ur ist der Auerochs, ein Urtier, das heute längst ausgestorben ist. Als Urquelle und Urgrund weist uns UR auf längst vergangene Zeiten hin, dorthin, wo die letzten Ursachen der Gegenwart liegen. UR ist zweigeschlechtlich. Um sich mit dem phallischen Fruchtbarkeitsgott Tyr zu vereinigen, verwandelt sich die Große Mutter in UR und trägt dabei den Namen Urmutter. Ihre Vereinigung (siehe Abbildung) ist immer noch die Urvereinigung, doch jetzt trägt der Phallus einen Namen und weiß nicht, daß UR eigentlich seine Mutter ist.

Die nächste Rune unserer Familie ist LAF. Es ist das jüngste Kind der Mutter in dieser Familie, sein Vater war bereits Tyr. Das erkennt man daran, daß die einzige mütterliche Seite in LAFs Gestalt auch zu TYR gehört. Dennoch verweist auch LAF auf die Vergangenheit, denn sein Name bedeutet Lauch, und dieser war (wie auch die Mistel) eine uralte Kultpflanze der Germanen. Eine weitere Kultpflanze ist die letzte Rune, die EIBE. Abgesehen davon, daß man aus Eibenholz den besten Speerschaft (TYR) machen konnte, wurde die Eibe als heiliger Baum verehrt. Einige Forscher behaupten, daß der Weltenbaum der Germanen ursprünglich eine Eibe und nicht – wie später – eine Esche war. Die Runen bestätigen diese Ansicht vollständig, wie wir sogleich sehen werden.

Vorher wollen wir aber noch die soeben besprochenen vier Runen zusammen betrachten. Jede Rune hat ja ihren eigenen Lautwert. Lesen wir die vier Runen TYR, UR, LAF und EIBE als Buchstaben mit ihren Lautwerten in dieser Reihenfolge, so lesen wir TULE. TULE ist *Thule,* nichts anderes als *Atlantis.* Das also ist die Urheimat unserer Runenfamilie, von Atlantis (prima Thule) kamen sie vielleicht nach Island (ultima Thule) und tragen ihre Herkunft unauslöschbar in ihrer Gestalt – wenn man sie lesen kann.

Wir nennen deshalb diese Runen den Stamm der Thule-Runen, sie sind zweifellos die ältesten Runen von allen und erinnern an eine längst vergangene Zeit. Da jedoch jedes Geschlecht heutzutage auch einen männlichen Stammvater braucht und da wir außerdem den Anschluß an die vorhin erwähnte Tradition der drei Runen-Geschlechter wahren wollen, nennen wir sie auch Tyrs Geschlecht, denn auch dies ist gut begründet.

Um die nächste Abbildung (Vom Lauch zum Lebensbaum) besprechen zu können, müssen wir etwas über die Bewegungsmöglichkeiten der Runen wissen. Runen sind wie Menschen und können sich wie diese ziemlich frei bewegen. Wie die aufgefundenen Runeninschriften zeigen, ist die Schriftrichtung ziemlich beliebig. Die Schrift kann von links nach rechts verlaufen, aber genausogut von rechts nach links. Im letzteren Fall werden die Runen »gewendet«, das heißt entlang der Längsachse gespiegelt, und wir haben »Wenderunen« vor uns. Auch in einer von links nach rechts verlaufenden Schrift können einzelne Wenderunen stehen und umgekehrt ebenfalls. Darüber hinaus kann der Schriftzug schlangenförmig die Richtung ändern, so daß die Runen der zweiten Zeile auf dem Kopf stehen, hier werden die Runen »gestürzt« und heißen »Sturzrunen«. Auch Sturzrunen können einzeln innerhalb einer normalen Schrift auftauchen und umgekehrt. Schließlich können zwei oder mehrere Runen »gebunden« werden, wodurch »Binderunen« entstehen. Sie sind dann die Summe der miteinander verbundenen Runen, wobei gemeinsame Teile der Runen (z.B. Achse) nur einmal gezogen werden, weiterhin können einzelne Teile der Binderune weggelassen werden, falls die Bedeutung dadurch nicht verlorengeht. Die einzige Bewegung, die die Runen nicht mögen, ist, wenn man sie legt (umlegt). Auf die Bedeutung dieser Runenbewegungen werden wir noch zu sprechen kommen, sie erhellt sich zum Teil von selbst, je mehr Sie in das Wesen einer Rune eindringen. Bei der Besprechung der Thule-Runen haben wir bereits Beispiele für Sturz- und Binderunen gesehen. TYR als Himmelsgott ergibt gestürzt TYR als Fruchtbarkeitsgott (und umgekehrt). Die zwei Pole (oben und unten) sind Himmel und Erde, und je nachdem, wonach sich TYR ausrichtet, wirkt er einmal phallisch und das andere Mal vergeistigt – beidesmal bleibt er jedoch TYR. Die Rune UR haben wir mit sich selbst gebunden und erhielten die Binderune UR-UR (S. 24), die auch wieder UR ist. Der Stab (Pfahl) in der Mitte wurde weggelassen, um diesmal den weiblichen Charakter von UR zu betonen (Urmutter), wodurch die Rune ihr UR-Wesen keineswegs verliert oder auch nur zum Teil einbüßt.

### Vom »Lauch« zum Lebensbaum

In der Abbildung auf S. 28 werden zwei Bewegungen durchgeführt: Von links nach rechts werden die Runen zuerst gewendet und dann mit den Wenderunen gebunden. Von oben nach unten werden die Runen zuerst gestürzt und dann mit den Sturzrunen gebunden.

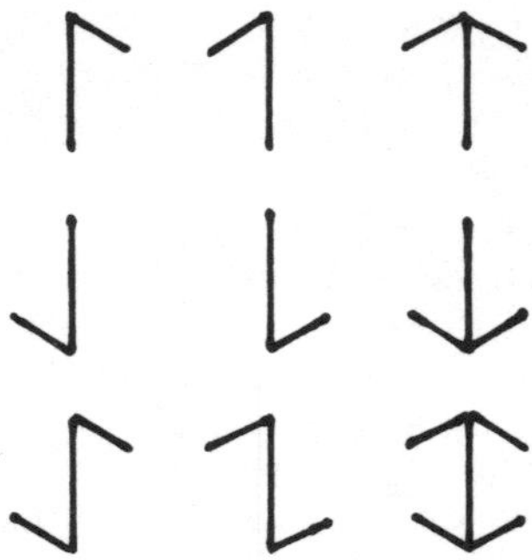

Erste Zeile (links nach rechts): LAF (Lauch, Leben) wird zu TYR als Himmelsgott
Zweite Zeile (links nach rechts): LAF (gestürzt) wird zu TYR als Fruchtbarkeitsgott
Dritte Zeile (links nach rechts): EIBE wird zum Lebensbaum
Erste Spalte (von oben nach unten): LAF wird zu EIBE (gewendet)
Zweite Spalte (von oben nach unten): LAF (gewendet) wird zu EIBE
Dritte Spalte (von oben nach unten): TYR wird zum Lebensbaum

Schlußfolgerung: Der heilige Baum des Tyr ist die Eibe. Seine heilige (heilende, reinigende) Pflanze ist der Lauch, der zugleich Leben bedeutet.

Wenden wir uns nun Lauch und Lebensbaum zu, hier werden wir auch Wenderunen kennenlernen. Die Abbildung oben zeigt ein »magisches« Runenquadrat, das wir noch öfter benutzen werden, weil es die Runen durch Bewegung lebendig macht. Stellen Sie sich das Ganze als Tanz vor und schauen Sie zu, wie leicht und fließend die Runen sich bewegen. Es ist ein ewiger Tanz, der kein Ende hat, ein alter Tanz aus Atlantis. Alle Tänzer sind vom Stamm der Thule-Runen, der erste Tänzer ist LAF. In der ersten Zeile wird LAF zuerst gewendet und schaut sich im Spiegel an. Der Spiegel vertauscht links und rechts und läßt so die andere Seite der Dinge erkennen. (Haben Sie sich schon einmal überlegt, daß Sie sich im Spiegel nie so sehen, wie die anderen Sie sehen?) Das ist das ganze Geheimnis der Wenderunen, und so fällt es LAF leicht, sich mit dem eigenen Spiegelbild zu verbinden, wodurch sich LAF als TYR erkennt. In der zweiten Zeile wird LAF zunächst von oben kommend auf den Kopf gestellt und schaut sich die Welt von unten an. Dann geschieht das gleiche wie in der ersten Zeile, nur sieht LAF diesmal seine Rückseite im Spiegel, und seine Aufmerksamkeit ist nicht auf die Höhe des Himmels, sondern in die Tiefe der Erde gerichtet. LAF erkennt sich als phallischen TYR. In der dritten Zeile (wie in der dritten Spalte) stehen Binderunen. LAF hat sich mit sich selbst zu EIBE gebunden. Die Eibe ist als Baum mit seiner Krone und seinem Wurzelwerk ein treffliches Symbol für die Vereinigung von oben und unten. LAF ist jedoch nur ein Mensch und kein Gott. Die Bedeutung der Rune ist Leben, Wasser und Lauch. Immerhin hat es der Lauch durch seine Wende- und Sturzübungen so weit gebracht, sich als Eibenbaum zu erkennen. Wenn dies aber der Gott TYR tut (dritte Spalte), entsteht der *Weltenbaum.* Der Weltenbaum ist ein zentrales Symbol in der germanischen Götterlehre, wir werden noch verschiedene Varianten kennenlernen. Aus der Sicht der Thule-Runen erscheint der Weltenbaum als Eibe, sie ist der heilige Lebensbaum von Atlantis, der Baum der Großen Mutter. Die Eibe ist ein immergrüner Nadelbaum, der – soweit noch vorhanden – im Norden vorkommt. Obwohl sie bis zu 3000 Jahre alt werden kann, ist sie heute, wie die Erinnerung an Atlantis, vom Aussterben bedroht.

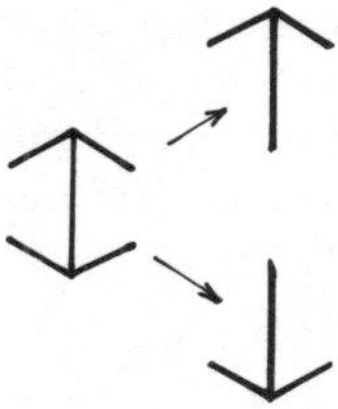

Tyr als Himmelsgott und Tyr als Fruchtbarkeitsgott vereint, ergibt den Weltenbaum. Die Krone des Baumes ist der Speer mit dem Schaft aus Eibenholz, der in den Himmel fliegt und Engel wird; der Stamm ist der Phallus, der sich hier teilt (und nicht spaltet); das Wurzelwerk ist der phallische Tyr, das heilige Tier. Krone, Stamm und Wurzel ergeben den Baum, Engel und Tier den Menschen, Himmel und Erde die Welt.

ULL

Ull hieß einer der zwölf Asen, sein Name ist hier in Runen abgebildet und bedeutet Urleben. Ull kommt aus Atlantis, sein Wohnsitz heißt Eibental (Ydalir). Ull ist ein ausgezeichneter Bogenschütze, seine Bogen sind aus Eibenholz gefertigt.

Die gemeingermanische Rune EIBE ist gestorben, doch sie hat ihre Bedeutung an die nordische Rune YR übertragen. So bedeutet YR

(unter anderem) auch Eibe und Bogen, und man kann in ihrer Gestalt leicht den gespannten Bogen des Bogenschützen Ull erkennen.
Wir verlassen Atlantis mit ihren »urigen« Bewohnern vom Stamm der Thule-Runen, denn ihr Schicksal hat sie zum Untergang bestimmt. Nie aber geht Urleben verloren. Es lebt weiter in der Nachfolge, in uns. Doch jetzt müssen wir schnell weg, denn

»Schwarz wird die Sonne die Sommer darauf;
Wetter wüten – wißt ihr noch mehr?«

Ull ist der Ase, der den Übergang der Tradition von Atlantis nach Europa bezeugt. Seine Rune kann auch als TUL gelesen werden, er schießt seinen Pfeil von Atlantis nach Island. Betrachten Sie Ulls Rune ganz genau. Sehen Sie die hohe und weite Flugbahn seines Pfeils, die von links nach rechts, vom Westen nach Osten führt? Dort, wo der Pfeil den Höhepunkt seiner Flugbahn erreicht, fand die Übergabe des Grals an die Kelten statt. Links ist Atlantis, das UR-Reich, das nun untergehen muß. Rechts stehen die Kelten Europas – Barbaren für die Atlanter – und empfangen den Gral mit demselben ungläubigen Staunen, mit dem wir heute die Besatzung eines soeben gelandeten Ufos begrüßen würden. Die gemeinsame Aufgabe von UR-Atlantern und BAR-BAR-en hieß damals: mit dem alten Wissen das neue Land URBAR zu machen.

URBAR

Die Ureinheit der Großen Mutter war verloren, als sich der Allvater Tyr in Himmelsgott und Fruchtbarkeitsgott teilte. Ab jetzt verläuft die Entwicklung des männlichen Prinzips zweigleisig, und wir müssen beide Linien beachten. Man könnte auch sagen, daß sich das männliche Prinzip zwischenzeitlich emanzipiert hat, denn nun tritt Allvater der Großen Mutter völlig gleichberechtigt entgegen. Allerdings hat er auch seinen Namen geändert, der Allvater heißt nicht mehr Tyr, sondern HAGAL, und sein Titel wird zuletzt von Odin in Anspruch genommen.

Die Große Mutter

Der Allvater

Ihre Vereinigung

Allvater tritt noch nicht ganz in Erscheinung, er schickt zuerst Stellvertreter. Seine Vereinigung mit der Mutter Erde (Sechsstern im Sechseck) ergibt unser vollständiges Runenmandala, doch zunächst erscheinen nur Runen, die Teile von Mutter und Vater haben. Das nächste Runengeschlecht, das wir untersuchen, wird gerade dadurch charakterisiert, daß jede Rune sowohl Teile der Mutter als auch Teile des Vaters enthält. Wir sahen, daß jede Seite des Sechsecks ein Teil der Mutter ist. Ebenso ist jeder Teil des Sechssterns (wir nennen sie Äste) ein väterlicher Erbteil. Der wesentliche Unterschied zwischen den Thule-Runen und den nun kommenden Runen ist die Tatsache, daß während erstere lediglich den namenlosen Phallus als väterlichen Erbteil aufweisen, letztere mit ihren Ästen differenziertere Aspekte des Allvaters HAGAL zeigen.
Die geteilte Entwicklung des männlichen Prinzips kann man im Rahmen der Götterlehre gut verfolgen. Der namenlose Phallus ist zwar ein Begriff, doch er trägt eben keinen Namen und kann daher auch nicht genannt werden – der erste Name des Vatergottes ist Tyr. Wir fanden jedoch hinter dem Namen Tyr (und vor ihm in der Zeit) die Eibe als Kultbaum, der Phallus und Tyr in sich vereinigt. Wir können also doch beim namenlosen Phallus beginnen und sehen folgende Entwicklung:

Tyr als Himmelsgott ⟶ Odin

Phallus ⟶ Eibe

Tyr als Fruchtbarkeitsgott ⟶ Ing ⟶ Freyr

Dieselbe Entwicklung finden Sie auf Seite 32 in Runen dargestellt.

Diese Skizze darf nur als grobe Annäherung angesehen werden, gerade ausreichend, um dem Verständnis der Runen etwas näherzukommen. Verfolgen wir zuerst die untere Linie. Tyr als Fruchtbarkeitsgott ist weniger bekannt, er gilt vor allem als Himmelsvater. Dafür tritt Ing (Ingwaz) eindeutig als phallischer Fruchtbarkeitsgott hervor, er ist im Wesen identisch mit dem irdischen Aspekt des Tyr. Ing bedeutet soviel wie »Gott als Geschlechtswesen«, und seine Rune (gemeingermanische Rune Nr. 23) bestätigt vollständig seinen Namen.

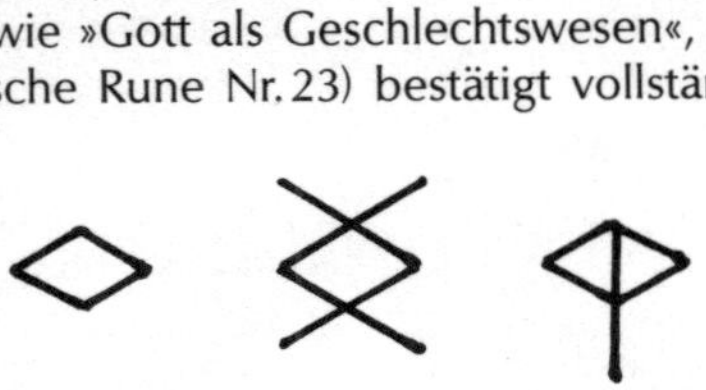

Hier sind drei Varianten der ING-Rune. Obwohl Ing unzweifelhaft ein männlicher Gott ist, tragen alle drei Runen das Zeichen der Mutter, die Raute. Die erste Rune ist sogar die Mutter selbst. Die zweite zeigt die Vereinigung von Mann und Frau unter der Aufsicht der Mutter, die dritte ebenfalls. Ing ist also stets bei der Mutter, ohne die Vereinigung mit ihr kann er gar nicht existieren. Er ist der Gott der phallischen Begleiter*, seine Aufgabe ist die stete Zeugung und immerwährende Erneuerung des Lebens. Ohne einen himmlischen Gegenpol muß er untergehen, denn wenn er seine phallische Aufgabe erfüllt hat, wird er geopfert. Mit dieser Deutung ist natürlich das Wesen des Ing und der ING-Rune noch keineswegs erschöpft. Wir werden noch auf diese Runen in anderem Zusammenhang zurückkommen, hier soll nur der phallische Charakter des Ing betont werden.

Den Titel des Fruchtbarkeitsgottes übernahm von Ing der Wane Freyr. Das beweist eindeutig ein Name des Wanen, der Yngwi-Freyr lautet. Zweifelsfrei besaß Freyr auch den grobphallischen Charakter des Ing, doch in erster Linie galt er als »Herr«, als der vornehmste unter den Göttern. Diese Zweideutigkeit seines Wesens deutet darauf hin, daß er zeitweilig der Allvater war und später von Odin verdrängt wurde. Diese komplizierten Verhältnisse hängen mit dem ersten Krieg der germanischen Göttergeschichte, mit dem Asen-Wanen-Krieg zusammen, auf den wir noch zu sprechen kommen werden. Jetzt ist wichtig, daß wir am Ende der bisher betrachteten Entwicklung eine Teilung der männlichen Gottheit in der Person des oberen Odin und des unteren Freyr vor uns haben. Freyr ist der Gott der Erde und des Wassers, er ist verantwortlich für Saat und Zeugung, er ist der Gatte (und Begatter) der Mutter Erde.

Den oberen Pol findet Freyr im »jungen« Odin. Tyr wurde als Himmelsgott im Laufe der Zeit vom Luft- und Windgott Odin verdrängt. Odin, der schillerndste aller Götter, erscheint in dieser Phase unserer Betrachtung als männlicher Gott des Himmels. Er ist jedoch noch nicht der Allvater (HAGAL), denn dieser umfaßt sowohl die oberen wie auch die unteren Aspekte der Welt. Odin ist hier vor allem *Ase,* und zusammen mit dem *Wanen Freyr* stellen sie die zwei gegensätzlichen Pole des männlichen Vatergottes dar.

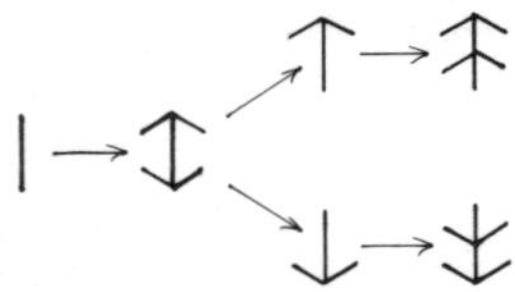

* Psychologische Bezeichnung der seelischen Abhängigkeit des Mannes von der Mutter bzw. von der weiblichen Psyche i. a.

Die geschilderte Entwicklung der Göttergeschichte können wir genausogut in Runen nachvollziehen: Der namenlose Phallus wird zuerst als Weltenbaum (Eibe) verehrt. Danach vollzieht sich die Teilung in den oberen und unteren Tyr und schließlich in das Gegensatzpaar Odin (als Stellvertreter für die Asen) und den Wanen Freyr, den Hirschkönig.

## Vater Hirschkönig und Mutter Birke

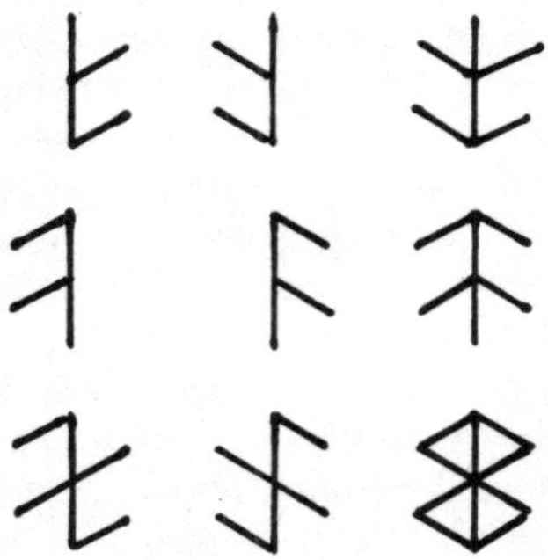

Von links nach rechts werden die Runen zuerst gewendet und dann mit den Wenderunen gebunden. Von oben nach unten werden die Runen zuerst gestürzt und dann mit den Sturzrunen gebunden.

Erste Zeile: Die Vater-Rune FA (die Rune des Freyr)
FA gewendet
Die Binderune FA-FA (Freyr, der Hirschkönig)
Zweite Zeile: AS (die Rune der Asen)
AS gewendet
Binderune AS-AS (Rune der Asen)
Dritte Zeile: Binderune FA-AS
Binderune FA-AS gewendet
Die doppelte BAR-Rune BAR-BAR (»Barbara«)

BAR-BAR stellt den Weltenbaum als Birke dar, die Birke ist hiermit der Baum des Freyr. Die doppelte Mutter-Rune BAR-BAR gebärt die sieben Wikinger-Runen aus Freyrs Geschlecht: FA, DORN, AS, RIT, SIG, BAR und ODIL.
Die Birke war der erste Laubbaum, der sich nach der Eiszeit in den eisfreien Gebieten Europas ausbreitete. »Eiszeit« ist aber der wissenschaftliche Deckname für den Untergang von Atlantis. Die Eibe, der

ursprüngliche Weltenbaum, ging mit Atlantis unter, nur die Thule-Runen bewahren die Erinnerung. Der neue Weltenbaum der Urbarmachung wurde die Birke. Die Rune der Birke ist BAR, sie ist Mutter und Schlüssel für die Runen aus Freyrs Geschlecht.

Die Abbildung »Vater Hirschkönig und Mutter Birke« zeigt das schon von den Thule-Runen her bekannte magische Runenquadrat, diesmal in der Anwendung mit der FA-Rune. FA ist die Rune des Freyr (Fro, Herr). In diesem Stadium der Entwicklung ist Freyr der Vatergott und noch nicht Odin (er muß noch lernen, bevor er die Macht übernimmt), und Freyr steht im Einflußbereich der Großen Mutter, deren Macht noch unangetastet ist. In der Göttergeschichte entspricht dieses Stadium der Herrschaft der Wanen, in der Menschheitsgeschichte der Blütezeit der Kelten und dem Vorherrschen einer mutterrechtlichen Ackerbaukultur. Das Runenquadrat könnte man genausogut mit AS (Rune der Asen) erzeugen, doch das junge Geschlecht der Asen ist eine Gattung, während die älteren Wanen durch den Hirschgott Freyr persönlich vertreten sind.

FA ist der Zeuger, er erzeugt in der ersten Zeile des Runenquadrats sich selbst als Hirschgott. Gestürzt (zweite Zeile) erzeugt er seinen himmlischen Gegenpol, die Luftgötter Asen, die AS-Rune. Als Vereinigung der Pole entsteht zuletzt die doppelte BAR-Rune, BAR-BAR, »Barbara – Barbarossa«, der Weltenbaum als Birke. Die Birke ist ein mütterlicher Baum; die Rune BAR gebärt viele Runen aus sich heraus. BAR-BAR ist hingegen wie jeder Weltenbaum zweigeschlechtlich, denn der Weltenbaum fügt und hält alle Aspekte von Sein und Welt zusammen. Zeugen ist der männliche Akt, Empfangen und Gebären der weibliche. Wir haben durch FA BAR-BAR erzeugt, man kann jedoch ebensogut von BAR-BAR als Ganzheit ausgehen und durch Spalten und Teilen die Runen BAR, AS und FA ableiten. Dies geschieht in der Abbildung »Barbaras Zepter«.

Das Zepter ist das Symbol königlicher Gewalt. Wenn jedoch das Königreich gut und lange funktionieren soll, muß die von »Gottes Gnaden« erteilte Gewalt sowohl von oben wie auch von unten kommen. Zepterstäbe, die nur oben die Kugel tragen, taugen deshalb auf die Dauer nicht, sie symbolisieren die einseitige Betonung der Himmelsmächte oder schlichten Männlichkeitswahn. Das in der Abbildung gezeigte asiatische Zepter ist korrekt, seine Struktur zeigt die Rune BAR-BAR. So trägt der König den Weltenbaum in seiner Hand, und wenn er sich dessen bewußt ist, wird er ein guter König sein.

Die vorhin besprochene Teilung des männlichen Gottes in Himmelsgott und Fruchtbarkeitsgott ist eine senkrechte Angelegenheit zwischen Himmel und Erde. Sie muß ihr waagrechtes Abbild auf der Erde, in der Menschenwelt finden.

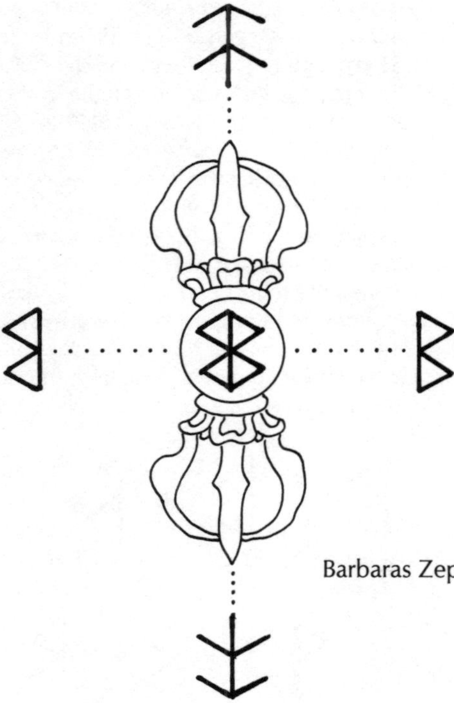

Barbaras Zepter

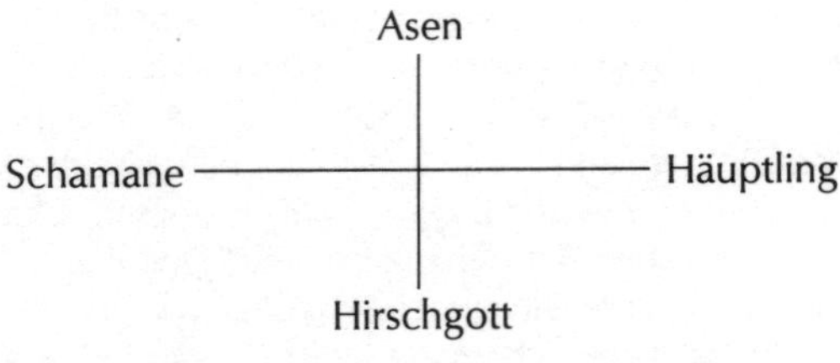


»In ganz Gallien gibt es nur zwei Stände, die Bedeutung haben und Achtung genießen ... Jene beiden Stände sind die Druiden und die Ritter«, schreibt Julius Caesar über die Kelten. Die Macht wird also zwischen dem Lehr- und Wehrstand aufgeteilt, welche vom Oberpriester (Schamane, Druide bei den Kelten, Medizinmann) bzw. vom König (Häuptling, Führer) angeführt werden. Beide, Schamane und Häuptling, stehen sowohl mit dem oberen als auch mit dem unteren Gott in Verbindung, doch ist die Beziehung des Häuptlings zum Himmelsgott und die des Schamanen zum Erdengott stärker. Wenn die beiden sich gut verstehen, haben sie eine tadellose Verbindung zu den Göttern, und dem Reich geht es gut. Wenn sie jedoch streiten (wie Kaiser und Papst), gibt es nur Krieg, und die Götter verlassen das Land. Ideal ist natürlich, wenn sich Schamane und Häuptling in einer Person vereinen. Doch solch einen Glücksfall gibt es unter Menschen genauso selten wie unter Göttern. Dem Namen nach wäre z. B. Kaiser Friedrich I. ein geeigneter Priesterkönig gewesen, denn er hieß Barbarossa – ein Name von BAR-BAR.

Wenn wir BAR-BAR teilen, erhalten wir oben die Rune der Asen AS-AS ↟, unten die Rune des Hirschgottes Freyr FA-FA ᛦ. Wenn wir BAR-BAR spalten, bekommen wir rechts und links jeweils eine BAR-Rune. FA und AS sind die väterlichen Komponenten, wobei FA den Namen des Vaters trägt. BAR ist die Rune der Mutter, aus ihr können wir die anderen Runen dieser Familie ableiten. Daß das mütterliche Prinzip hier noch dominiert, kann man leicht erkennen, denn BAR enthält FA und AS.

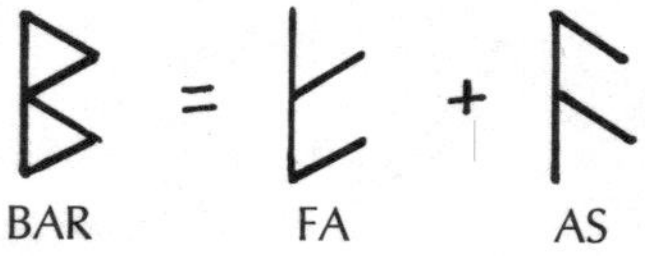

Die linke Mutter gebärt SIG, die rechte RIT. Es ist nicht allzu wichtig, daß dies so und nicht umgekehrt ist, doch es ist passend und amüsant. Denn der Ritter (RIT) wird auf der Seite des Königs geboren, während des Druiden Totem-Tier, die Schlange (Drache), als SIG auf der Schamanen-Seite erscheint. Oftmals überwiegt im Charakter eines Herrschers die eine oder die andere Seite. Der eine ist ein ritterlicher König, der andere ein geheimnisvoller Magier. Adolf Hitler z. B. war zweifellos mehr Schamane als Häuptling (obwohl er sich Führer nennen ließ), allerdings ein schwarzer. Vielleicht liegt hier der Grund seiner Vorliebe für die SIG-Rune, die er sowohl als Schlachtruf wie auch für das Zeichen der SS benutzte.

Die Rune DORN ▷ ist der einfachste Sohn der Mutter BAR, DORN ist der halbe Teil von BAR. ODIL ᛟ hingegen ist eine ganz besondere Rune. Sie läßt sich nicht von nur einer Mutter gebären, sie ist ein Teil der Doppelmutter BAR-BAR. Damit haben wir alle Runen von Freyrs Geschlecht erfaßt. Hier sind sie noch einmal: FA ᛓ, DORN ▷, AS ᚨ, RIT ᚱ, SIG ᛊ, BAR ᛒ, ODIL ᛟ.

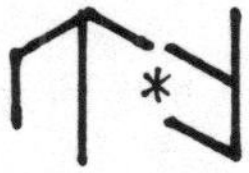

Hier sehen wir Ull ᛏ aus Thule-Atlantis, wie er den Gral an den Wanen Freyr ᛋ übergibt. Den leuchtenden Pfeil aus Eibenholz, der über Wasser und Wolken geflogen kam, fing Freyr auf und setzte ihn in die Erde. Die Saat ging auf, überall erblühten die Birken. Mädchen tanzen um den lieblichen Baum, ein Barde besingt die Mutter, und der Hirschgott steht unbewegt im dunklen Wald.
Doch die Geschichte geht weiter. Die scheinbare Idylle im Vordergrund des geheimnisvollen Waldes wird erheblich gestört, denn die Römer kommen. Die Kelten sind zwar Helden, doch auf die Dauer können sie der Macht der Römer nicht widerstehen. Merlin verschwindet zusammen mit der Tänzerin Wiwiane endgültig in einem Erdenloch unter einer Weißdornhecke, der Hirschgott sucht Schutz in der Waldestiefe, wo der Wane Freyr ᛒ den Gral an die Asen ᚨ weitergibt:

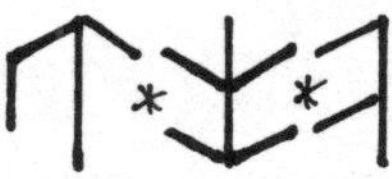

*Beispiel einer Deutung*

Ein schöner Goldring (bei Köslin in Pommern gefunden) trägt eine Binderune und darunter das rätselhafte Zauberwort ALU (AS-LAF-UR). ALU kommt in vielen Runeninschriften vor, auch verstellt als LUA, und es wurde viel über seine Bedeutung gerätselt. Wir rätseln mit und deuten die Inschrift im Sinne des Gralsweges:

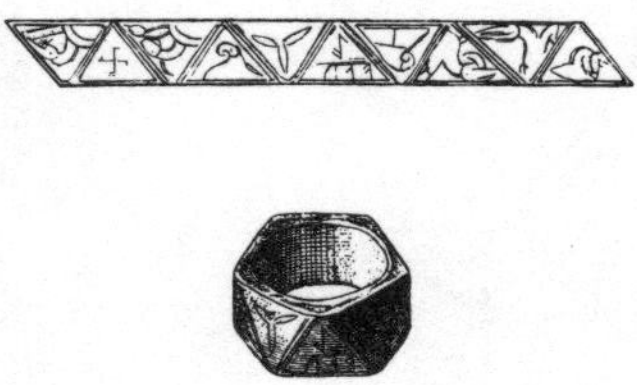

Die Binderune oben besteht aus FA-LAF bzw. LAF-FA (von rechts nach links). Die Thule-Rune LAF wird mit der Rune Freyrs gebunden. Es wird also das alte atlantische Leben (LAF) an Freyr weitergegeben mit der Bedeutung »Freyr hat (ist) das Leben« oder »Freyr lebt«.
Die drei Runen darunter ergeben das Zauberwort ULA oder ALU. UR und LAF sind Thule-Runen, AS bedeutet Ase. Von links nach rechts ergibt das die Bedeutung »Ull, der Ase«, umgekehrt »der Ase (mit dem) Leben (aus) UR (Atlantis)«. Oder unabhängig von Ull: »Das Leben aus Atlantis lebt in den Asen weiter.« Alle vier Runen zusammen ergeben also eine Deutung, die auf den bisher beschriebenen Gralsweg hinweist: Der Gral kommt aus Atlantis (Thule-Runen, Ull), geht dann an Freyr, der ein Bindeglied der Kette ist (Binderune), und schließlich an die Asen. Ull, der zugleich Atlanter und Ase ist, zieht den weiten Bogen oder schießt den Pfeil. Um so schöner ist es, daß das Zauberwort LUA oder AUL = Ase Ull auch auf einem Pfeil eingeritzt erscheint (Pfeilschaft von Nydam).
Wir folgen dem Gralsweg in Runen, der vom Westen nach Osten, von der Mutter über Freyr zu den Asen, von den Atlantern zu den Ariern, den Kelten, den Germanen, von der Eibe zur Birke und dann zur Esche führt. Was wird geschehen?

»Was gibt's bei den Asen? Was gibt's bei den Alben?
Riesenheim rast; beim Rat sind die Götter.
Vor Steintoren stöhnen Zwerge,
die Weisen der Felswand – wißt ihr noch mehr?«

Zwar entflammt zunächst ein Krieg zwischen den Geschlechtern der Wanen und der Asen, doch dieser Krieg endet mit einem konstruktiven Frieden. Durch einen Götteraustausch vermählen sich die zwei Geschlechter, die Wanen leben fortan als Zeugen der alten Weisheit friedlich mit den siegreichen Asen zusammen. Nun bauen die Götter mit Hilfe eines Riesenbaumeisters Asgard, die himmlische Götterburg, die eine Gralsburg werden soll.

Die Gralsübergabe (zugleich die Vermählung der zwei Geschlechter nach dem Asen-Wanen-Krieg) besteht aus zwei Komponenten, wie dies die Gegenüberstellung von FA und AS zeigt. Die zwei LAF-Runen ᛚᛚ (einmal gestürzt) zeigen das atlantische Erbe (Thule-Runen), die zwei neuen Runen KAN ᚴ und AR ᛆ die künftige Aufgabe. Wenn wir KAN und AR umstellen, haben wir AR-KAN, also ein Geheimnis, das uns zeigen könnte, nach welchem Gesetz (EH ᚾ) Asgard erbaut wird.

## Der Arkan-Kristall

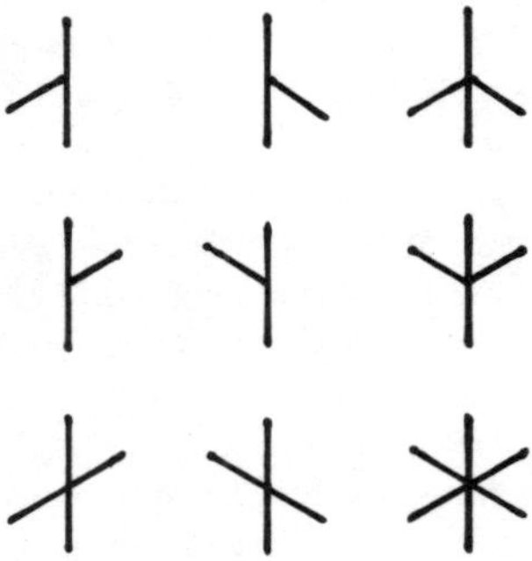

Von links nach rechts werden die Runen zuerst gewendet und dann mit den Wenderunen gebunden. Von oben nach unten werden die Runen zuerst gestürzt und dann mit den Sturzrunen gebunden. Auf diese Weise erzeugt AR ᛆ den HAGAL-Kristall. KAN ᚴ anstelle von AR vermag dasselbe. Darum nennen wir dieses »magische« Runen-Quadrat ARKAN-Kristall.

Der Arkan-Kristall enthält sieben Runen aus Odins Geschlecht. Alle bestehen aus Teilen von HAGAL und sind damit Teile des Allvaters bzw. stellen Stäbe des Weltenbaumes dar.

Erste Zeile: AR, AR gewendet und YR
Zweite Zeile: KAN, KAN gewendet und MAN
Dritte Zeile: EH, NOT und HAGAL

Die Runen des Arkan-Quadrats bestehen ausschließlich aus Stab und Ästen. Sie enthalten keinen Teil der Mutter (Sechseck) und bilden Odins (Hagals) Geschlecht. Odin selbst erscheint rechts unten als Allvater und zugleich als Weltesche. HAGAL zeigt darüber hinaus die innere Struktur der Götterburg Asgard und der gesamten Welt.

Allvater zeugt und gebärt diese Runen allein, ohne Mitwirkung der Mutter, und Odin trägt seinen Namen. Diese gewaltige Entwicklung des Windgott-Asen Odin zum Allvater ist erstaunlich. Drei Geschichten aus der Edda deuten auf den Grund von Odins Aufstieg (der zugleich Abstieg war!) und beleuchten einen Weg, der alles andere als rosig, vielmehr harte Arbeit war. Das ist ein sehr menschlicher Zug. Odin lebt auf seiner göttlichen Ebene ein vollkommen »menschliches« Leben mit seinen Freuden, Tücken, lösbaren und unlösbaren Problemen, zwischen Erfolg und Leid, in Sieg, Tragik und Qual. Freilich bleibt der große Unterschied: Odin gestaltet mit seinem Leben die Welt, und das Schicksal der Menschen hängt von seinem Schicksal ab. All das macht Odin zu einem ehrfurchterregenden Gott, der zugleich äußerst sympathisch und liebenswert ist.
Des Asen Hauptproblem war, daß er zwar als Luftgott den oberen Bereich beherrschte und deshalb als Himmelsvater geeignet war, doch der untere Bereich der Erde war ihm ziemlich fremd. Sicherlich brachte der Friedensschluß mit den Wanen viel Wissen um die Magie der Erde mit sich, doch nicht genug. Odin ging also in die Lehre. Die drei erwähnten Geschichten aus der Edda beschreiben drei Stationen von Odins Suche. Er lernt bei Mimirs Quell, trinkt täglich den Met aus dem Brunnen, »arbeitet« mit Mimir an einem gemeinsamen »alchemistischen« Werk und verpfändet dafür eins seiner Augen (siehe Kommentar zur UR-Rune). Die zweite Geschichte berichtet vom »Skaldenmet«, der die Dichtkunst verleiht und den Odin für sich und andere Erdenbewohner auf listige (und lustige) Weise besorgt. Schließlich sein Hängeopfer an der Weltesche (Yggdrasil), wo er sich selbst opfert und mit dem Speer geritzt wird, und wodurch er die Zauberkunde von den Runen empfängt.
Durch solche Taten entwickelt sich Odin zum obersten Schamanen unter den Göttern und Menschen. Er lernt nicht nur bei den Wanen, sondern vor allem bei den Riesen und selbst bei Loki, dem Zwielichtigen, der starke Beziehungen zur Unterwelt hat. All seine Taten und Errungenschaften sind mit *Opfern* verbunden, und genau das ist der Schlüssel zu Odins Wesen und Weg. Denn er opfert freiwillig, er steigt hinab und zahlt den Preis, Odin ist ein Lichtbringer, der Gott der Involution.
Als oberster Schamane beherrscht nun Odin auch den unteren Bereich der Erdenmutter. Jetzt kann er zeugen und gebären, er ist Vater und Mutter in Einem, der All-Einige, der Allvater HAGAL. In Runen erzeugt und gebärt er sein eigenes Geschlecht.
Im »Arkan-Kristall« sehen wir in der ersten Zeile den Adler (AR ᛅ), der in die Irre (YR ᛦ) geht. Wie wir noch sehen werden, ist YR der Weg der Involution. In der zweiten Zeile ist der Adler (AR) bereits

»gestürzt«, das aber ergibt die Rune KAN ᚴ. Durch das Opfer des Adlers entsteht Potenz (KAN), die dem evolutionären Aufstieg des Menschen (MAN ᛘ) zugute kommt. Die Summe der beiden Zeilen (die auch in umgekehrter Reihenfolge stehen können und auch so den gleichen Sinn ergeben) ergibt die dritte Zeile. Hier erkennt man, daß das Opfer des Adlers das notwendige Gesetz (NOT ᚾ und EH ᛅ) darstellt. Dieses Gesetz (EH) ist zunächst geheim (EH = AR + KAN). Seine Kenntnis wendet jedoch die scheinbare NOT und führt nach Asgard (HAGAL ✱).

*Wenn Ihnen die Kombination der Runen schwierig erscheinen sollte (was ich nicht hoffe), verzagen Sie bitte nicht. Denken Sie daran, daß der Gott der Runen, Odin, zugleich der Gott der Sprache ist. Die Sprache (jede Sprache) ist nach denselben Gesetzen erbaut wie Asgard, die Welt, die Weltesche oder der Mensch. Und vergessen Sie nicht, daß die Asen gerne spielen. Spielen Sie auch, spielen Sie mit der Sprache, und sprechen Sie laut dabei. Dies ist unabdingbar, wenn Sie die Runen wirklich kennenlernen wollen.*

Nachdem die Götter Asgard erbaut hatten, brachten die Asen den Gral und übergaben ihn dem Allvater. Odin bewahrt den Gral in der Gralsburg, wo dieser bis zur Götterdämmerung verwahrt bleibt und in der Form von Iduns Äpfeln den Göttern ewige Jugendkraft verleiht. Wir zeichnen in Runen die Übergabe des Grals an Odin und den gesamten bisherigen Gralsweg:

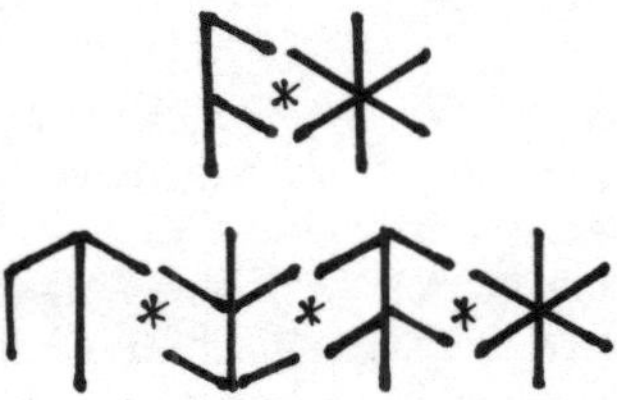

»So ritzte Thund vor der Tage Beginn;
dort erhob er sich, von wo heim er kam.«

Wir haben nun sämtliche Wikinger-Runen behandelt und dabei eine genetisch bedingte und daher befriedigende Ordnung der drei Runen-Geschlechter gefunden. Während die traditionell überlieferte Geschlechter-Ordnung rein mechanistisch ist, leben in dieser Ordnung die Runen in der eigenen Familie und nicht in der Diaspora. Allerdings betrifft die Umsiedlung der Runen auf keinen Fall die traditionelle Reihenfolge innerhalb des Fudark! In der gesamten Runenreihe stehen die Plätze der einzelnen Runen fest, denn sie haben einen Zahlenwert, der unverrückbar ist. Darum ist es unwesentlich, in welcher Folge wir die Runen innerhalb eines Geschlechts stellen. In der abschließenden Zusammenstellung stehen sie so, daß der traditionelle Stammvater jeweils vorne steht.

Genetische Runenanordnung

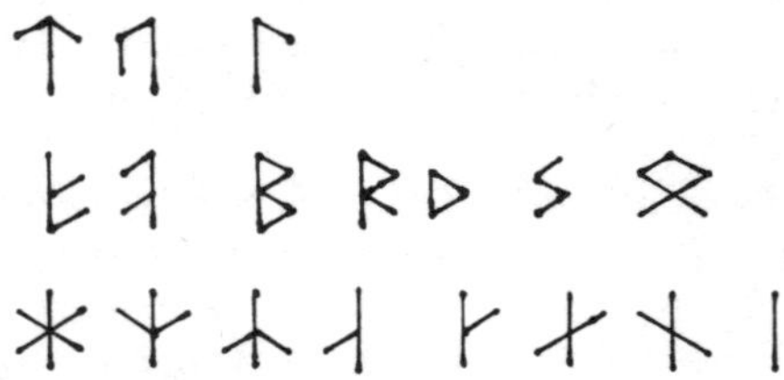

Traditionelle Anordnung (numerische Reihenfolge)

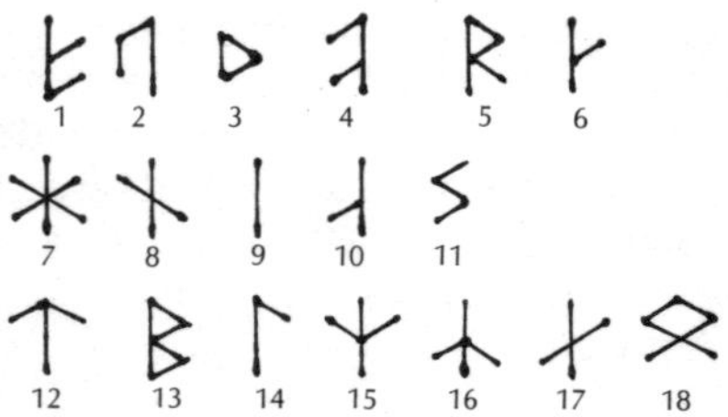


*Gesamtübersicht der drei Geschlechter der Wikinger-Runen*
Oben stehen die Runen im genetisch richtigen Familienzusammenhang. Die Reihenfolge innerhalb eines Geschlechts ist beliebig. Erste Zeile ist das Geschlecht des Tyr (Thule-Runen), zweite das Geschlecht des Freyr, letzte das Geschlecht des Hagal (Odin). Der namenlose Phallus, der als solcher bereits vor den Thule-Runen da war, bekommt nun in Odins Geschlecht einen Namen und heißt IS. Die drei Geschlechter sind eindeutig definiert. Thule-Runen bestehen aus dem Stab und Teilen der Mutter. Freyrs Runen sind Mischungen von mütterlichen Seiten und väterlichen Ästen. Odins Runen bestehen ausschließlich aus Ästen.
Unten stehen die Runen in den traditionellen Geschlechtern von Freyr, Hagal und Tyr. Diese Ordnung ist als gesamte Reihenfolge der Wikinger-Runen richtig, aus der Sicht des familiären Zusammenhangs jedoch unbefriedigend. Dem Runenforscher wird schon längst aufgefallen sein, daß ich die 18. Rune ODIL nenne und zeichne. Das hat einen besonderen Grund, der später klar wird. Hier noch die Mutterzeichen der drei Geschlechter (Thule, Freyr und Hagal):

Nach diesen notwendigen Vorbereitungen lichtet sich etwas der Nebel des anfänglichen Chaos, und bei etwas Licht werden wir vielleicht den germanischen Kosmos erblicken können, wenn wir jetzt den *Garten* betreten.

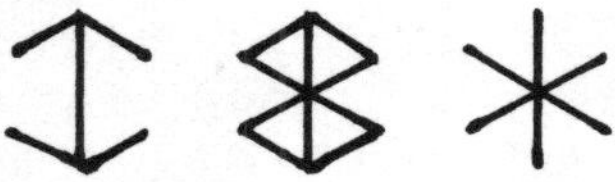

Eibe Birke Esche

In der Mitte des Gartens steht eine Esche, der Weltenbaum. Der eine Baum ist dreifältig. Jetzt ist er eine Esche, doch früher war er eine Birke und noch früher eine Eibe. Alle drei zusammen bilden den *germanischen* Lebensbaum, ihre Wurzeln jedoch gehen in verschiedene Tiefen in der Zeit zurück und zeigen so das Erbe aus der Vergangenheit.

**Der Garten**

| | | | |
|---|---|---|---|
| Eibe | Tyr | Mutter | Atlanter |
| Birke | Freyr | Wanen | Kelten |
| Esche | Odin | Asen | Germanen |

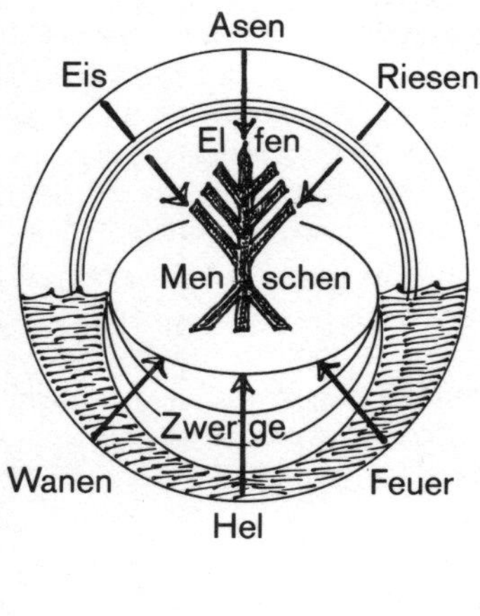

Die Weltesche (Yggdrasil) hat drei Wurzeln. In der Nähe der linken Wurzel (gegen Westen) findet sich der Urdbrunnen, wo die Nornen und auch die Asen die Runen werfen, lesen und raten; bei der rechten Wurzel (in östliche Richtung) fließt Mimirs Quell (siehe Kommentar zur UR-Rune). Die mittlere Wurzel reicht tief hinunter bis ins Reich der Hel. Hier nagt der Neiddrache (Nidhögg), eine gewaltige leichenfressende Schlange, fortwährend an der Wurzel des Weltenbaumes.

Das Reich der Hel ist die Unterwelt, die Welt der Toten, die *nicht* in der Schlacht gefallen sind. Die dunkle Göttin Hel (eine Tochter Lokis) herrscht hier voller Haß und Wut gegen die Asen. Wer ihre Grenze übertritt, kommt nie wieder zurück. Hel ist alles andere als schön. Ihr Körper ist zur Hälfte menschenhäutig, zur anderen Hälfte schwarzblau und behaart. Trotzdem wird sie von jemandem geliebt, denn sie hat viele Kinder.

Steigen wir von Hel nach oben (wir haben ja ihre Grenze nicht überschritten), so kommen wir ins Reich der Zwerge, die in der Erde wohnen. Sie sind das »kleine Volk«, außerordentlich klug und sehr begabte Handwerker. Sie stehen (wie alle anderen Bewohner des Gartens auch) in vielfältiger Verbindung mit den anderen Wesen, insbesondere mit den Asen, den Wanen und auch mit den Toten.

Auf der Oberfläche der Erde angekommen, befinden wir uns in Midgard, dem Menschenreich. Wir kommen gerade aus dem unterirdischen Utgard, und über uns erstreckt sich der weite Himmel: Asgard. Midgard wird rund herum von Wasser umspült, dort haust die Midgardschlange,* eine ungeheure Meeresschlange, die die ganze Erde umspannt und dabei ihren eigenen Schwanz verschluckt. Die vier Himmelsrichtungen führen in vier verschiedene Welten.

Im Norden liegt Nebelheim (Niflheim). Es ist eine Welt aus Eis und Kristall. Kalt ist es hier, und oft herrschen dunkle Nächte, doch auch das klare Licht ist hier zu Hause. Im Nebelheim ist der Himmel näher, hier ist das Tor zum Kristallpalast der Asen. Der Süden ist die Welt des Feuers, alles steht in Flammen. Wenn die Götter Feuer brauchen (z.B. zum Erschaffen der Sterne), holen sie es sich von hier. Feuerriesen wohnen in der Feuerwelt, ihr Anführer ist Surt, der in der Götterdämmerung die ganze Welt verbrennen wird. Der Gegensatz von Eis und Feuer brachte auf der Erde das Leben hervor. Die ersten Lebewesen, der Riese Ymir und die Kuh Audhumla, entstanden aus dem Eis, das das Feuer zum Schmelzen brachte. So wie Nebelheim am nächsten zum Himmel liegt, genauso die Feuerwelt zur Hel.

Ost und West sind weitaus bevölkerter. Im Osten wohnen die Rie-

* Ein weiteres Kind Lokis

sen, Ureinwohner der Erde mit Riesenkräften, die das alte Wissen bewahrt haben. Mit Asen und Wanen eigentlich verfeindet, unterhalten sie mit diesen dennoch regen Kontakt. So geht Odin täglich zu Mimir, Freyr heiratet eine Riesin (die Töchter der Riesen sind sehr schön), und auch sonst ergeben sich allerhand Beziehungen. Nur Thor läßt nicht mit sich reden, denn seine Aufgabe ist es, Midgard mit den Menschen gegen die Riesen zu verteidigen. Er hält sich nach dem Motto: »Der Riese ist des Asen Feind« und ist ständig auf der Ostfahrt, »um Trolle zu erschlagen«.*

Im Westen wohnt das ältere Göttergeschlecht der Wanen. Es ist nicht ganz klar, ob die Wanen auf der Erde, im Himmel, im Wasser (sie sind vor allem Wassergötter) oder unter der Erde wohnen. Wahrscheinlich überall. Wie immer, wenn bei den Göttern die Macht auf eine jüngere Generation übergeht, wurden die Wanen von den Asen abgedrängt und haben am Rande der Welt eine Heimat zugewiesen bekommen. Freyr ist nicht mehr der Hirschkönig (er wohnt bei den Elfen), doch der Hirschkönig stolziert im Wanenreich nach wie vor im Wald herum. Auch die »Große Muttersau« wird wie in alter Zeit verehrt, und im dunklen Wald findet man manches Geheimnis, worüber man nur flüstern kann. Hier lebt noch die Große Mutter und tanzt zusammen mit dem Gehörnten.

Die Weltenesche ist tatsächlich ein Baum, der in den Himmel wächst. Schon die niedrigen unter seinen Ästen erreichen das Reich der Elfen (Alben), die zwischen Himmel und Erde in der Luft leben. Sie sind kleine, lichte, übermenschliche Wesen, doch nicht so göttlich wie die Asen. Manchmal sieht man sie im lichten Wald, wie sie zwischen den Bäumen fliegen, manchmal treten sie mit Menschen in Beziehung. Dann sind sie Ratgeber. Oder sie verlieben sich in einen schönen Jüngling, dem es ebenso ergeht, und ihre Liebesgeschichte ist schön und traurig zugleich.

Wir sehen den Regenbogen, der den Himmel umspannt. Dies ist die Brücke der Asen (von Heimdall bewacht); sie benutzen die Brücke, um die Verbindung zwischen Himmel und Erde aufrechtzuerhalten. Die Spitze des Weltenbaumes ragt bis Asgard empor. Der Kristallpalast der Götter ist sehr groß und besteht aus unzähligen Bereichen

* Thors Umgangsweise mit den Riesen (Trollen) mag verschiedenes symbolisieren. Sein Wesen ist untrennbar mit dem der Riesen verbunden; bezeichnend ist es, daß seine Rune (DORN ᚦ) auch »Riese« bedeutet. Thor ist sozusagen der Riese unter den germanischen Göttern. Seine psychologisch unkluge Art, mit den Trollen umzugehen, wird verständlich, wenn man die naturbezogene Bedeutung von Riesen vor Augen hält: Ihre Riesenhaftigkeit symbolisiert die gnadenlose Gewalt des nordischen Klimas, insbesondere die Härte des langen skandinavischen Winters. Zu den Naturgewalten kommt noch die ständige Bedrohung durch die nachrückenden Völker aus dem Osten (wo das Land der Riesen liegt). So gesehen wundert es nicht mehr, daß die Menschen den Schutz des rauhen Thor dankbar annahmen.

und Hallen. Hier wohnen die zwölf Asen (der 13. ist der Verräter Loki) und vierzehn Asinnen. Eine besondere Halle ist Walhall, wohin die Schlachttoten kommen. Jeden Tag gehen sie auf das himmlische Schlachtfeld, üben den Kampf, damit sie nicht aus der Form kommen, sterben und stehen am nächsten Tag wieder auf. Nach diesem täglichen »Frühsport« gehen sie erst einmal kräftig frühstücken, dann trinken sie für den Rest des Tages Bier (allerdings im Himmel gezapft). Ein Schlaraffenland nach den Vorstellungen des germanischen Kriegers. Doch in Asgard wird nicht nur gekämpft und getrunken. Hier ruht der Gral, bis das Rad der Zeit die Burg zerstört. Wali und Widar – die einzigen überlebenden Götter – werden den Gral weitertragen.

»Auf dem Idafeld die Asen sich finden
und reden dort vom riesigen Wurm
und denken da der großen Dinge
und alter Runen des Raterfürsten.
Wieder werden die wundersamen
goldnen Tafeln im Gras sich finden,
die vor Urtagen ihr eigen waren.«

**Germanische Weltordnung**

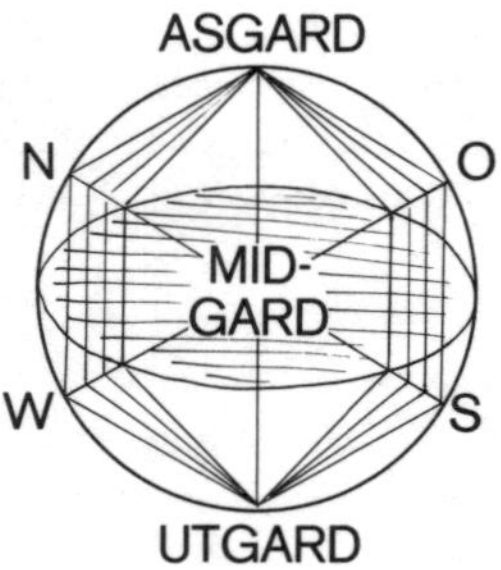


Der Garten der germanischen Götter entpuppt sich als Mandala. Diese Weltordnung hat neun Welten, von welchen zwei Zwischenwelten sind. Die Elfen wohnen zwischen Erde und Himmel, die Zwerge zwischen Midgard und Utgard in der Erde. Diese zwei Welten spielen für unsere Betrachtungen keine große Rolle. Wir lassen sie weg, so daß sieben Welten übrigbleiben, diese bilden das Mandala der germanischen Weltordnung.

Das Mandala der Weltordnung ist identisch mit dem Mutterzeichen der Runen. Die Schwierigkeit ist nur, daß während die Runen zweidimensional (auf dem Papier, in Holz und Stein usw.) erscheinen, der Garten räumlich (dreidimensional) ist. Gelingt uns jedoch, die Runen räumlich zu sehen – und als Lebewesen sind die Runen dreidimensional –, so werden wir sie im Göttergarten wiederfinden. Dann erzählen sie uns alte Geschichten aus der germanischen Götterlehre, und wir haben unser Runenverständnis um einen wertvollen Aspekt bereichert.
Mit anderen Worten, wir müssen die *Zusammenschau* von Runenmandala und Garten, von Fläche und Raum erreichen. Dies ist nur möglich, wenn wir die Himmelsrichtungen Nord und Ost als »oben«, Süd und West hingegen als »unten« liegend begreifen. Wie wir sogleich sehen werden, ist eine solche Zusammenschau im Rahmen der germanischen Weltordnung durchaus möglich.
Unsere alten Germanen waren Naturmenschen. Sie schufen ihr Weltbild nicht aufgrund von philosophischen Spekulationen, sondern aus der *Naturbeobachtung* heraus. Sie gingen im Wald herum und fanden vielleicht eine Quelle. Nebel stieg auf und bedeckte die hohen Gipfel der Bäume. Am nächsten Tag schlug aus heiterem Himmel plötzlich der Blitz ein, und ein Gewitter brach los. Aufgrund von solchen und ähnlichen Naturbeobachtungen entstand eine mehr oder weniger berechenbare Ordnung der Welt.

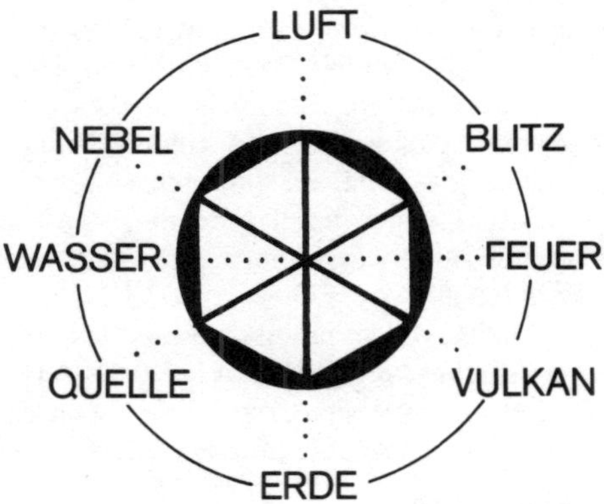


Die senkrechte Unterscheidung ergibt sich aus der unmittelbaren Anschauung der Welt. Oben ist die Luft, der weite und hohe Himmel, Asgard. In der Mitte liegt die Ebene der Erde, die Erdoberfläche, Midgard. Unterhalb der Oberfläche ist Erde, in der Erde und darunter liegt Utgard.

Auf der Erde gibt es Wasser und Feuer, sie können sowohl von oben als auch von unten herkommen. Oberes Wasser ist Nebel, Regen, Schnee, Hagel und Eis; diese Naturerscheinungen gehören nach der germanischen Weltordnung nach Norden, nach Nebelheim (Niflheim). Wasser gibt es jedoch genausogut unten. Erstens fließt Wasser naturgemäß nach unten, weiterhin gibt es Quellen, die das untere Wasser nach oben bringen. Der Bereich des unteren Wassers liegt im Westen, in Wanenheim, wo die Wassergötter, die Wanen wohnen.
In Island zum Beispiel gibt es zahlreiche heiße Quellen. Sie zeigen, daß das untere Wasser mit dem unteren Feuer in Verbindung steht; in der Erde (Utgard) gibt es »Feuerwasser«. Das untere Feuer kommt in unübersehbarer Form bei Vulkanausbrüchen auf die Erde. Dieses Feuer gehört nach Süden, in die Welt des Feuers (Muspellheim), ins Reich des Feuerriesen Surt, des »Schwarzen«. Auch die in südlichen Breiten eindeutig als oberes Feuer erlebte Sonne erscheint im hohen Norden tief unten am südlichen Himmel. Oberes Feuer ist eindeutig der Blitz. Er kommt mit Donner, Wind, Sturm und Gewitter einher und wird dem Osten zugeordnet, Riesenheim, wohin der Wettergott und Donnerer Thor seine ständigen Ostfahrten unternimmt.

| | | | |
|---|---|---|---|
| Oben | Asgard | in der Luft | Nebel und Blitz |
| Mitte | Midgard | auf der Erde | Wasser und Feuer |
| Unten | Utgard | in der Erde | Quelle und Vulkan |

Die waagrechte Unterscheidung zwischen links und rechts haben wir schon als den ergänzenden Gegensatz von Schamanen und Häuptling kurz angeschnitten. Allgemein ist dies die Unterscheidung zwischen dem weiblichen und dem männlichen Prinzip, gleich, ob sie sich auf die Welt, auf den menschlichen Körper oder auf die Runen bezieht. Ganz in Entsprechung steht das weibliche Element Wasser mit seinen Erscheinungsformen (Nebel oben im Norden, Quelle unten im Westen) links, das männliche Element Feuer (Blitz oben im Osten, Vulkan unten im Süden) hingegen rechts. In der zeitlichen Unterscheidung bedeutet links das Alte, die Vergangenheit, rechts dagegen das Neue, die Zukunft (Frauen sind »älter« als Männer, die Große Mutter älter als der Himmelsvater).

| | | | |
|---|---|---|---|
| Links | weiblich | Wasser | Vergangenheit (Urd) |
| Mitte | Mensch | Erde und Luft | Gegenwart (Werdandi) |
| Rechts | männlich | Feuer | Zukunft (Skuld) |

Erfassen wir das Mandala auf diese Art, so ist das Problem der Dimensionen gelöst. Das Runenmandala mit den Runen in der Fläche und der Göttergarten mit den sieben Welten im Raum fallen zusammen, sie sind identisch, und die Runen beginnen im Garten zu tanzen.

**Die drei Sichten der Welt**

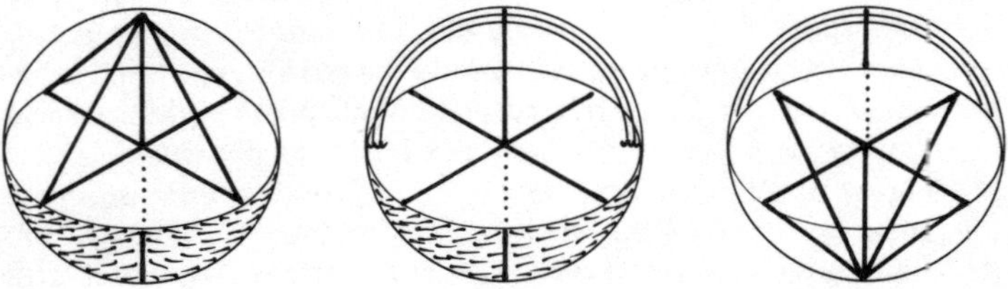


Asgard, Midgard und Utgard, sie sind alle eine Welt, und sie sind alle auf der Erde. Denn wo fängt der Himmel an? Ein Zentimeter über dem Boden ist ja bereits Luft, und für eine Ameise steckt Ihr Kopf bereits im siebten Himmel. Stecken Sie einen Finger in die Erde, und Sie befinden sich in der Unterwelt. Die Einheit dieser drei Welten ändert es auch nicht, wenn wir Asgard in die höchsten Höhen und Utgard in die tiefsten Tiefen verlagern.
Der wirkliche Unterschied zwischen Asgard, Midgard und Utgard besteht einzig und allein in der unterschiedlichen *Sichtweise*. Asgard ist die Sicht der Götter, Midgard die menschliche Sicht und Utgard die der dunklen Götter. Alle drei zusammen ergeben die dreieinige Sicht der einen Welt.
In der sphärischen Darstellung (»Die drei Sichten der Welt«) erkennen wir in Asgard viele Runen. Die TYR-Rune* zum Beispiel erscheint als Himmelszelt, das Midgard überdacht und die vier Himmelsrichtungen mit Asgard verbindet. Das ist die räumliche Sicht der TYR-Rune. Zugleich jedoch erscheint sie als der nach oben gerichtete Pfeil in der Fläche, das ist die zweidimensionale Sicht. Und da in der Zusammenschau von Raum und Fläche Nebel (Norden) und Quelle (Westen) als Wasser (links) zusammenfallen, fallen dreidimensionales Zelt und zweidimensionaler Pfeil ebenfalls zusammen.
Asgard ist der Garten der Asen, die AS-Rune ᚨ gestaltet in der Zeichnung Asgard. Der Unterschied zur TYR-Rune ist, daß AS ᛏ (zweiseitig gezeichnet, also zusammen mit der Wenderune) Midgard nicht nur überdacht, sondern gleichzeitig die Verbindung zu Midgards Zentrum herstellt. In Asgard leben die Asen. Als Luftgötter können sie fliegen und die Erde von oben überblicken. Ihr Problem ist, daß sie Utgard unter Midgard nicht sehen können. Die Asen empfinden Ehr-

furcht und Respekt vor den unteren Mächten, weil sie Angst haben, daß sie *hinunterfallen* könnten, und wissen, daß sie es nach dem Tod unter Umständen auch müssen.

Auf der Ebene von Midgard leben die Menschen. Wenn sie nach oben in die Luft schauen, sehen sie den Himmel und den Regenbogen, der Himmel und Erde verbindet. Die Menschen haben Ehrfurcht vor den Asen, weil sie selbst nicht fliegen können, und sie haben Angst vor der Unterwelt, weil sie ähnlich den Göttern fallen könnten und zum Teil müssen. Die einzige Rune, die ausschließlich in Midgard zu Hause ist, ist DORN ᚦ. Sie ist Thors Hammer, und Thor (der meistens zu Fuß geht) ist der große Beschützer Midgards. Wo der Regenbogen links und rechts die Erde berührt, liegen der Urdbrunnen und Mimirs Quell. Während aus dem Urdquell Wasser sprudelt (links), müssen wir in Mimirs Brunnen (rechts) der Weltordnung entsprechend Feuer oder zumindest Feuerwasser (Met) vermuten. Bei den zwei Brunnen offenbart sich ein Gralsgeheimnis: Regenbogen und unterirdisches Feuerwasser, Himmel und Unterwelt, Götter und dunkle Götter sind eins, und sie sind auf der Erde (Midgard) vereint.

Utgard bietet die Sicht, wie man die Welt von unten sieht. Blickt man in dieser unterirdischen Welt nach oben, so sieht man lediglich die Erde, in der Mitte einen Pfahl und ein wenig vom Regenbogen, der Himmel und Erde miteinander verbindet, Utgard jedoch ausschließt. Kein Wunder, daß die dunklen Götter Menschen und Asen gegenüber Neid, Haß und Wut empfinden. Insbesondere beneiden und hassen sie die Asen, weil sie selbst *nicht fliegen* können. Ganz unten haust die dunkle, tierische Hel, sie blickt haß- und neiderfüllt nach oben und wartet auf die frischen Toten (Strohtoten – die Einherjer, Schlachttoten, kommen nach Walhall in Asgard). Auch der Neiddrache Nidhögg ist hier unten, er frißt Leichen und nagt unaufhörlich an der mittleren Wurzel der Weltesche, die bis hierher herunterreicht. Die mittlere Wurzel des Weltenbaumes ist die IS-Rune ᛁ. Außer ihr erreichen nur zwei Runen die Unterwelt: FA ᚠ und BAR ᛒ (IS ist allerdings in fast jeder Rune enthalten), die Runen von Vater (Freyr) und Mutter. Dies ist ein weiteres Gralsgeheimnis: Wir sind *auch* Kinder der unteren Mächte. Denn die Tatsache, daß FA und BAR den unteren Bereich des Runenmandalas erreichen, bedeutet eben, daß sowohl der Vater (FA) als auch die Mutter (BAR) den lebendigen Kontakt mit der »Unterwelt« wahren. Und schließlich wird bei der Betrachtung von Utgard klar, daß die dunklen Götter – wie der jüdisch-christliche Satan – gefallene Engel sind. Denn die FA-Rune (zweiseitig gezeichnet) gestaltet Utgard, und sie ist nichts anderes als die gestürzte AS-Rune. Als die Asen die Wanen besiegten, stürzten sie diese an den Rand der Welt und noch tiefer hinunter. Mit den Wanen fiel auch die Große Mutter, und so kam die Frau in die Hölle – zumindest nach der Vorstellung der Männer.

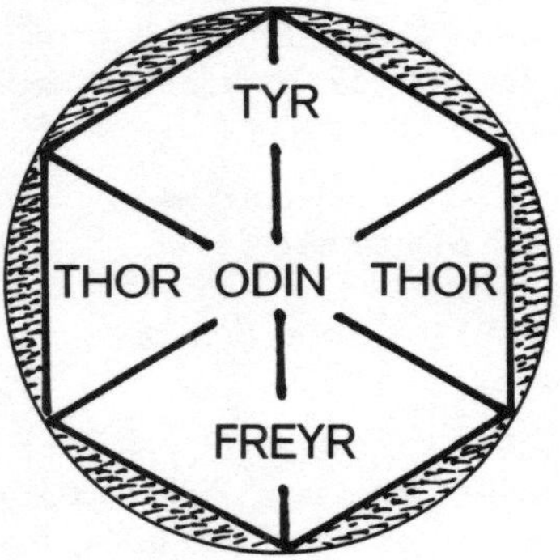


Der Ase Odin konnte sich nur zum Allvater Odin entwickeln, weil er auch die unteren Aspekte zu den bereits vorhandenen oberen in sein Wesen hereinnahm. Als Allvater ist er der All-Einige Gott und schließt alle anderen Götter in seinem Wesen mit ein. Ein Gott kann auf die Dauer nie bestehen, wenn er nur eine Seite der Wirklichkeit verkörpert. In der germanischen Götterlehre ist Baldur das beste Beispiel dafür. Er war der schönste, der beste und der vollkommenste aller Götter, einfach makellos. Prompt forderte sein tadelloses Wesen seinen Gegenpol, den Bösewicht Loki, heraus, der mit List und Tücke dafür gesorgt hatte, daß Baldur in Hel endete. Die Götterdämmerung begann.
Die wichtigsten Götter des germanischen Pantheons sind Odin, Tyr, Thor und Freyr. Sie bilden zwei verschiedene »Dreieinigkeiten«, im Norden Odin mit Thor und Freyr, im Süden (Deutschland) Odin mit Thor und Tyr (unter den Namen Wodan, Donar und Ziu). Im Runenmandala sind alle vier mit ihren Runen vertreten: Odin als HAGAL ✳, Tyr als TYR ↑, Thor als DORN ▷ und Freyr als FA ᛓ. Odin als Allvater (HAGAL) umfaßt alle drei Welten von Asgard, Midgard und Utgard. Tyr ist das Himmelsdach über Midgard zu Asgard hin, der Himmelsgott; als Kriegsgott ist Tyr der gegen den Himmel fliegende Speer. Thor (DORN) bewegt sich auf der Ebene von Midgard, er ist wieder einmal auf Ostfahrt, um Trolle zu erschlagen. Freyr (FA) ist geheimnisvoll, weil er in der Unterwelt sitzt. Nach dem Asen-Wanen-Krieg kam Freyr zwar zu den Asen und lebte fortan bei den Elfen, doch sein Geschlecht, die Wanen, kamen an den Rand der Welt oder noch tiefer. Freyr hat sein phallisches Wesen erhalten und hat somit mit der Gro-

ßen Mutter zu tun (seine andere Seite ist der vornehme Herr). Auch die Große Mutter wurde abgedrängt (Hel ist eine Frau!), und so erinnern uns die Runen FA und BAR daran, daß der Teufel auch seine guten Seiten hat. Das gilt selbst für Loki, der als Halbgott-Halbteufel vor allen anderen in die Hel gehört (wahrscheinlich ist er der Vater von Hels Kindern) und sich dennoch immer wieder in Asgard und Midgard aufhält und nützlich macht.

»Abgeschabt waren alle, die eingeritzt waren,
und in den mächtigen Met gemischt
und weiten Weg gesandt;
die sind bei den Asen, die sind bei den Alben,
die bei weisen Wanen,
die in der Menschen Macht.«

Runen sind universale Strukturen, die alle Aspekte der Wirklichkeit gestaltend umfassen. Sie sind genauso im Aufbau einer Weltordnung zu finden wie in der Architektur einer gotischen Kathedrale oder eines Bauernhauses und ebenso in den Aufbaugesetzen der Sprache. Dem Makrokosmos Welt entspricht der Mikrokosmos des menschlichen Körpers, und so finden wir die Runen in diesem ebenfalls. Es ist eine sehr gute Übung – und für das Verständnis der Runen geradezu unerläßlich – die Runenstrukturen durch Körperhaltungen einzunehmen. Durch die körperliche »Einstellung« werden die im Kosmos wirksamen Runenkräfte im Menschen aktiv, wodurch er seine geistige Einstellung zwangsläufig mit dem Makrokosmos in Harmonie und Einklang bringt.

| | |
|---|---|
| Asgard | Kopf |
| Midgard | Oberkörper |
| Utgard | Unterleib |

Die drei Ebenen des Runenmandalas, Asgard, Midgard und Utgard, entsprechen im menschlichen Körper dem Kopf, dem Oberkörper und dem Unterleib. Wenn man sich nun klarmacht, daß jede Rune eine Kombination von bestimmten Kraftströmen ist, so hat man hier bereits den ersten Hinweis, wie Runen im Körper wirken.
Die Unterscheidung von links und rechts spielt hier im bereits besprochenen Sinn eine Rolle: links entspricht der linken (weiblichen), rechts der rechten (männlichen) Körperhälfte. Eine weitergehende Differenzierung der Runenkräfte im Körper kann mit Hilfe der Chakra-Lehre erfolgen. Normalerweise nennt man sieben Chakras, doch zum Beispiel im tibetischen System sind es nur fünf. Hier werden die oberen zwei Chakras (drittes Auge und Scheitelzentrum) und die unteren zwei (Basischakra und Sexchakra) jeweils zu einem Zentrum

zusammengefaßt. Dieses fünfgeteilte System entspricht der Struktur des Runenmandalas.

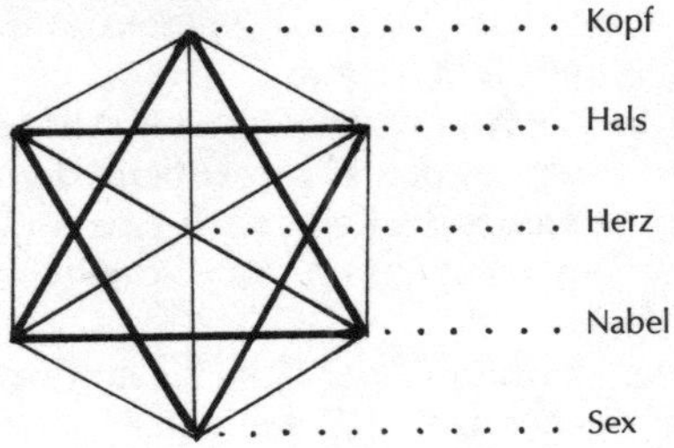


Anwendungen der körperlichen Entsprechung werden wir noch bei der Beschreibung der einzelnen Runen von Fall zu Fall kennenlernen. Man darf jetzt natürlich nicht engstirnig werden und die ganze Runenwelt einschließlich der Götter nur auf den menschlichen Körper reduzieren. Die Götter sind genauso real und objektiv existent wie zum Beispiel der Hals eines Menschen.
Wir kennen die Naturreiche Stein, Pflanze, Tier und Mensch. Beim Menschen hört die wissenschaftliche Betrachtung der Welt auf, weil die Sinneswahrnehmung des Menschen nicht mehr weiterreicht. Die christliche Lehre hingegen kennt darüber hinausreichende Reiche einer Hierarchie von geistigen Wesenheiten wie z. B. Engel, Erzengel usw. Die Gesamthierarchie zwischen Pflanze und Erzengel entspricht wiederum dem gezeigten Chakrensystem. Damit haben wir eine weitere (diesmal makrokosmische) Entsprechung unseres Runenmandalas gefunden. Sie wird im weiteren Verlauf des Buches eine Rolle spielen, wenn wir die Zusammenhänge von Evolution und Involution besprechen.

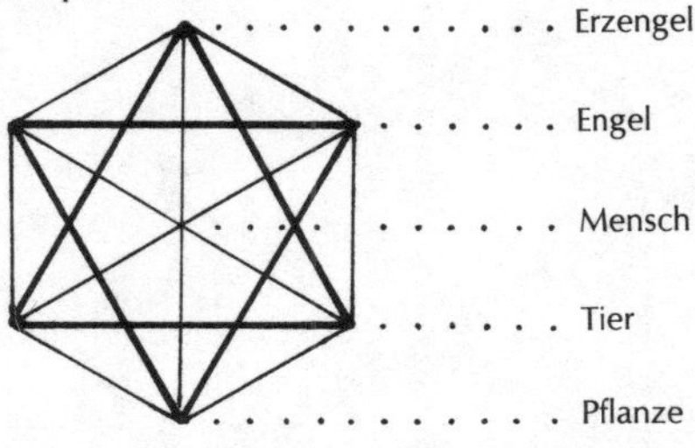


Was sind Runen? Sie erscheinen jedem auf seine Art. Wenn Sie sie suchen, werden Sie sie vielleicht finden. Es ist völlig gleichgültig, in welcher Form Ihnen die Runen erscheinen. Wichtig ist allein – Sie finden sie.
Tatsächlich sind Runen Grundstrukturen von solch universaler Be-

schaffenheit, daß man sie mit keinem anderen Begriff fassen kann als mit dem Begriff, den ihr Name nennt – nämlich Rune.

Zum Schluß wollen wir Madame Blavatsky zitieren. Im Buch Dzyan ihrer »Geheimlehre« (Strophe III/12) steht:

»Dann sendet Svabhavat FOHAT, um die Atome zu härten. Jedes ist ein Teil des Gewebes. Indem es den selbstexistierenden Herrn wie ein Spiegel reflektiert, wird jedes der Reihe nach zu einer Welt.«

Madame Blavatsky kommentiert FOHAT als »kosmische Elektricität«.

Wenn man nun mit der Definition einer Rune als Rune nicht zufrieden ist, können wir in der germanischen Rune das Pendant zum indischen Fohat erkennen und damit den indogermanischen Kreis schließen. Betrachten Sie das abschließende Runenmandala, warum die Runen in der FUDARK-Reihenfolge im Kreis stehen. Lesen Sie die Runen ab, die sich an den Spitzen des Sechsecks befinden:

FA, AS, HAGAL, AR, BAR und YR

Dieses können wir mit Hilfe der entsprechenden Lautwerte (f, o, h, a, b und Schluß-R) so *aussprechen:* FOHA – BAR

Das bedeutet, daß hier gerade Fohat geboren wird.

»Runen sollst du lernen und rätliche Stäbe,
Stäbe gar stark,
Zeichen voll Zauberkraft,
wie sie zog der Zauberherr,
wie sie wirkten Weihgötter,
wie sie ritzte der Raterfürst.«

Der Runenschlüssel

# Über das Orakel

»Weißt du zu ritzen? Weißt du zu raten?
Weißt du zu färben? Weißt du zu fragen?
Weißt du zu wünschen? Weißt du zu weihen?
Weißt du zu schicken? Weißt du zu schlachten?«

Der moderne Mensch betrachtet die Welt ziemlich nüchtern und dünkt sich erhaben über das Numinose und Mythische. Mit Recht kann er auf die großen Errungenschaften der technisierten Zivilisation stolz sein, mit Scham sollte er allerdings an den überhöhten Preis denken, den er dafür bezahlt hat: den Verlust der angestammten Kultur.

Der moderne Mensch denkt wissenschaftlich. Er begreift die Erscheinungen der Welt als Wirkungen von Ursachen und forscht nach diesen. Hat er eine Ursache gefunden, prüft er sogleich experimentell nach, ob sie auch ein zweites, ein drittes Mal, also immer wieder die gleiche Wirkung verursacht. Ist dies der Fall, so glaubt er die letzte Ursache und eine endgültige Wahrheit gefunden zu haben. An alles, was darüber hinausgeht, glaubt er nicht. Dieses wissenschaftliche Verfahren ist sehr gut geeignet für die Herstellung von zuverlässigen Maschinen, zur Ergründung von weiterreichenden Zusammenhängen taugt es jedoch nicht.

Durch solches Vorgehen wird stets nur das letzte Glied einer langen Ursachenkette, niemals aber die wirkliche UR-Sache aufgedeckt. Die letzte Ursache ist nämlich gar keine Ursache, die irgendwelche Wirkungen hervorruft, sondern ein Zustand, der schon immer da war und immer dasein wird. Die einzige Bewegung, die dieser Urzustand erfährt, ist die stete Wandlung. Es kommt also nicht darauf an, die letzte Ursache zu ergründen, vielmehr darauf, den Urzustand immer wieder neu zu *ordnen.* Dies geschieht jedoch nicht durch logische Erklärungen, sondern durch behutsame *Deutung.*

Orakel ist Weissagung, also eine weise Antwort auf eine gestellte Frage. Weise bedeutet mehr als etwa intelligent, das Orakel antwortet von einer höheren Warte als der Stand des menschlichen Verstandes. Wäre dem nicht so, wäre das Orakel vollkommen überflüssig. Deshalb ist die Antwort auch nicht mit dem Verstand zu verstehen oder zu erklären, sondern muß gedeutet werden. Wenn man also das Orakel mit Erfolg befragen will, muß man Zeichendeuter werden.

Alles in dieser Welt ist in diesem Sinne ein Zeichen und könnte ausgelegt werden, denn alles spiegelt nur den momentanen Zustand und die momentane Ordnung (oder Unordnung) der Welt wider. Jedes Ereignis und Geschehen, jeder Zufall könnte gedeutet werden, was allerdings sehr mühsam wäre. Aus diesem Grund wird im Orakel im Rahmen einer wohlgeordneten Gesamtheit (in unserem Fall die Runen) ein künstlicher Zufall erzeugt, der dann eben die momentane Weltordnung darstellt, und zwar in bezug auf die gestellte Frage. Dieser Zufall ist dann nicht mehr zufällig, sondern fällt dem Fragesteller zu und zeigt, was bei ihm gerade jetzt der Fall ist. Nun muß der Frager die Antwort des Orakels nur noch deuten.
Wie wird man Zeichendeuter? Der ärgste Feind der Deutungskunst ist das logische Denken. Das heißt natürlich nicht, daß Zeichenlesen unlogisch ist, es muß auf jeden Fall logisch sein, doch darüber hinaus auch noch mehr. Wenn Sie so wollen, ist Deutung metalogisch oder analogisch. Was heißt das?
Unsere Wahrnehmung funktioniert nicht unabhängig vom Denken. Wenn Sie einen Baum sehen, wissen Sie zugleich, daß es ein Baum ist, weil Sie denken. Genau das muß jedoch gelernt werden: Den Baum zu sehen, ohne zu wissen, daß es sich um einen Baum handelt. Das ist die unschuldige (weil unwissende) Wahrnehmung des Kindes, das »einfältige« Sehen, das nicht durch alte Bilder, Erfahrungen, Unterscheidung, Denken und Zweifel getrübt wird. Diese Art von Sehen kann zum Beispiel so geübt werden, daß Sie die Gegenstände nicht fixieren, sondern durch sie hindurch ins Unendliche schauen oder aber neben dem Objekt vorbeischauen und etwas anderes fixieren. Sobald die Wahrnehmung auf diese Weise gelingt, fängt der Baum (oder was immer Sie auch anschauen) zu leuchten an, Sie sehen die Aura des Baumes, sein wahres Wesen. Anschauen heißt mit einem anderen Wort das *unvoreingenommene* Betrachten eines Objekts. Nur so darf man die Zeichen sehen, wenn man sie deuten will. Erst danach darf wieder gedacht werden. Jetzt braucht man den Verstand, um das Gesehene in Gedanken und Worte zu fassen und zu verstehen.
Das Orakel aus purer Neugierde zu befragen ist barer Unsinn, und die Antwort wird entsprechend ausfallen. Der Mensch ist nur dann an die kosmische Ordnung angeschlossen und damit »orakelfähig«, wenn er emotional beteiligt ist. Nicht nur das sentimentale Gefühl, auch die abgeklärte Liebe des Weisen zur Welt ist Emotion. Dann muß man über die Brücke der Konzentration gehen, das heißt die innere Ruhe finden, und schon ist man für das Orakel bereit. Die vielfältig beschriebenen rituellen Vorbereitungen dienen nur als Mittel zur Erreichung dieses Zieles, für sich betrachtet sind sie überflüs-

sig und unnütz. Benutzen Sie Ritual und Entspannungsübungen, wenn sie Ihnen als Voraussetzung für das Orakel hilfreich sind. Ansonsten können Sie sie getrost weglassen.

Jetzt muß die Frage gestellt werden. Sie zu finden ist gar nicht so einfach, eine richtige Frage beinhaltet bereits die halbe Antwort. Prinzipiell können Sie jede Frage stellen, die Antwort auf manche Fragen zu deuten ist jedoch höchst schwierig. Stellen Sie sich vor, Ihre Frage lautet: »Wie heiße ich?«, und Sie bekommen als Antwort die Elch-Rune. Wie würden Sie das deuten? Oder: »Soll ich heiraten oder soll ich damit noch drei Jahre warten?« (Doppelfrage), und die Antwort ist wieder der Elch (oder eine andere Rune). Schließen wir also sinnlose Fragen aus und solche, die »entweder-oder« enthalten und auch solche, die mit »ja« oder »nein« beantwortet werden können. Fragen aus purer Neugierde zu stellen ist ebenfalls sinnlos. Wie auch das I Ging, übergeht das Runen-Orakel solche Fragen; bestenfalls erhält der Fragende eine Antwort, die zwar über tiefer liegende Schichten seiner Seele, nicht aber über die Frage selbst Auskunft gibt.

Fragen Sie statt dessen etwa so: »Welche Bedeutung hätte die sofortige Heirat mit Eva für mein weiteres Leben?« Wenn jetzt als Antwort der Elch kommt, so können Sie damit erheblich mehr anfangen. Stellen Sie die Frage so konkret und genau wie möglich. Schreiben Sie sie auf und sprechen Sie sie laut aus. Lassen Sie dann das Orakel sprechen.

Die meisten Fragen beziehen sich direkt oder verborgen auf die Zukunft, die Antwort des Orakels ist somit eine Zukunftsschau. Ist also die Zukunft vorbestimmt, oder sind wir doch noch frei? Obzwar ich hier keineswegs zu philosophieren beabsichtige, seien mir einige kurze Bemerkungen zu dieser klassischen Frage gegönnt.

Vorbestimmt war allemal die Vergangenheit, denn sie war so wie sie war, und ich kann nichts mehr daran ändern – das war mein Schicksal. In der Gegenwart bin ich frei, ich kann wählen. Ich kann zum Beispiel jetzt zu schreiben aufhören und nach Neuguinea auswandern, und dieses Buch wird nicht vollendet. Wie Sie sehen, will und tue ich dieses aber nicht. Damit habe ich die Gegenwart zur Vergangenheit werden lassen und zugelassen, daß das Weiterschreiben mein Schicksal, also vorbestimmt war und noch ist. So gestalten wir die Zukunft in der freien Entscheidung der Gegenwart und stempeln sie zugleich zur vorbestimmten Vergangenheit. Mir fällt natürlich die Entscheidung im Moment leicht, weil mir das Schreiben Spaß macht. Oftmals sind wir jedoch in Situationen, wo wir uns dringend entscheiden müßten, dies aber nicht tun, weil wir *Angst* haben. In all diesen Momenten berauben wir uns der Freiheit, und wir haben uns

selbst zum vorbestimmten Schicksal verdammt. Das ist das ganze Problem der Freiheit: Der Mensch wird frei, wenn er keine Angst mehr hat, ansonsten bleibt er unfrei, vorbestimmt und berechenbar (eine seltsame Forderung der heutigen Ideologie). Wenn wir uns schließlich in der Gegenwart angstfrei entscheiden und damit unsere Zukunft frei gestalten, so war es unser vorbestimmtes Schicksal, in diesem Leben frei zu werden.
Freiheit und Schicksal sind keine unvereinbaren Gegensätze, sie bilden vielmehr eine dialektische Einheit. Für die germanischen Götter war dies auch nie ein Problem. Sie wußten genau, daß in der Götterdämmerung ihr unausweichliches Schicksal sie erreichen würde, trotzdem haben sie ihr Leben und die Welt in Freiheit gestaltet. Halten wir es mit ihnen, zumal das Orakel nach denselben Gesetzen funktioniert.
Am Urdbrunnen (wo der Regenbogen gegen Westen die Erde berührt) sitzen drei Frauen im Wald und werfen Runen. Die kosmischen Hebammen Urd, Werdandi und Skuld sind das unerreichbare Vorbild für jedes Orakel, sie bestimmen sogar das Schicksal der Götter und sagen es voraus. Jede von ihnen zieht eine Rune, zuerst Urd, dann Werdandi und Skuld, um sie nebeneinander ins Gras zu legen. Die drei Runen sind sie selbst: Urd, die Vergangenheit und das (karmisch) bedingte Schicksal; Werdandi, die Gegenwart und was man daraus hier und jetzt machen kann (oder sollte); und zuletzt Skuld, die daraus resultierende Zukunft.

Nehmen wir einmal an, wir wollen (aus welchen Gründen auch immer) waagrecht nach rechts vorankommen. Wir stellen aber fest, daß wir von der Vergangenheit her bedingt rechts nach unten unterwegs sind (in Runen gesprochen sind wir »in Not«). Wollen wir je unser Ziel erreichen, so müssen wir rechts nach oben entgegensteuern, damit wir letztendlich die waagrechte Richtung erreichen. Obwohl etwas vereinfacht und mechanistisch dargestellt, zeigt dieses Beispiel das Zusammenwirken von Vergangenheit, Gegenwart und Zukunft, vorausgesetzt, wir wissen, wohin wir wollen.
Wir haben hier das dialektische Verhältnis von These, Antithese und Synthese. Oder wie es der orientalische Philosoph Gurdjieff ausdrückt: »Das erste Grundgesetz des Weltalls ist das Gesetz der drei Kräfte oder drei Prinzipien, oder, wie es oft genannt wird, das Gesetz der Drei. Diesem Gesetz zufolge ist jedes Vorkommnis, jede Er-

scheinung in allen Welten ohne Ausnahme das Ergebnis einer gleichzeitigen Wirkung dreier Kräfte – der positiven, der negativen und der neutralisierenden.«

Beim von Tacitus beschriebenen Orakel (der Losende hebt drei Runen auf, ohne hinzusehen, und deutet sie dann) haben wir also ein *dialektisches Orakel* vor uns. Die erste Rune ist positiv, denn sie zeigt die Summe der Vergangenheit auf, das, was gegeben ist, die Verwurzelung der gegenwärtigen Lage in der Vergangenheit und damit auch den Grund, weshalb die Frage jetzt in dieser Form gestellt wird – das ist Urd. Die zweite Rune ist negativ, denn sie ist noch nicht gegeben, sie muß jetzt in der Gegenwart in die Tat umgesetzt werden. Diese Rune deutet die Aktion an, die gegenwärtig notwendig ist, um die aus der Vergangenheit resultierende Not jetzt zu wenden – das ist Werdandi. Die dritte Rune schließlich ist ausgleichend, indem sie zeigt, wohin die Zukunft unter diesen Voraussetzungen führen wird, was als Summe von gegebener Vergangenheit und notwendiger Gegenwart als mögliche Zukunft erreicht werden kann – das ist Skuld.

Mit drei Runen erhalten Sie somit eine Antwort, die im zeitlichen Ablauf eingebettet ist. Die Rune der Vergangenheit ist die Hypothek, mit der Sie rechnen müssen. Die mittlere Rune zeigt Ihre gegenwärtige Lage auf bzw. gibt den Hinweis, was jetzt (im Sinne des Ausgleichs) zu tun ist. Die dritte Rune endlich ist die Synthese, sie deutet die Zukunft an, die Sie als Summe von Vergangenheit und Gegenwart »verschulden«* werden.

Es ist nicht immer nötig, drei Runen zu ziehen. Viele Fragen verlangen nach einer eindeutigen Antwort ohne zeitlichen Bezug. Begnügen Sie sich in solchen Fällen mit einer Rune und versuchen Sie diese als Antwort auf Ihre Frage in allen ihren Aspekten auszudeuten. Für die erste Zeit Ihrer Beschäftigung mit Runen ist es ohnehin besser, nur mit einer Rune zu arbeiten, denn die Kombination von mehreren Runen ist nicht ganz einfach.

Diesem Buch sind Runensteine beigegeben, mit denen Sie das Orakel ausführen können. *Bevor Sie nun das Orakel wirklich befragen, halten Sie bitte ein wenig inne! Entspannen Sie sich, lockern Sie Ihren Körper und befreien Sie den Geist von allen störenden Gedanken. Erst nachdem Sie den Zustand ruhiger Gelöstheit und gedankenloser Stille erreicht haben, sollten Sie sich auf Ihre Frage konzentrieren. Tun Sie dies mit Ihrem ganzen Wesen.* Sie können die Steine

* Im Sinne der dritten Norne Skuld (Schuld) bedeutet »verursachen« zugleich »verschulden«.

in einem Sack aufbewahren. Beim Orakel stecken Sie die Hand in den Sack und suchen so lange nach einer Rune, bis Sie das Gefühl haben, daß Ihre Finger die »richtige« Rune gefunden haben. *Ziehen* Sie dann den Stein aus dem Sack und legen ihn *unbesehen* längsseits vor sich hin. Wenn Sie mit drei Runen arbeiten, legen Sie den zweiten Stein rechts neben den ersten und den dritten rechts neben den zweiten Stein.
Sie können aber die Runen auch *werfen und auflesen* (»nieder neigt ich mich, nahm auf die Runen«). Werfen Sie die Steine ins Gras, auf den Boden, auf den Teppich, auf den Tisch oder auf ein Tuch, suchen Sie dann mit der Hand, *ohne hinzusehen,* nach dem »richtigen« Stein und legen ihn wie oben beschrieben vor sich hin.
Wenn Sie auf solche Weise vorgehen, liegt der Stein anschließend in einer von vier möglichen Stellungen vor Ihren Augen:

1. Die Rune ist in Normalstellung sichtbar.
2. Die Rune ist sichtbar, steht jedoch auf dem Kopf – Sturzrune.
3. Die Rune ist in Normalstellung verdeckt – Wenderune.
4. Die Rune ist verdeckt und steht auf dem Kopf – sie ist gewendet und gestürzt.

Am Beispiel der FA-Rune sind die vier möglichen Stellungen hier dargestellt:

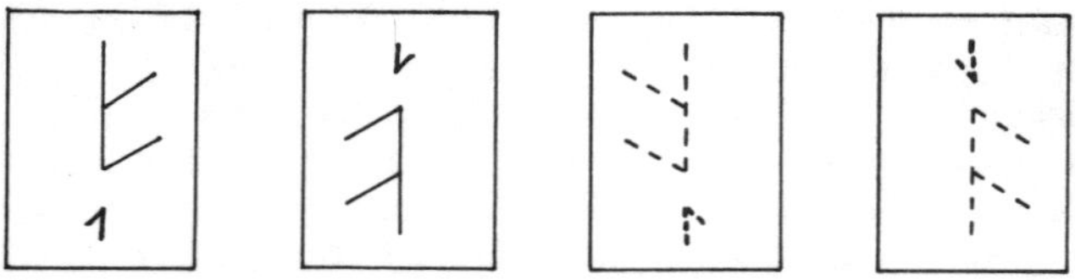

FA | FA gestürzt | FA gewendet | FA gewendet und gestürzt

In all diesen Stellungen bleibt jede Rune in erster Linie sie selbst, und sie ist in ihrem allgemeinen Aspekt die Antwort auf die gestellte Frage (bei drei Runen alle drei im besprochenen zeitlichen Zusammenhang). Sie müssen die Rune als Antwort auf Ihre Frage ausdeuten und können dazu die entsprechende Einzeldarstellung in diesem Buch zu Hilfe nehmen.
In zweiter Linie muß auch die Stellung der Rune berücksichtigt werden. Die Bedeutung von Wende- und Sturzrune wird klar, wenn wir die Rune ins Runenmandala stellen und uns dessen räumliche Zusammenhänge vergegenwärtigen.

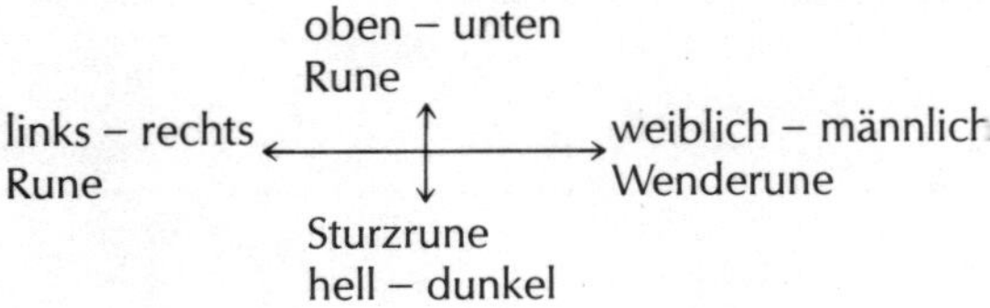


Die *Wenderune* will auf die waagrechte Problematik von links und rechts, weiblich und männlich aufmerksam machen. Bei der Auslegung der Antwort müssen Sie Ihre Aufmerksamkeit auf beide Aspekte dieses Gegensatzes bei der betreffenden Rune richten. Psychologisch gesprochen handelt es sich um das Problem von Anima und Animus. Im Hinblick auf Ihre Frage überwiegt in Ihrer Einstellung die männliche oder die weibliche Seite, und Sie müssen trachten, beide Pole als Ganzheit in Ihrem Wesen zu vereinen.
Die *Sturzrune* deutet auf den senkrechten Gegensatz von hell und dunkel, gut und böse, psychologisch gesprochen auf den Schatten. Wiederum im Hinblick auf die gestellte Frage und die als Antwort erhaltene Rune müssen Sie Ihre Einstellung zu diesem Thema untersuchen und einen Ausgleich der bestehenden Gegensätze erstreben.
Kommen in Ihrem Los Wende- *und* Sturzrunen vor, oder ist eine Rune sowohl gewendet als auch gestürzt, so zeigt das, daß Sie mit beiden Problemkreisen konfrontiert sind. In diesem Fall kann man sagen, daß sich Frage und Antwort auf einen sehr unbewußten Bereich Ihres Wesens beziehen. Hier müssen Sie tief graben.
Diese Behandlung der Wende- und Sturzrunen gilt für jede Rune, allerdings – wie bereits gesagt – nur in zweiter Linie. Ihre Antwort ist die Rune selbst (oder die Runen), für tiefer gehende Betrachtungen müssen Sie aber auch die Stellung der Rune (Runen) untersuchen. In diesem Zusammenhang gilt es, eine weitere Unterscheidung zu beachten: Zehn der achtzehn Runen sind gegen Wenden und Stürzen gefeit, sie verlieren dabei nicht ihren Charakter. Es gibt jedoch acht Runen, die entweder beim Wenden oder beim Sturz ihr Gesicht verlieren, das heißt, sie verwandeln sich in eine andere Rune. Solche Runen sind FA, AS, KAN, NOT, AR, MAN, YR und EH. Folgende Tabelle zeigt, wie sich diese Runen jeweils verändern (siehe Seite 62).
Die Runen NOT und EH sind gegen den Sturz unempfindlich, sie gehen aber durch die Wende ineinander über. »Gesetz« (EH) und »Not« kann man nicht stürzen, wohl aber wenden. Die anderen sechs wandelbaren Runen sind gegen Wenden immun, verändern jedoch ihren Charakter durch den Sturz. Sie bilden drei symmetrische Paare von zwei Runen, die sich gegenseitig ineinander umwandeln: FA –

| Rune | gewendet | gestürzt | gewendet und gestürzt |
|---|---|---|---|
| FA | | AS | AS |
| AS | | FA | FA |
| KAN | | AR | AR |
| NOT | EH | | EH |
| AR | | KAN | KAN |
| MAN | | YR | YR |
| YR | | MAN | MAN |
| EH | NOT | | NOT |

AS, KAN – AR und MAN – YR. Mit unseren Stichwörtern für die Runen ausgedrückt, verwandelt sich durch Sturz »Vater« in »Sprache«, »Potenz« in »Adler«, »Mensch« in »Verführung« – und umgekehrt.
Die Wandlung dieser Runen ist ein ähnliches Phänomen, wie es im chinesischen Orakel I Ging mit den sich wandelnden Hexagrammen der Fall ist. Falls in Ihrem Los eine solche Rune erscheint, können Sie beide Einzeldarstellungen als Antwort heranziehen. Die Rune ist zunächst sie selbst (z. B. FA), sie will sich jedoch in eine neue Rune (hier AS) wandeln. Eine solche Antwort besagt, daß die gestellte Frage (bzw. das Thema, worauf die Frage zielt) nicht ganz klar ist. Denken Sie in diesem Fall über die Frage selbst nach.
Am Anfang sollten Sie das Orakel mit einer Rune, später mit drei Runen versuchen. Wenn Sie sich dann mit den Runen einigermaßen befreundet haben, können Sie eine komplexe Figur von fünf Runen studieren.

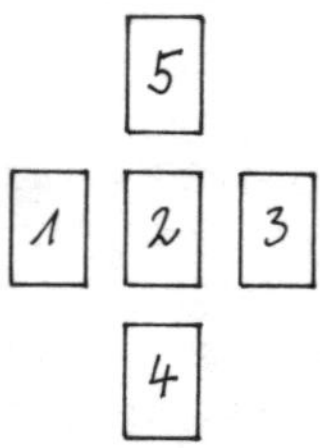


Die Figur ist ein Kreuz, die Zahlen zeigen die Reihenfolge der gezogenen (aufgelesenen) Steine. Diese Anordnung von fünf Runen ist sehr umfassend und bildet ein Mandala. Sie hat sowohl eine zeitliche wie auch eine räumliche Bedeutung.
Das dialektische Orakel mit drei Runen bildet die mittlere Zeile der Figur. Wie schon besprochen, zeigt es sich hier, was aus der Vergan-

genheit her vorliegt (Urd), was getan werden muß (Werdandi) und was dadurch erzielt werden kann (Skuld). In diesem größeren Zusammenhang von fünf Runen ist aber die mittlere Zeile lediglich eine persönliche Angelegenheit des Fragestellers. Sie deutet eine mögliche Entwicklung an, die der Frager als Person (unter seinem Namen) erreichen kann. Die senkrechte Richtung hingegen (4-2-5) ist unpersönlich, besser gesagt überpersönlich. Sie zeigt an, was man objektiv (das heißt für alle, für Menschheit und Welt) bewirken und erreichen kann – immer eingeschränkt auf das Thema der gestellten Frage. Dabei verläuft die Zeit von unten nach oben. Der untere Stein (4) steht für die Verwurzelung in der Vergangenheit, der mittlere (2 – wie auch waagrecht) für die Gegenwart, und der obere Stein (5) bedeutet die für alle sichtbare und objektiv bedeutsame Wirkung als mögliche Zukunft.

Gleichzeitig und parallel zu dieser mehr zeitlichen Betrachtung hat die Figur von fünf Runen auch einen räumlich-ganzheitlichen Aspekt. Die Rune des mittleren Steines (2) ist dabei die eindeutige Antwort auf die gestellte Frage, das, worum es hier und jetzt geht, die Quintessenz. Nun erscheint aber die Mitte in vier Aspekten und kann dadurch gründlicher studiert werden. Die linke Rune zeigt das Thema aus der weiblichen (1), die rechte aus der männlichen (3) Sicht. Der untere Stein (4) schließt die dunkle, der obere (5) die helle Hälfte der Antwort auf. Alle zusammen schließen zwei Gegensätze von vier Runen in der fünften ein und bilden somit ein Mandala. Diese komplexe Figur von fünf Runen sei vor allem dann angeraten, wenn Sie sich mit einer Frage sehr gründlich auseinandersetzen wollen. Sie könnte zum Beispiel auch dann angebracht sein, wenn Sie bei einem Los mehrere Wende- und Sturzrunen erhalten. Dies zeigt dann nämlich an, daß einiges im tiefen Unbewußten liegt, und in diesem Fall kann die Betrachtung des Mandalas sehr hilfreich sein.

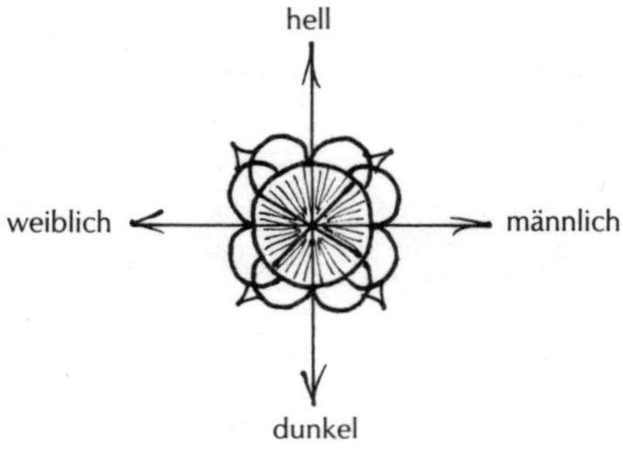

*Tacitus (Germania 10) über das Orakel der Germanen:*
»Vorzeichen und Losorakel beobachten sie wie kaum ein zweites Volk. Das herkömmliche Verfahren beim Losorakel ist recht einfach: Sie schneiden von einem fruchttragenden Baum ein Reis ab, zerschneiden es in Stäbchen, versehen diese mit bestimmten (runenartigen) Zeichen und streuen sie planlos über ein weißes Tuch, wie sie ihnen gerade unter die Hand kommen. Dann betet der Stammespriester, wenn eine Befragung von Stammes wegen erfolgt, bei privater Befragung der Hausherr persönlich, zu den Göttern und hebt – den Blick zum Himmel gewendet – dreimal (hintereinander) eins auf und deutet die aufgehobenen Stäbchen nach dem vorher eingeritzten Zeichen. Geben sie ablehnenden Bescheid, dann wird an demselben Tage in derselben Angelegenheit keine Befragung mehr vorgenommen; bei zustimmendem Bescheid wird die zusätzliche Bestätigung durch Vorzeichen für erforderlich gehalten. Sie kennen auch den (weitverbreiteten) Brauch, die Stimmen der Vögel und ihren Flug zu befragen; eine besondere Eigenart des germanischen Volkes ist es jedoch, auch Witterung und Weisung von Rossen prüfend zu erforschen. Die Tiere werden auf Kosten des Stammes in den bereits erwähnten Hainen und Lichtungen gehalten, weißglänzend und durch keinerlei irdischen Dienst entweiht. Der Priester und der König oder das staatliche Oberhaupt gehen neben den Rossen her, die an einen heiligen Wagen geschirrt sind, und beobachten ihr Wiehern und Schnauben. Kein Vorzeichen genießt größeres Vertrauen, nicht nur in den breiten Schichten der Gemeinfreien: selbst bei den Vornehmen und Priestern; diese halten sich nämlich für Diener der Götter, von den Rossen meinen sie, sie wüßten um den Willen der Götter.
Es gibt bei ihnen auch noch eine andere Beobachtung von Vorzeichen, mit der sie den Ausgang schwerer Kämpfe zu erforschen suchen. Sie lassen einen auf irgendeine Weise aufgegriffenen Gefangenen des Volkes, mit dem sie Krieg führen, mit einem ausgesuchten Streiter aus ihren eigenen Reihen – jeden in den Waffen seiner Heimat – kämpfen; der Sieg des einen oder anderen wird als Vorentscheidung angesehen.«

# »Runen raunen rechten Rat«

# Die Wikinger-Runen in Einzeldarstellungen

»Zeit ist's zu raunen auf dem Rednerstuhl
an dem Urborn Urds.
Ich schaute und schwieg, ich schaute und sann,
lauscht auf der Männer Mund.
Ich weiß, daß ich hing am windigen Baum
neun Nächte lang,
mit dem Ger verwundet, geweiht dem Odin
ich selbst mir selbst
an jenem Baum, da jedem fremd,
aus welcher Wurzel er wächst.
Sie spendeten mir nicht Speise noch Trank;
nieder neigt ich mich,
nahm auf die Runen, nahm sie rufend auf;
dann stürzte ich herab.«

Wir sind beim Herzen des Buches angekommen, »hier beginnen die Schrecknisse, hier beginnen die Wunder«. Allvater Odin, hier als Gott der Gehenkten oder Gehängten, hat sich selbst geopfert. Er hängt an der Esche, mit dem Speer geritzt, und findet dabei die Runen, die ihn von seinem Hängeopfer erlösen. Neun Hauptlieder (Doppellieder, also insgesamt 18 Lieder) lernt Odin von Meister Mimir, dem weisen Riesen, welche mit den 18 Wikinger-Runen in enger Verbindung stehen.
Diese Zauberlieder des Odin sind dem »Urteil« jeder Rune jeweils vorangestellt, sie selbst bilden das Urteil. Somit haben wir beim Runen-Orakel ein doppeltes Orakel vor uns. Es ist ein Zeichen-Orakel, das die gestellte Frage mit Runenzeichen beantwortet, und zugleich ein Spruch-Orakel mit dem entsprechenden Zauberlied. Auch dies zeigt eine Gemeinsamkeit mit dem I Ging, dort erfolgt die Antwort ebenfalls sowohl als geometrisches Zeichen (Hexagramm) wie auch als Urteilsspruch.
Weiterhin hat jede Rune eine Zahl. Diese Zahl ist mehr als nur eine Numerierung, sie ist eine qualitative Ordnungszahl. Der Zahlenwert

der Rune stellt etwas dar, das wie die Rune selbst als lebende Wesenheit aufzufassen ist. Für den zahlensymbolisch interessierten Leser ergeben sich hieraus weitere Deutungsmöglichkeiten, die besonders bei der Kombination von Runen aufschlußreich sind.
Rune ist Zeichen, Zahl, Buchstabe, Laut und Name in einem. Als Zeichen ist eine Rune sichtbar, als Raunen wird sie hörbar. Der Lautwert einiger Runen ist eindeutig, andere Runen bezeichnen ein ganzes Spektrum von Lauten. Mancher Laut ist auch dem heutigen (deutschen) Sprachgebrauch fremd. So ist zum Beispiel AS als Laut eine Mischung von »o« und »a«, ein offenes »o«. YR steht oft für Schluß-R wie etwa im Namen Freyr = Frey.
Schließlich wird jeder Rune ein Kennwort zugeordnet, das sowohl mit dem Namen als auch der Orakel-Bedeutung der Rune in enger Beziehung steht – ein Bild der Runen-Imagination. Lassen Sie sich nun von dieser Vielfalt inspirieren und finden Sie Ihre Rune!

# 1. Die Rune FA

## Der Vater

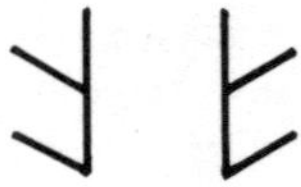

### Das Urteil

»Die Lieder kann ich, die keine Königin weiß
und niemandes Nachkomme:
Hilfe heißt das erste, es wird helfen dir
in Not und Nachstellung.«

In der Sprache der germanischen Mythologie sehen Sie sich einer Konfrontation von Hirschkönig und Großer Muttersau gegenüber. Entwicklungspsychologisch gesehen ist dies ein Stadium, in dem sich das Männliche bereits mächtig vom Weiblichen absetzt, jedoch noch nicht ganz in der Lage ist, sich von der Mutter zu distanzieren. Die keltische Mythologie entspricht dieser Entwicklungsstufe, deren Studium Ihnen wichtige Hinweise in bezug auf Ihre Frage geben könnte.

Im Vordergrund steht der Vater als Zeuger und Schöpfer. Die Antwort kann sich auf Ihren leiblichen Vater beziehen, auf einen anderen Menschen, der für Sie väterliche Funktionen erfüllt, oder auf Sie selbst in Ihrer väterlichen Eigenschaft. Nehmen Sie »Vater« als archetypisches Bild, so kann man sagen, daß Sie im Einflußbereich dieses Archetyps stehen.

Vom Vater können Sie nicht die fürsorgliche Liebe der Mutter erwarten, dafür erhalten Sie von ihm väterliche *Hilfe,* insbesondere wenn Sie in Schwierigkeiten sind. Es ist eine männliche Hilfe, die nicht durch liebevolle Worte, sondern durch handfeste Taten erfolgt und bestehende Not abwendet. Darum distanziert sich das Zauberlied von der Königin und verheißt die Hilfe nur dann, wenn man sie wirklich braucht.

Ihre durch die Rune FA angezeigte Lage ist sehr schöpferisch. Große kreative Energien stehen Ihnen zur Verfügung, und es liegt bei Ihnen, was Sie damit anfangen. Sie können das andere Geschlecht tief beeindrucken und bezaubern oder als Ausdruck der natürlichsten Schöpfung dieser Welt ein Kind zeugen oder empfangen. Sie können aber die schöpferische Energie auch »sublimieren« und sich etwa in künstlerischer Richtung betätigen oder Ihrem gesamten Leben eine neue, kreative Wendung geben, die dann zu mehr Freiheit in Ihrem Leben führen wird. Falls Ihre Frage in diese Richtung geht, oder falls solche und ähnliche Gedanken Sie zur Zeit beschäftigen,

so wäre jetzt der günstige Augenblick, diese Pläne in die Tat umzusetzen. Die Rune FA zeigt an, daß Sie über die dazu nötige Energie verfügen, Sie sind sozusagen REIF, um FREI zu sein.
Hüten Sie sich jedoch gleichzeitig vor Übertreibungen, denn sonst könnten Unterwelt und Unbewußtes allzu gewalttätig ausbrechen (»Freyr ist ein großes Vieh, und Freyja ist die beste Sau« – siehe Kommentar) und Schäden anrichten, die später nicht mehr gutzumachen sind. Wie überall, ist auch hier das richtige Maß zu beachten.
Gehen Sie in die freie Natur. Wie fast keine andere Rune, will FA auf die uralte Weisheit der Natur und die vergessene Magie der Großen Mutter Erde aufmerksam machen.

»Ich ging zum Wald und zum grünen Baum,
zu finden den Zauberzweig:
ich fand den Zauberzweig.«

**Der Kommentar**

»Am Anfang schuf Gott Himmel und Erde« (Moses). Es ist der Vatergott, der hier die Welt erschafft. Die Emanzipation des Mannes ist geschichtlich gesehen ein langer Prozeß, der heute noch nicht abgeschlossen ist. Ursprünglich (siehe UR-Rune) finden wir überall die Zweigeschlechtlichkeit, die allmählich der Herrschaft der Großen Mutter weicht. Am Anfang war allemal das Ei. Dann das Huhn, und erst viel später fing der Hahn zu krähen an. Solange die Göttin herrschte, war sie nicht im Himmel, sondern auf und in der Erde. Unter Menschen herrschte das Mutterrecht, und während jede Mutter wußte, daß jedes ihrer Kinder ihr eigenes leibliches Kind war, konnte der Vater des Kindes dessen nie sicher sein. Allmählich übernahmen die Männer die Macht.
Mit der FA-Rune sind wir noch nicht soweit. Sie symbolisiert einen frühen Stand der männlichen Emanzipation, als der Mann erst um seinen Namen ringen mußte. Er hatte ursprünglich keinen Namen, er war – wie etwa im Volk der Bienen – lediglich ein greifbarer Begriff: der Pfahl oder Phallus. Das ist die ursprüngliche Bedeutung von FA. Rune ist zugleich Laut. Deshalb ist es völlig gleich, ob wir FA, Fater, Fal und Fallus sagen oder schreiben. Diese Bedeutung von FA ist ewig. Auch heute ist FA der namenlose Phallus, denn falls ein Mann ein Kind zeugen will, muß er es »machen« (lateinisch »facere«). »Liebe machen« ist eine Redewendung, die den Vorgang der Zeugung, des »Machens« an einen geliebten Partner koppelt, weniger vorneh-

me Sprachformen für diesen Aspekt von FA sind »fick« und »fuck«, sie lassen einfach die Liebe weg.
Der Vater ist der Macher, der »macho«, das männliche Tier. Die gemeingermanische Bedeutung von FA ist Vieh, hier erkennen wir, weshalb eine bedeutsame Persönlichkeit ein »großes Tier« oder »großes Vieh« heißt. Überhaupt scheinen heutzutage die »Machos« und die »großen Tiere« viel zu sagen haben, wahrscheinlich handelt es sich um ein letztes Aufbäumen der phallischen Männlichkeit kurz vor ihrem geschichtlichen Untergang.
Allvater ist aus der Sicht von FA schlicht und einfach das »Alpha-Tier«, das Leittier. Lassen wir uns ausschließlich auf diese Ebene der Wirklichkeit ein, so brauchen wir uns nicht weiter zu wundern, daß wir von »großen Tieren«, von »tollen Hirschen« und mitunter auch von »armen Schweinen« angeführt werden. Dies kommt schon dem Spaß des Römers Caligula sehr nahe, der in voller Erkenntnis der damals herrschenden Zustände sein Pferd zum Senator machte (vielleicht weil er als Sohn des Germanicus das Pferd als das heilige Tier der Germanen verehrt hatte).
Der »tollste« aller Hirsche war der Hirschkönig Freyr. Was allerdings heute als lustiges Sprachspiel oder atavistischer Rückschlag erscheint, war damals wohlbegründeter Ernst: Der Hirschkönig Freyr war ein Gott, der Hirschgott. Sein weiblicher Gegenpart war eine Göttin, die Große Muttersau. »Du bist ein Hirsch« ist eine liebevolle Schelte, die zwar tadelt, doch gleichzeitig die verborgene Potenz des Betroffenen mit beinhaltet. Das wichtigste Attribut des Hirschen ist sein Geweih, dieses besitzt er als Symbol seiner naturgegebenen Männlichkeit oder setzt es anderen (weniger potenten) Männern auf. Der Hirschkönig ist der »Gehörnte«, der im dunklen Wald mal als Pan, mal als Teufel mit den Jungfrauen der Großen Mutter tanzt, die Große Muttersau begattet und mitunter (nach Erledigung seiner phallischen Aufgabe) geopfert wird. Denn was wird wohl mit dem Hirschkönig passieren, wenn der junge Hirsch herangewachsen ist? Ohne Erbarmen wird es zum Zweikampf kommen, und der Stärkere gewinnt die kurzfristige Gunst der Mutter.
Wenn Sie tiefer ins Wesen des Hirschkönigs eindringen wollen, müssen Sie sich mit der keltischen Überlieferung beschäftigen. Hierzu steht ein reichhaltiges Material von irischen, schottischen, englischen und französischen Mythen und Märchen zur Verfügung, sie führen alle zum Gral in einer seiner Formen, nämlich als Kelch oder Schale. In Gundestrup (Dänemark) wurde ein Silberkessel gefunden, der auf einer der eingelegten Platten den Hirschkönig Freyr zeigt. Dieses Bild wollen wir kurz besprechen.
Der Hirschkönig verharrt auf dem Bild in einer seltsamen Stellung. In

*FA als Hirschkönig*

seinen Händen hält er den Hals einer Schlange und den Halsreif der Druiden, den er auch am eigenen Hals trägt (der Reif heißt Torques). Die Schlange (hier ist sie gehörnt!) ist symbolisch gesehen identisch mit dem Drachen, dem heiligen Tier der keltischen Druiden. Hier wird sie am Hals gepackt und damit vollkommen beherrscht, denn sie kann nicht mehr zubeißen. Der Torques ist *das* Abzeichen des Druiden, er ist ein REIF. Nur wer dazu REIF geworden, begreift, daß er FREI ist – der Ring der Gefangenschaft öffnet sich zur REIFEN FREIHEIT – und er hat die Prüfung als Druide bestanden, er ist ein Hirschkönig Frey. Denn REIF und FREI ist nur eine Frage der Umstellung. Stelle es um, und du bist frei!
Auf dem Bild haben wir also den mehrfachen Hinweis auf den Hals, und der eine Fuß deutet auf das Sex-Chakra. Besinnen Sie sich jetzt auf die Entsprechung von Chakras und Runen (S. 53) und betrachten Sie das Zeichen von FA. Wir sehen ein Aufwärtsstreben der Seitenäste, das vom Sex- zum Nabelzentrum bzw. vom Herz- zum Halszentrum führt. Insgesamt zeigt das eine Tendenz, die vom Sexchakra

nach oben bis zum Halschakra führt. Dies ist die klar erkannte und eindeutig gestellte Aufgabe des Hirschkönigs Freyr, die allerdings erst mit der Rune AS ihre Lösung findet. Der Hirschkönig hat – banal gesagt – die Schnauze voll von der Bevormundung durch die Mutter. Er sieht und erkennt seine eigene Chance, die aus der Beherrschung der Sprache besteht und auf die Sublimierung der Sexualkraft (wie es die Psychologen heute sagen würden) gründet. Anders ausgedrückt, geht es um die Transformation der Lebensenergie (Kundalini) vom Sexual- ins Halszentrum. Doch Freyr, der Hirschkönig, muß noch warten.

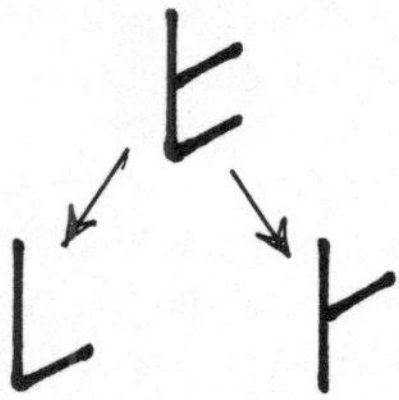

Die Rune FA enthält sowohl KAN als auch LAF (gestürzt) in sich. Eine nähere Beschreibung von KAN und LAF finden Sie in den entsprechenden Abschnitten. Die gestürzte LAF-Rune bedeutet das der Erde zugewandte Leben, das leibliche Leben. KAN ist Potenz im allgemeinen Sinn. Als Komponenten weisen diese zwei Runen FA als eine naturgebundene Potenz, eine natürliche Macht aus. Das ist die Zeugungskraft, die Fülle der männlichen Samenkraft. So ist Freyr der Fruchtbarkeitsgott, Gott der Saat, des Wachstums und der Ernte, er bringt Frieden, Reichtum und Wohlstand.
Das Zeichen FA stellt einen *Pflug* dar, der den mütterlichen Boden beackert und neues Leben zeugt. FA verweist auf eine mutterrechtliche Ackerbaukultur, die in Fülle und Frieden verläuft. Fro (Freyr) lieh seinen Namen dem legendären dänischen König Frodi, während dessen Herrschaft der »Frodi-Friede« das Land beherrschte, bis (vaterrechtlich orientierte) Krieger kamen und dem Frieden ein Ende setzten.
Der dunkle Charakter der FA-Rune besteht darin, daß seine Energie von unten kommt und nach oben strebt. Betrachten Sie FA im Runenmandala (S. 46) bzw. im Mandala des Gartens (S. 43). Die Kräfte der Unterwelt (Utgard) erreichen die Erde im Süden, in der Feuerwelt. Die männliche Samenkraft ist hier unterirdisches Feuer, Freyr-Feuer, das wie ein Vulkanausbruch mit Elementargewalt nach oben strömt. Es ist eine Naturgewalt, der brünstige Hirsch ist in seiner Ekstase nicht zu halten.
Freyr ist nicht nur Feuer, sondern auch der Freier. Als er sich eines Ta-

ges auf den Hochsitz Odins setzt, von wo man die ganze Welt überblicken kann, erblickt er im fernen Riesenland ein wunderschönes Riesenmädchen, und Freyr ist nicht mehr zu retten. Er ist bis über die Ohren verliebt und muß unbedingt die Schöne bekommen. So schickt er seinen Freund ins Riesenland, der für ihn das Mädchen freit und schließlich auch bekommt. Allerdings hat diese Geschichte verhängnisvolle Folgen, denn Freyr bekommt sein Schwert, das er als Pfand der Riesentochter schickte, nicht zurück. So muß er bei seinem Kampf mit dem Riesen Beli diesen mit einem Hirschgeweih (!) erschlagen. Noch schlimmer kommt es bei der Götterdämmerung. Ohne Schwert kann Freyr dem Feuerriesen Surt nicht widerstehen, und das Pfand seines einstmaligen feurigen Begehrens wird letztlich die Ursache seines Todes durch Feuer.
Das heilige Tier der germanischen Götter war das Pferd, das sie auch bevorzugt als Reittier benutzten. Nicht so Freyr, er reitet einen goldborstigen Eber. Auch seine Schwester Freyja benutzt einen Eber als Reittier (und ein Katzengespann), Bruder und Schwester bekunden damit ihre enge Zugehörigkeit zur Großen Muttersau.

*Freyja – Wasser*

*Feuer – Freyr*

Die gewendete FA-Rune betont die linke Seite des Runenmandalas. Sie ist durch die Gestalt der Freyja trefflich illustriert. Während der männliche Freyr das unterirdische Feuer symbolisiert, das als naturgewaltiger Vulkanausbruch zum Vorschein kommen kann, steht seine Schwester Freyja für das weibliche Wasser. Sie ist die schöne, geheimnisvolle und einladende Quelle, die jedoch nicht weniger als Freyr der Unterwelt entspringt. Freyja ist die betörend schöne und mächtige Göttin der Fruchtbarkeit und der körperlichen Liebe. Sie ist die uneingeschränkte Liebesgöttin, ihren Reizen und ihrer Versuchung können die Götter genausowenig wie Menschen, Riesen oder gar Zwerge widerstehen.
Die Gestalten der germanischen Göttinnen (14 Asinnen) sind sehr undifferenziert. Deutlich in Vordergrund treten nur zwei, Freyja und Frigg. Die verwandtschaftlichen Beziehungen dieser beiden Göttinnen sind auch nicht ganz klar. Die Liebesgöttin Freyja ist mit Od verheiratet, der sie aber verläßt und in ferne Länder zieht. Freyja bleibt zurück und ist fortan die göttliche Geliebte. Wer Od eigentlich ist, wird aus dem Mythos nicht eindeutig beantwortet. Wahrscheinlich ist er letzten Endes Odin selbst.
Frigg ist die Göttermutter und ist mit Odin verheiratet. Sie kennt alle Menschenschicksale, »wenn sie auch nicht weissagt« (Snorri). Freyja

und Frigg haben so viele gegenseitige Bezüge, daß die Vermutung naheliegt, sie stellen eine und dieselbe Göttin dar. Die zwei Namen Freyja und Frigg finden ihre Vereinigung in »Frau«, sie bedeuten letztlich zwei verschiedene Aspekte der Frau. Frigg ist die alle Seiten des Weiblichen allgemein umfassende Muttergöttin, Freyja betont die sinnliche und freie (nicht als Ehefrau gebundene) Seite der Frau als Geliebte. Der astrologisch gebildete Leser findet die genaue Entsprechung von Freyja und Frigg im Zusammenspiel der beiden weiblichen Planeten Venus und Mond.

Frau

| Freyja | Frigg |
| --- | --- |
| Geliebte | Ehefrau |
| Venus | Mond |

Freitag ist der Tag von Freyr und Freyja, es ist schade, daß er in der heutigen Wochenordnung kein freier Tag ist, denn Freitag wäre für freie Freizeitgestaltung geradezu ideal. Freyja beherrscht die alte Magie der Mutter und lehrt sie den Asen. Freyr und Freyja sind Wanen, sie gehören einem älteren Göttergeschlecht als die Asen an. Der konstruktive Frieden nach dem Asen-Wanen-Krieg ermöglicht es den neuen Göttern, den Asen, den alten Wanen-Zauber (vornehmlich durch die Vermittlung der Freyja) kennenzulernen und zu übernehmen. Aufgrund ihrer alten ehrwürdigen Abstammung und des magischen Wissens werden die Wanen (auch Njörd ist Wane) von den Asen als »weise Wanen« verehrt. Freyr und Freyja erscheinen als vornehme Gestalten, Freyr ist Fro, der »Herr« und Freyja die »Frau Herrin«.
Betrachten wir all diese Aspekte zusammen, so haben wir in Freyr den »phallischen Herrn«. Er ist weise, wissend und vornehm, zugleich jedoch von grobphallischem Charakter. In einem Kindervers ausgedrückt:

»Ene, mene, mi;
der Vater ist ein (großes) Vieh.«

Entsprechendes gilt für Freyja. Die betörend schöne, weise und vornehme Göttin »treibt« es mit dem letzten Zwerg:

»Ene, mene, mau;
die Freyja ist die (beste) Sau.«

Kein Wunder, daß die beiden auch miteinander schlafen. Nur, daß hierbei nichts »Unanständiges« vorliegt. Die Wanen entstammen eben dem alten Geschlecht der Mutter. Abgesehen von seinen phallischen Pflichten der Großen Mutter gegenüber, ist der Hirschkönig sexuell frei und unabhängig von irgendwelchen »moralischen« Vorschriften. Es wird von ihm sogar erwartet, daß er möglichst viele Frauen begattet, denn in jeder Frau steckt die Große Mutter. Sexualität und Besitz wurden erst später in der vaterrechtlichen Welt miteinander vermengt.

Wenn FA gestürzt wird, erhalten wir AS, die Rune der Asen. Die Strukturen der beiden Runen lassen das gegensätzliche und sich ergänzende Anliegen von Wanen und Asen erkennen. Die Wanen sind untere Götter, die Seitenäste der FA-Rune führen von unten nach oben. Von unten nach oben verläuft die natürliche Entwicklung, die Evolution in der Natur. Die Wanen sind Geschöpfe der Mutter Natur, die sich im harmonischen Einklang mit ihr entwickeln. Die schon aufgezeigte Entsprechung der Runen zu den Naturreichen läßt bei der FA-Rune das allmähliche Streben nach oben erkennen. Beide Schrägstriche führen die Energie um eine Ebene hinauf: Das Pflanzenreich will sich zur Ebene der Tiere, das Menschenreich in die Welt der Engel erheben. FA und Wanen sind die Rune und die Götter der Evolution. Bei der Behandlung der AS-Rune können Sie nachlesen, daß bei den Asen eine ganz andere Entwicklung im Gange ist, diese sind Götter der Involution.

Verlassen wir den Hirschkönig, der sein prächtiges Geweih stolz gegen die untergehende Sonne erhebt und die milde Abendluft mit einem warmen brünstigen Ruf wonnetrunken erzittern läßt.

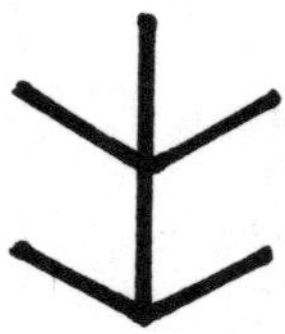

## 2. Die Rune UR

## Der Urquell

### Das Urteil

»Ein andres kann ich; den Erdenkindern nützt es,
die heilende Hand üben:
es scheucht Krankheit und die Schmerzen alle,
heilt Wunden und Weh.«

Falls Sie krank sind, verspricht UR Heilung, doch nur, wenn Sie Ihr eigener Heiler werden. Krankheitssymptome sind zweitrangig, beachten Sie sie, doch bekämpfen Sie sie nicht. Besser ist es, mit den Krankheitszeichen Freund zu werden. Sprechen Sie mit Ihrer Krankheit und fragen Sie, was sie von Ihnen will. Nur so können Sie zu der wahren UR-Sache der Störung vorstoßen, und indem Sie diese beseitigen, wieder gesund werden.
Für seelische Störungen gilt dasselbe. Nehmen wir einmal an, Sie haben Depressionen. Es wird Ihnen nichts nützen, wenn Sie sich »zusammenreißen« oder »aufraffen« und widerwillig z. B. ins Kino gehen. Auch eine Tablette wird Ihnen auf die Dauer nicht helfen. Statt dieser halbherzigen Maßnahmen sollten Sie sich mit ganzem Herzen Ihrer Niedergeschlagenheit hingeben. Lassen Sie ruhig die Tatsache bestehen, daß Sie ganz tief traurig sind und die Welt wie eine sinnlose Seifenblase oder wie ein schwarzer Sack Zement erscheint. Aber Vorsicht: Selbstmitleid ist dabei nicht erlaubt. Beobachten Sie Ihren Zustand einfach und fragen Sie Ihre Depression, was der Grund ihres ungebetenen Besuches sei und was sie Ihnen sagen will. Sie wird es Ihnen sagen. Sollten Sie Zorn in sich aufsteigen spüren, so ist das bereits ein Zeichen der Besserung.
Sie können sich jedoch sowohl körperlich als auch seelisch vollkommen gesund fühlen. In diesem Fall spricht der Geist durch UR zu Ihnen. Im Hinblick auf Ihre gesamte Lebenssituation befinden Sie sich irgendwo, in irgendeinem Bereich Ihres Lebens, auf der Oberfläche. Sie sind zwar nicht krank, aber auch nicht ganz. Vollständig heil ist der Mensch nur, wenn er ganz ist und ihm nichts fehlt; dann ist er ganz gesund. UR ist eine leise Warnung. Wenn Sie den UR-Grund Ihres unbewußten Unbehagens nicht erforschen und Ihr Leben unverändert weiterführen, könnten Sie erkranken. Fragen Sie nach dem Sinn!
Jenseits der Betrachtungen von Gesundheit und Krankheit bedeutet

UR den Urquell des Lebens und der Welt. Entweder schicksalsmäßig bestimmt (karmisch) oder in der jetzigen Lebensphase drängt es Sie dazu, diesen Urquell zu erforschen. Es gibt zwei Quellen, im Kommentar sind sie näher beschrieben. Der Urdbrunnen ist der Urquell der Erkenntnis. Hier müssen Sie Ihre Vergangenheit erforschen, Sie könnten z.B. Ahnenforschung betreiben. Es ist möglich, daß Sie auf lange Sicht gesehen Ihre Weltanschauung überprüfen und ändern sollten. Mimirs Brunnen ist der Urquell der Weisheit, hier ist auch die letzte Weisheit zu finden: das einfache Leben in Liebe. Vielleicht beansprucht der Kopf einen ungebührend großen Teil an Ihrem Leben, und Sie sehnen sich nach dem Kontakt mit der Natur. Gehen Sie in den Garten und graben Sie! Suchen Sie die Quellen im Wald, stekken Sie Ihre Hände in den Boden, berühren Sie Mutter Erde, und Mimir wird Ihnen den Weg zur Weisheit weisen.

**Der Kommentar**

»Urzeit war es, da Ymir hauste:
nicht war Sand noch See noch Salzwogen,
nicht Erde unten noch oben Himmel,
Gähnung grundlos, doch Gras nirgend.«

UR führt in die Urzeit zurück. Dort fallen alle Gegensätze – wie etwa Mann und Frau, Leben und Erkenntnis, Zukunft und Vergangenheit – zusammen, und genau das kann uns UR lehren. Ist uns einmal der Anschluß an diesen Urquell des Lebens gelungen, stehen Energie, Lebens- und Heilkraft fast uneingeschränkt zur Verfügung.
Der Regenbogen (Bifröst) ist die Brücke der Asen, die Asgard (Himmel) und Midgard (Erde) miteinander verbindet. Hier entlang reiten die Götter täglich zum Urdbrunnen, um ihre Besprechungen abzuhalten. Ein Blick auf das Mandala der Weltordnung zeigt, daß UR eben diese Regenbogen-Brücke ist. Wir dürfen uns den Urdbrunnen links, in westlicher Richtung vorstellen. Gegenüber auf der rechten, östlichen Seite befindet sich Mimirs Brunnen, ebenfalls durch UR zu erreichen.
Schließen Sie die Augen und stellen Sie sich einmal die Szene vor: Im immergrünen Wald gegen Westen leuchtet die untergehende Sonne dunkelrot durch die hohen Bäume. Leichter Nebel ist bereits aufgezogen und umfängt den Wald mit leisem Geheimnis. Eine Quelle plätschert in steter Ruhe, drei Frauen sitzen da und werfen

Stäbe. Sie sind uralte Wesen (jedoch jung und sehr schön anzusehen) und heißen Urd, Werdandi und Skuld – die drei Nornen. Plötzlich wird die Stille durch fröhliches, ausgelassenes Gelächter unterbrochen – die Götter kommen. Beim Anblick der Frauen werden sie ernst, grüßen die Nornen und setzen sich in respektvollem Abstand im Kreis auf den Boden.
Ganz anders im Osten. An einem tiefen Brunnen steht der Riese Mimir, blickt versonnen in die dunkle Öffnung und murmelt dabei gutmütig vor sich hin. Die Sonne ist soeben aufgegangen und leuchtet hell über zwei grünen Hügeln. Der Morgentau glitzert noch im Gras, es ist ein frischer Morgen, doch bald wird die Sonne die weiten Wiesen erwärmen. Odin kommt langsam und leise heran, grüßt freundschaftlich den Riesen, der bei Odins Anblick erfreut einen Luftsprung macht. Beide trinken aus dem Brunnen. Für diesen täglichen Trunk hat Odin ein Auge verpfänden müssen, das jetzt im Brunnen liegt. Scherzend unterhalten sich die zwei noch eine Weile, dann verwandelt sich Odin in einen Adler und fliegt davon.
Die zwei Quellen der UR sind grundverschieden, sie sind Gegensätze. Der linke Brunnen gehört zu drei Frauen, der rechte zu einem Mann. Nach Westen geht Odin in der Gesellschaft der anderen Götter, um gemeinsamen Rat abzuhalten, nach Osten geht er allein. Links sehen wir den Quell zur kollektiven Frauenwelt, rechts die Welt eines einsamen Riesen. Und doch sind die zwei Brunnen letztlich identisch, sie werden vom selben Urquell gespeist.
Am Urdbrunnen sitzen Urd, Werdandi und Skuld, sie schneiden ins Scheit, sie lenken Lose, sie kiesen Leben. Nornen sind Hebammen, sie heißen auch Disen. Nicht nur diese drei, sondern auch Freyja, die Wanen-Dis, andere Göttinnen und ebenso die menschlichen Hebammen, sie alle sind Dienerinnen der Großen Mutter. Ihre Aufgabe ist es, der Mutter zu dienen, indem sie Leben vermehren.
Urd, Werdandi und Skuld sind jedoch besondere Disen. Sie verhelfen dem Menschen nicht nur zu seiner körperlichen Geburt, sondern auch zu seinem persönlichen Schicksal. Und dasselbe tun sie auch für die Götter. Sie haben eine geburtshelfende Funktion, die das mit der Geburt gleichzeitige Fällen des Schicksalsspruchs umfaßt. Urd ist die älteste, ihr Name ist Schicksal, sie ist seit Urzeiten beim Urdbrunnen, am Born der Vergangenheit. Werdandi ist das Werden und Skuld die Schuld. Urd, Werdandi und Skuld sind aber auch Vergangenheit, Gegenwart und Zukunft. Sie singen ein Lied:

| | |
|---|---|
| »Das in der Vergangenheit verursachte Schicksal | – singt Urd |
| muß in der Gegenwart gewendet werden, | – singt Werdandi |
| wenn in Zukunft keine Schuld verbleiben soll.« | – singt Skuld |

Urd, Werdandi und Skuld singen dieses Lied bei jeder Geburt. Dann werfen sie Runen, sie lesen die Runen auf, sie lesen die Runen und bestimmen so die Lebensaufgabe. So wie die Nornen den Menschen ins Leben herein begleiten, begleiten ihn die Walküren beim Tode aus dem Leben hinaus. Sie prüfen dieses nun vergangene Leben und treffen danach ihre Wahl.
Nornen und Walküren lesen aus und wählen. Die Disen kiesen, die Walküren küren. Und wo bleibt die menschliche Freiheit? Man muß sich an die mittlere Norne, Werdandi, halten (sie ist sehr schön), sie spricht: »*Jetzt* kannst du das Schicksal wenden, die Tat ändert die Schuld.« Der Vollständigkeit halber hören wir noch Skuld an (sie ist fast noch ein Kind): »Du verschuldest dich immer, was du auch immer tust. Mache also möglichst leichte Schulden, leicht wie mein Haar und mein Herz. Wenn du aber schwere Schulden verursachst, so versuche gute Schulden zu machen.« Urd murmelt (jetzt ist sie gar nicht mehr schön): »Zuerst bezahle!«
Der Urdbrunnen ist der Quell der Erkenntnis. Erkenntnis ist immer weiblich, wie auch das Denken als Erscheinungsform des Geistes im Menschen weiblich ist. Und zwar aus dem Grund, weil Denken und Erkenntnis aus dem Kopf stammen. Gedanken sind Produkte, Kinder des Gehirns, wobei das Gehirn wie die Gebärmutter funktioniert, also eine Mutter ist. Auch die geschlechtliche Vereinigung zwischen Mann und Frau als körperliche Erkenntnis (»Adam erkannte sein Weib Eva, und sie ward schwanger und gebar den Kain«) gehört in den Bereich der Großen Mutter, weil es sich dabei um die Vermehrung des Lebens auf der Erde handelt. Jede Geburt gehört der Großen Mutter; Nornen, Disen und Hebammen stehen dabei in ihrem Dienst.
Das Ergebnis von Erkenntnis und Geburt ist aber ein Kind, und wenn es eine Kopfgeburt ist, ein Werk. Beide sind Lebewesen. Das Kind sowieso, und wenn das Werk wirklich ein Werk ist, lebt es durch seine Wirkung. Die *letzte* Erkenntnis ist das Leben. Diese Wahrheit veranlaßt uns, zu Mimirs Brunnen hinüberzugehen, er steht neben seiner Quelle und schaut uns freundlich an.
Auch Mimir ist ein Wesen aus der Urzeit. Er gehört zum Geschlecht des Urriesen Ymir, ist Odins Oheim und dessen Runenmeister:

»Auf dem Berg stand er (Odin) mit Brimirs Schneiden,
trug auf dem Haupt den Helm;
da sprach Mimirs Mund
wahres Weisheitswort
und redete Runenkunde.«

Als Riese stellt Mimir die natürliche Urkraft dar, doch nicht nur das.

Er ist der Hüter der Weisheitsquelle und ist selbst ganz besonders weise. In seiner Geschichte spielt sein Kopf eine besondere Rolle.
Die Köpfe der Riesen scheinen außerordentliche Einrichtungen zu sein. Aus dem Kopf des Urriesen Ymir machten die Götter die Welt: aus seinem Schädel den Himmel, aus Zähnen und Kiefern Gestein und Geröll, seine Augenbrauen dienten zum Schutz Midgards, der Menschenwelt. Wenn man sich von solchen Bildern nicht stören läßt, entsteht ein bemerkenswertes Bild der Welt vor unseren Augen. Diese Welt lebt, denn sie ist aus einem Lebewesen geschaffen worden. Weiterhin finden wir die gesamte Weltstruktur in Ymirs Kopf abgebildet: Sein Schädel bildet den Himmel, Asgard, die obere Welt der Götter. Die Gesichtsmitte entspricht Midgard, der Menschenwelt, nach oben zu Asgard hin begrenzt durch die Augenbrauen. Utgard, die Unterwelt, entsteht aus den unteren Teilen des Kopfes, vor allem dem Mund.
Die Entsprechung des menschlichen Körpers zur dreifachen Weltstruktur kennen wir bereits. Hier sehen wir also dieselbe Struktur noch einmal in Ymirs Kopf abgebildet.

| Mensch | Ymir | Welt | Aspekt |
|---|---|---|---|
| Kopf | Schädel | Asgard | Geist |
| Oberkörper | Augen | Midgard | Seele |
| Unterleib | Mund | Utgard | Körper |

Auch bei Mimir finden wir Entsprechendes: Als die eifersüchtigen Wanen Mimir töteten und seinen Kopf an Odin sandten, balsamierte dieser Mimirs Haupt ein und benutzte fortan den Kopf als Ratgeber. »Odin murmelt mit Mimirs Haupt.« Was ist hieraus zu sehen? Mimirs Kopf ist genauso ganz wie der ganze Mimir. Trotz seiner gewaltigen Naturkräfte (oder gerade deshalb) ist der Riese Mimir ein vergeistigtes Wesen. Sein ganzer Körper ist auch in seinem Kopf enthalten und ebenso der Kopf im Körper. Körper und Geist haben ihre Einheit gefunden, Mimir ist ein einfaches, ganzes Wesen. Er kann mit dem Kopf fühlen und mit seinem Herzen denken, er ist unteilbar.
Darum spricht er zu uns (und lächelt dabei): »Es gibt keinen Zweifel, zweifellos ist die Wahrheit einfach.«
Der Urriese Ymir war das erste Lebewesen. Auch er war ganz, doch konnte er dies nicht erkennen, denn er war allein. Die Götter haben ihn aufgeteilt, dadurch kam die Zweiheit in die Welt und mit ihr die Erkenntnis. Allerdings auch der Zweifel. Die drei Nornen am Urdbrunnen hüten die letzte Erkenntnis, daß nämlich die drei Aspekte von Sein und Zeit in Wirklichkeit eins sind. Das ist die Selbsterkennt-

nis. Mimir verwirklicht die Selbsterkenntnis durch sein Leben, er ist – was so viele heutige Menschen suchen – ein selbstverwirklichtes Wesen. Seine Weisheit ist das Leben.
Deshalb vereinigt Mimir die drei Aspekte von Urd, Werdandi und Skuld in sich. Als Urwesen kennt er die Vergangenheit, Zukunftswissen schöpft er jeden Tag aus seinem Brunnen, und beide, Vergangenheit und Zukunft, vereinigt Mimir durch sein zweifellos einfaches Leben in der Gegenwart. Zu diesem Meister geht Odin in die Lehre, und dafür ist ihm ein Auge nicht zuviel. Doch mit Odins Auge, das in den Tiefen von Mimirs Brunnen liegt, hat es auch etwas Besonderes auf sich.

»Ich weiß Odins Auge verborgen
in Mimirs Quell, dem märchenreichen;
Met trinkt Mimir allmorgendlich
aus Walvaters Pfand – wißt ihr noch mehr?«

Odin hat ein Auge an Mimir verpfändet, doch welches? Sicher war er danach kein Einäugiger – wie der heruntergekommene Wotan mit Schlapphut manchmal dargestellt wird –, denn der Einäugige ist nur unter Blinden König, und die Asen waren keineswegs blind. Odin hat sein »drittes Auge« verpfändet, er war ein *Einhorn.* Er ging zwar bei Mimir in die Lehre, doch er war gleichzeitig als Allvater dessen Gott und ihm weit überlegen. Die Beziehung zwischen Odin und Mimir ist nicht einfach zu verstehen. Die zwei laborieren täglich am Brunnen Mimirs an etwas, das man als den »männlichen Weg zur Weisheit« bezeichnen könnte. Und dies hängt mit dem dritten Auge zusammen.
Am Urdbrunnen haben wir gesehen, daß Gedanken zum weiblichen Bereich gehören, sie werden aus der Mutter Gehirn geboren. Wo aber ist der Vater der Gedanken? Im Unterleib ist der Phallus der Vater. Und im Kopf? Wenn wir etwas sehen, denken wir automatisch mit, ohne Denken könnten wir gar nichts wahrnehmen. Wir sehen, das Gehirn öffnet sich, ein Gedanke entspringt, wir verstehen, wir haben erkannt – leider nur die Erscheinungswelt der Maja und nicht die Wirklichkeit dahinter. Das Einhorn sieht anders.
Schon das Imaginieren von Bildern vor dem inneren Auge kann das dritte Auge etwas aktivieren. Gelingt jedoch das Öffnen des dritten Auges, so ist das gleichbedeutend mit der Fähigkeit der Inspiration. Imagination ist Einbildung, Inspiration ist Eingebung. Letztere kommt vom Vater Geist, Mutter Gehirn öffnet sich und nimmt die väterliche Zeugung auf. Während der kurzen Zeiten solcher Eingebungen sieht man die Wirklichkeit so wie sie ist. Die Gedanken, die Mut-

*Hirsch und Einhorn oder Freyr und Odin am Urdbrunnen*

ter Gehirn nach solcher Zeugung gebärt und die als Worte durch den Mund geboren werden können, sind auch vom Vater. Sie sind magisch, wirkkräftig und wirklich. Solche Worte sind die Runen. Hier erkennen wir die Zusammenhänge zwischen Odin und Mimir und werfen einen Blick in ihre Zauberküche.

Odins Auge bei Mimir ist eins seiner Opfer. Hierdurch machte er auch Mimir zum Einhorn. Dafür erhielt er das uralte Geheimnis der Runen und fand so die geeignete Form für seine Visionen. Odin war ein Sprachgott. Mimir erhielt mit dem dritten Auge Odins die Fähigkeit zur Synthese. Nun störten ihn die Zweifel nicht mehr und auch keine Verzweiflung. Mit zwei Augen mag man mehr sehen als mit einem, mit dem dritten wird man jedoch weise. Zweifel sind zweifach, Weisheit ist einfach. Zweifellose Erkenntnis führt zur Weisheit des einfachen Lebens. Genausowenig zweifelhaft ist es, daß die Weisheit des einfachen Lebens zur höchsten Erkenntnis führt.

Somit haben wir die zwei Quellen der UR vereint, und Mimir, Urd, Werdandi und Skuld tanzen zu viert im Wald. Ihr Tanz heißt GIBUR, eine Gabe der UR, und dieser Tanz ist der schönste Ausdruck der Wahrheit, daß sie gemeinsam ganz, heil und vollständig sind. Allvater steht in der Mitte des Kreuzes und singt Runen.

X

UR ist weder weiblich noch männlich, sondern – wie auch der Urriese Ymir – zweigeschlechtlich. Auf der linken Seite des Gartens erscheint UR als Große Mutter, die durch Erkenntnis Leben gebärt; auf der rechten Seite als Himmelsvater, der durch einfaches Leben zur Erkenntnis verhilft. In der Urzeit gab es keine Unterscheidung, jetzt haben wir mehr als genug davon, und die Aufgabe einer künftigen Zeit wird es sein, eine neue Einheit zu schaffen. Darum sind Einhörner nützlich und dürfen nicht aussterben.

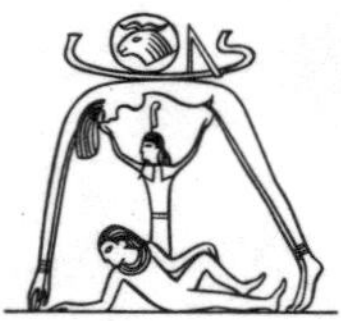

Eine ägyptische Variante der UR-Rune erkennt man auf der hier abgebildeten Zeichnung. Zwar ist das Bild unserem germanischen Garten gegenüber seitenverkehrt. Ansonsten sieht man aber sehr schön die Bemühung des Windgottes (Odin), Mutterschoß und das väterliche dritte Auge von UR miteinander zu verbinden.
UR vereinigt im hohen und breiten Bogen Himmel und Erde. Zwar ist UR – wie fast jede Rune – mit der Mittelachse in der Unterwelt verankert, doch spielen die unteren Wasser (und Feuer) nur insofern eine Rolle, daß sie bei den zwei Brunnen zum Vorschein kommen. Allerdings werden die unteren Kräfte erst dadurch dosiert und genießbar.
In der Natur finden Sie UR als Regenbogen. Dort, wo die zwei Enden des Regenbogens die Erde berühren, liegen Urdbrunnen und Mimirs Quell. Ich gebe zu, daß sie nicht ohne weiteres zu finden sind. Die Suche lohnt sich dennoch, denn wie der Volksmund besagt, liegen dort große Schätze vergraben.
Die Bauern, die noch mit den Händen das Feld bearbeiten, stellen UR durch den Körper dar, sie sind lebende Symbole ihrer Erdgebundenheit. Sie stehen mit durchgestreckten Knien und vorgebeugtem Oberkörper da, ihre Hände reichen nach unten und berühren die Mutter Erde. Je nachdem, ob man junge Pflanzen setzt oder die Ernte einholt, ist dies eine männliche oder weibliche Art, sich mit der Erde im Sinne von UR zu beschäftigen. Versuchen Sie einmal selbst diese Stellung einzunehmen, vielleicht finden Sie den UR-Schatz, der unter dem Regenbogen liegt, direkt vor Ihrer Nase.

# 3. Die Rune DORN

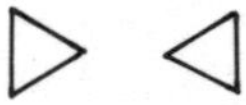

## Die Kraft

**Das Urteil**

»Ein drittes kann ich, drängt mich die Not,
zu hemmen Haßgegner:
stumpf mach ich den Stahl der Feinde,
nicht beißt ihr Waffen und Wehr.«

Thor mit seinem Hammer ist in Ihrer Nähe. Es ist die Stunde der *Tat.* Langwierige Überlegungen und Planungen sind jetzt nicht mehr angebracht, schnelles und entschlossenes Handeln ist das Gebot der Stunde.

Eine geradezu gewaltige *Kraft* ist mit DORN verbunden. Die Frage ist nur, ob Sie oder die anderen über diese Kraft verfügen. Wie jede Rune versinnbildlicht DORN eine bestimmte Energieform, die sowohl passiv als auch aktiv erlebt werden kann. So oder so sind Sie hier mit einer Elementargewalt konfrontiert. Wenn Sie diese nicht sich selbst zutrauen, wird sie von außen auf Sie zukommen, und Sie ziehen wie ein Magnet mächtige Gegner an.

Überdenken Sie, ob Sie Feinde haben! In diesem Fall könnte es nämlich sein, daß ein Feind irgend etwas gegen Sie im Schilde führt oder gar den »keltischen Rundschlag« gegen Sie plant. Seien Sie auf der Hut.

Besser noch ist es, Sie erkennen, daß die große DORN-Kraft Ihnen selbst zur Verfügung steht – wenn Sie nur wollen. Sie sind stark, denn Thor regiert die Stunde und damit Ihre momentane Lage. Natürlich können Sie mit dieser Kraft Ihre Gegner vernichten oder ihre Waffen stumpf machen, wie es das Zauberlied verheißt. Dazu sind Hammer und Hammermethoden ja ausgezeichnet geeignet. Falls dies tatsächlich nötig sein sollte – und solche Situationen sind zweifellos manchmal gegeben –, handeln Sie schnell und entschlossen, schlagen Sie zu und vergießen nicht allzuviel Blut dabei.

Je größer die Kraft, desto schwieriger ist es, mit ihr umzugehen. Seien Sie siebenfach auf der Hut, und greifen Sie nicht wahllos alle Gegner an wie Thor die Trolle. Sonst verfallen Sie noch dem Blutrausch, und mit Sicherheit wird dann der noch stärkere Utgard-Loki (siehe Kommentar) auftauchen und Sie in Ihre Schranken verweisen. Thor schlägt gern ohne nachzudenken zu – fragen Sie Ihr *Gewissen,* bevor Sie ähnliches tun.

Ein generelles Problem der DORN-Kraft ist der Mangel an Orientierung. Die schnelle und impulsive Tat ist eben oft unüberlegt, und man hat auch keine Zeit für gründliche Überlegungen. Doch wie der Krieger vor der Schlacht sich für ein Stoßgebet die Zeit nimmt, sollten Sie vor Schlag und Aktion unbedingt Ihr Gewissen befragen – einen besseren Ratgeber gibt es nicht.
Wir reden hier viel von Feinden, weil es im Wesen Thors und der DORN-Rune liegt. Die beste Lösung ist es jedoch, wenn Sie die verfügbare Kraft *konstruktiven* Zielen widmen. Freund werden können Sie mit dem Feind unter dem Einfluß der DORN-Rune kaum. Vergessen Sie den Feind also einfach, lassen Sie ihn links liegen, und wenden Sie sich neuen, rechten Aufgaben zu. Mit dieser elementaren Gewalt können Sie – wenn sie richtig geleitet wird – jetzt Möglichkeiten Wirklichkeit werden lassen, von denen Sie noch nicht einmal geträumt haben. Mit etwas Glück könnten Sie sogar Berge versetzen.

**Der Kommentar**

»Thor öffnet mit seinem Hammer das breite Tor. Der Tor tritt ein und betritt den Torweg, der zur Gralsburg führt. Doch nur der reine Tor wird die schmale Tür der Burg erreichen, die mit dem Speer des Tyr zu öffnen ist.« (Unbekannter Gralssucher)
Thor ist der Sohn des Allvaters Odin und der Jörd, der personifizierten Mutter Erde. Als Sohn des Allvaters ist er Gottessohn, als Sohn der Erde Menschensohn. Thors Rune ist DORN (auch THORN, denn die Rune steht für »d« und »th«). Setzen wir in Runen das Sechseck für die Mutter Erde Jörd und HAGAL (Sechsstern) für den Allvater Odin, und wir erhalten als Teil (ein Sechstel) ihrer Vereinigung die DORN-Rune, die Rune des Sohnes Thor.

Vom Vater FA-HAGAL gezeugt, von der Mutter UR-BAR geboren, vereinigt der Sohn DORN die freie Macht des Vaters und die ewige Ruhe der Mutter als *Kraft* in sich. Jede »Dreieinigkeit« ist ursprünglich die von Vater, Mutter und Kind, von der positiven, der negativen und der ausgleichenden Kraft.
Verfolgen wir DORN in seinen verschiedenen Aspekten. Wir finden ihn überall – denn keine Rose ohne Dornen – im Dornbusch, in der

Dornenhecke, bei Dornröschen und in der Dornenkrone. Nach dem Sündenfall verfluchte Gott die Schlange, dann Eva und schließlich Adam:
»Dornen und Disteln soll er (der Acker) dir tragen, und sollst das Kraut auf dem Felde essen.«
Die »Sünde« des Sündenfalles war das Erwachen des Unterscheidungsvermögens, der Erkenntnis als Denken und Sexualität. Gott bestraft den Ungehorsam, in dessen Folge die Erkenntnis kam, mit dem Dorn.
Machen wir uns etwas grundsätzlich und generell klar. Die christliche Religion konnte in Europa nur Fuß fassen, weil sie die angestammte Religion der Eingeborenen übernahm. Das gilt für die kosmologischen, astrologischen und meteorologischen Vorstellungen, die das Christentum in seine Lehre eingebaut hat (man denke nur an die christlichen Festtage) und ebenso für die germanische Götterlehre mit ihren Göttern, welche in den verschiedenen Aspekten des Christengottes ihre Entsprechung fanden.
Keineswegs waren die Germanen dem neuen Christengott gegenüber feindlich gesinnt. Sie betrachteten ihn – ähnlich den Römern – eher mit Neugierde, bereicherte er doch ihr ohnehin reichhaltiges Pantheon. Im Laufe der Zeit übernahm die christliche Lehre immer mehr von den heidnischen Vorstellungen und baute sie als christliche Vorstellungen in die eigene Lehre ein. Die brutale Ausrottung der germanischen Religion seitens der Kirche war ja unter anderem deshalb notwendig, damit diese Übernahme heidnischer Elemente vergessen werden konnte. Zweifellos war die Verbreitung des Christentums geschichtlich notwendig. Die Art, wie die Kirche dabei vorging, war allerdings alles andere als christlich.
Kehren wir zum Dorn zurück. Wie der jüdische Vatergott mit dem Dorn straft, genauso der germanische Allvater Odin. Eine ungehorsame Walküre wird von Odin durch den »Schlafdorn« in den Zauberschlaf versenkt, bis der dazu auserwählte Held sie aus ihrem Schlaf erweckt.

»Wer schnitt die Brünne? Wie brach mein Schlaf?
Aus fahlen Fesseln wer befreite mich?
Der Sohn Sigmunds: Sigurds Klinge
löste des Raben Leichenzweige.
Lang schlief ich, lang schlummert ich,
lang ist des Lebens Leid.
Odin schuf, daß den Schlummerbann
zu lösen mir nicht gelang.«

Die gleiche Geschichte haben wir im Märchen von Dornröschen.

Die verzauberte Spindel ist ein Todesdorn, in der abgemilderten Form ein Schlafdorn. Das Mädchen fällt in den Zauberschlaf, und die Dornenhecke nimmt die Verzauberte gefangen. Nur dem auserwählten Held gelingt es, die Dornenhecke zu überwinden und Dornröschen mit dem Kuß zu erwecken. Wie auch bei Sigurd und der Walküre, endet die Geschichte mit der Hochzeit.
Tod und Leben sind zwei voneinander untrennbare Aspekte von DORN. Todesdornen sind etwa ein Schwert, aber auch eine Heroinspritze. Sie können den Tod oder einen langen Schlaf hervorrufen. Lebensdornen sind das mythische Schwert mit der Heilkraft, der phallische Zauberstab und eben der Phallus selbst, denn sie bewirken Heilung, Erneuerung und neues Leben.

»Heil Tag! Heil Tagsöhne!
Heil Nacht und Nachtkind!
Mit holden Augen schaut her auf uns
und gebt uns Sitzenden Sieg!«

Mit diesem heidnischen Gebet begrüßt die erweckte Walküre ihr neues Leben. Zwei DORN-Runen ergeben zusammen die DAG-Rune (gemeingermanische Rune Nr. 24) mit der Bedeutung Tag. DAG ist Lebens- und Todesdorn zugleich. Auch der Tag umfaßt sowohl die helle als auch die dunkle Seite, denn er hat 24 Stunden und beinhaltet somit die Nacht.

DAG

Die Dornenkrone

In der Bibel spricht Gottes Stimme aus dem brennenden Dornbusch zu Moses. Im keltischen Mythos ertönt Merlins Stimme aus der Weißdornhecke. Nimmt man die sechs DORN-Runen des Runenmandalas auseinander, entsteht die Dornenkrone. Der christliche Menschen- und Gottessohn Jesus Christus wird vor seiner Kreuzigung mit den Runen des germanischen Menschen- und Gottessohnes Thor gekrönt. Wer hängt am Kreuz? Wer hängt am Baum?

Weitere symbolträchtige Spuren können Sie verfolgen bei Christi Nägeln (Nagel = Dorn) und mit dem Berg Sinai (Sinai = Schinai; Sin = Schin = Zahn = Dorn).
Der Asen-Thor ist der stärkste unter allen Göttern und Menschen. Er ist der große Beschützer Midgards, der Menschenwelt, ständig ist er auf Ostfahrt, um »Trolle zu erschlagen«, die von Riesenheim aus die Menschen bedrohen.

»Bald werden heim die Böcke getrieben,
an die Sielen geschirrt, sie sollten rennen.
Berge barsten, es brannte der Grund:
aus fuhr da Thor nach Thursenheim.«

Thor reitet nie. Entweder geht er zu Fuß, oder er nimmt seinen Wagen, der von zwei Böcken gezogen wird. Er fährt nach Osten. Die Böcke gehören symbolisch zum astrologischen Tierkreiszeichen Widder, dem Zeichen des Frühlings und des Osterfestes. (Auch Jesus Christus als »Lamm Gottes« gehört zu Widder.) Andererseits heißt Thor auf deutsch Donar, der Donnerer, er ist ein Wettergott, der Blitz und Donner beherrscht. Diese Aufgabe fällt in der griechischen Mythologie Zeus zu, astrologisch dem Jupiter. So haben wir für Thors Wesen (dessen Tag der Donnerstag ist) mit »Jupiter in Widder« eine treffende astrologische Beschreibung.
Das Mandala des Gartens (S. 43) zeigt deutlich, daß DORN als einzige Rune nur auf der Erdoberfläche (Midgard) beheimatet ist. Das ist wohl der Grund, weshalb Thor so gern zu Fuß geht! Kein anderer Gott ist so menschlich und so wenig göttlich wie Thor. Sein Wesen ist erdgebunden und einfach, um nicht zu sagen einfältig. Auf jeden Fall hält er es mit Kraft und Stärke und weniger mit der Klugheit. Thor ist ehrlich, treu und zuverlässig, sein Charakter ist ausgesprochen »deutsch«. Kein Wunder, daß er der beliebteste Gott beim Volk war, teilweise übertraf er sogar Odin (Wodan).

»Es trank da Thor drei Tonnen Met.«

Runen sind Kraftströme. Am Beispiel der ersten drei Runen (FA, UR und DORN) können wir die verschiedenen Richtungen dieser Ströme studieren. FA bringt untere Kräfte nach oben, UR verbindet Himmel und Erde, bei DORN konzentriert sich die ganze Kraft *auf* die Erde.

»Nur Thor schlug zu, zorngeschwollen:
selten sitzt er, wenn er solches hört.«

Thors Wunderwaffe ist sein Hammer. Nie verfehlt er sein Ziel und kommt nach jedem Wurf in Thors Hand zurück – ein Meisterwerk von weisen Zwergen. Der einzige Fehler des Hammers ist sein etwas

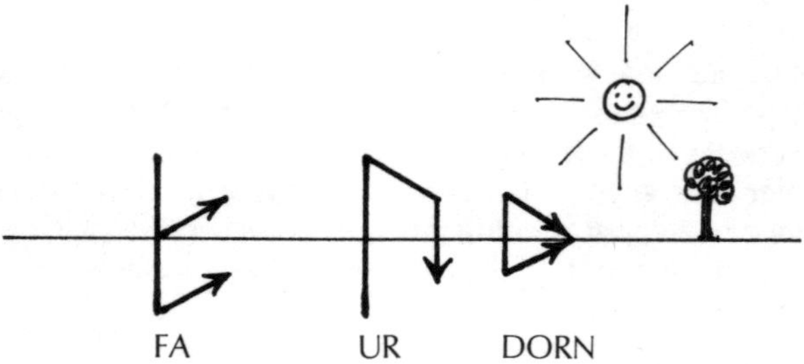

Thors Hammer (Mjöllnir)

zu kurz geratener Schaft. Der Dorn (Schaft) ist zu kurz geraten, weil der Schmied während der Arbeit von einer Bremse (Schlafdorn!) gestochen wurde.
Die phallische Bedeutung von Dorn ist unübersehbar, obzwar sie bei Thor und DORN-Rune nicht im Vordergrund steht (der Schaft ist eben etwas kurz!). Genauso eindeutig ist es, daß der Dorn in der christlichen Lehre Sünde und Buße symbolisiert, und diese Sünde ist eben die Sexualität.
Hingegen ist der Dorn bei den Germanen ein positives Symbol: Die Braut wird geweiht, indem man ihr den Hammer in den Schoß legt – der Dorn kommt zur Rose, und Dornröschen erwacht:

»Da sagte Thrym, der Thursen König:
Bringt den Hammer, die Braut zu weihn!
Leget Mjöllnir der Maid in den Schoß!
Mit der Hand der War weiht uns zusammen!«

Die DORN-Rune ist aber nicht nur ein Dorn. Ein anderer Name der Rune ist Thurse und bedeutet Riese. Das Wesen der Riesen ist für Götter und Menschen zweideutig. In erster Linie stellen sie eine grobe destruktive Kraft dar, die Vernichtung und Untergang bedeutet:

»Einen Thursen ritz ich und der Runen drei:
Argheit und Unrast und Irresein;
so ritz ich's ab, wie ich's ritzte ein,
wenn es dessen bedarf.«

Es gibt verschiedene Riesen: Reif- und Feuerriesen, Berg-, Stein- und Wasserriesen. Sie alle sind Naturgewalten, die die geordnete Welt ständig bedrohen. Allein die Götter stammen auch von den Riesen ab, denn diese Urwesen waren die ersten Lebewesen auf der Erde. Odin und Freyr pflegen durchaus positive Beziehungen zum Riesengeschlecht, indem sie deren Weisheit und Schönheit genießen. Es kommt also vor allem darauf an, wie man mit den Riesenkräften *umgeht.*

Für Thor ist das kein Problem. Nach dem Motto »Der Riese (3. Rune) ist des Asen (4. Rune) Feind« erschlägt er alle Trolle. Aus seiner Sicht hat er auch recht, für ihn zählt nur die Kraft. Mit Hilfe seines Hammers besitzt er Riesenkräfte, die er mit den Kräften der Riesen durchaus messen kann. Für das einfache Volk ist sein Wirken ein Segen – endlich ist jemand da, der den unberechenbaren Naturgewalten trotzen kann. Thor hält es mit dem Hammerschlag und nicht mit dem Geisteskampf wie Odin. Die Bemühungen des letzteren, den »Feind« zu verstehen und sogar zum Freund zu machen, sind ihm völlig fremd. Thor ist riesenstark, er ist jedoch ein ausgesprochen *schlechter Psychologe.* Folgerichtig werden ihm eines Tages seine Grenzen gewiesen.

Dies geschieht, als der Ostfahrer sich offensichtlich verirrt, Midgard verläßt und in der Unterwelt landet. Hier begegnet er dem Riesenkönig Utgard-Loki, der stärker als Thor ist. Trotz seines Hammers versagen ihm die Kräfte, und Thor muß beschämt den Heimweg antreten. Der Name Utgard-Loki zeigt, daß der Riesenkönig mit Loki im Bunde ist. Loki ist aber ein arger Gegner Thors, denn als gerissener und brillanter Bösewicht ohne Moral kann Loki den biederen, ehrlichen und geraden Charakter des Thor nicht ausstehen. Thor und Loki bilden ein gewaltiges Gegensatzpaar, den wohl wesentlichsten Gegensatz der germanischen Götterlehre und der germanischen Seele. Odin versucht, die gegensätzlichen Pole in seinem Wesen zu vereinen. Dies gelingt ihm recht gut, doch letztlich nicht gut genug: In der Götterdämmerung vernichten sich Asen und Riesen gegenseitig, die germanische Seele ist für die Synthese von Weisheit und Gewalt noch nicht reif genug. Doch die Hoffnung bleibt, nach dem Ende erscheinen neue Götter, vielleicht werden sie es besser machen können.

Thors Charakter ist dermaßen gerade, daß das Wenden und Stürzen der DORN-Rune kaum ihre Bedeutung ändert. DORN ist eindeutig männlich. Als Thor einmal als Frau (Freyja) verkleidet wird, hat selbst der gewitzte Loki erhebliche Schwierigkeiten, die Tarnung als weiblich zu verkaufen (Thrymlied). DORN ist in allen seinen Aspekten stets Kraft. Der darin verborgene Gegensatz ist der von Lebens- und Todesdorn, die Frage, ob die Kraft konstruktiv oder destruktiv eingesetzt wird. DORN auf der linken Seite des Gartens ist eher Erkenntnis-

kraft, die leicht zum Todesdorn werden kann (wie etwa in der Bibel: »Denn welches Tages du davon issest, wirst du des Todes sterben.«). Doch Erkenntnis führt zum Leben und Lebensdorn. Auf der rechten Seite ist DORN Lebensdorn, doch wenn nicht durch weise Erkenntnis gestützt, wird er zur Gewalt und führt zum Tod.
Sie können DORN körperlich erleben, indem Sie die Körperstellung der Rune einnehmen (siehe Anhang). In den beiden Fäusten führen Sie dann Thors Hammer – Sie sind der Donnerer – und können versuchen, das Gleichgewicht zwischen Lebens- und Todesdorn zu finden.
Das Beste, was wir DORN (und Thor) antun können, ist, den Schaft seines Hammers zu verlängern. Damit erhält er den Anschluß zur oberen und unteren Welt und also Orientierungshilfe, die seine Weisheit mehrt. Nehmen wir dazu die Doppelaxt (Lebens- und Todesdorn) und versehen sie mit dem Pfahl, so erhalten wir ein uraltes und beidseitig wirkkräftiges Symbol.

# 4. Die Rune AS

## Die Sprache

### Das Urteil

»Ein viertes kann ich, wenn in Fesseln man mir
die Gelenke legt:
die Weise sing ich, daß ich wandern kann;
es springt das Band mir vom Bein,
die Fessel von der Faust.«

Sie haben die Rune der Asen gezogen, damit stehen Sie unter dem Schutz der Luftgötter. Diesen Schutz werden Sie auch brauchen, denn die hier angezeigte Lage ist ernst (aber nicht hoffnungslos).
Das Zauberlied besingt einen Gefesselten, der sich wie ein Entfesselungskünstler durch ein Wunder befreit. Auch Ihre durch die AS-Rune angedeutete Situation mag der eines Gefesselten gleichen. Vielleicht werden Sie durch die äußeren Umstände, vielleicht auch durch Ihre eigene innere Einstellung gefangengehalten – die Ursache spielt dabei keine große Rolle. Tatsache ist, daß Sie eine außergewöhnliche Lösung benötigen, wenn Sie nicht in ungewollter Gefangenschaft verbleiben wollen.
Die AS-Rune zeigt die Möglichkeit einer Befreiung durch Geisteskraft. Es wird auf eine Situation hingewiesen, wo Kraft und Gewalt nichts nützen, sondern sogar noch mehr Schaden bringen. Eine Lösung ist nur durch Denken, Sprechen und durch eine geistige Umstellung möglich. Um ein Bild zu gebrauchen: Wenn Sie hinter Gittern sitzen, wird es Ihnen nicht viel nützen, das Schloß mit Brachialgewalt aufbrechen zu wollen. Um so mehr aber, wenn Sie Ihre Lage in Ruhe überdenken, neue Aspekte entdecken und den Richter durch geschickte Argumentation zu überzeugen vermögen.
Die AS-Rune ermuntert Sie zu sprechen und Probleme durch die Macht der Sprache zu meistern. Hüten Sie sich jedoch gerade jetzt, voreilig und oberflächlich zu reden, denn Ihre Sprache und Worte haben im Zeichen der Asen magische Gewalt. Sie können mit einem einzigen Satz eine langjährige Freundschaft oder Ihre Ehe zunichte machen, denn ein Wort kann scharf und tödlich wie ein Messer sein. Wenn Sie Ihrer Frau aus heiterem Himmel mitteilen, daß Sie ihre Trampelfüße noch nie ausstehen konnten und schon immer gehaßt haben, wird sie es Ihnen nie vergessen und verzeihen. Natürlich können Sie durch das gesprochene Wort nicht nur verletzen, son-

dern auch heilen, trösten, neuen Mut und neues Leben schenken. Das richtige Wort im richtigen Moment bewirkt Wunder, und genau darauf will Sie die AS-Rune in Ihrer jetzigen Lebenslage aufmerksam machen.
Die FA-Rune ist ein Pflug, der den Mutterboden beackert, die Rune AS hingegen (FA gestürzt) ist ein *Himmelspflug.* Sie können jetzt den Himmel, das Reich des Geistes fruchtbar machen, und die Früchte, die Sie ernten werden, sind Früchte des Geistes. Das Wunder der Befreiung erfolgt kraft geistiger Umstellung. Stellen Sie sich einmal auf den Kopf und betrachten Sie die Welt aus der anderen Perspektive. Vieles wird sich klären, was bisher ungeklärt war, und neue Lösungsmöglichkeiten tauchen wie durch ein Wunder aus dem Nichts auf. Gehen Sie auf einen hohen Turm und betrachten Sie die Welt tief unten, wie sie die Asen oder der Adler sehen. Vieles wird sich relativieren und verliert sein vormals schweres Gewicht. Wie ein Blitz trifft Sie die Erkenntnis, daß Sie ein Entfesselungskünstler sind, und Sie sind die Fesseln los.

**Der Kommentar**

»Heil Asen! Heil Asinnen!
Heil fruchtschwere Flur!
Rat und Rede gebt uns Ruhmreichen zwein
und Heilkraft den Händen stets!«

»Im Anfang war das Wort, und das Wort war bei Gott, und Gott war das Wort.« (Johannes) Während der Schöpfungsbericht des Moses mit dem *Erschaffen* von Himmel und Erde beginnt (siehe FA-Rune), steht bei Johannes das *Wort,* die AS-Rune, am Anfang. Die ersten drei Runen (FA, UR und DORN) bilden eine dreieinige Ganzheit, mit der vierten – AS – beginnt etwas Neues. In der Entwicklung der FUDARK-Reihenfolge beginnt hier der »Neue Bund«.
Im Zuge der männlichen Emanzipation erreichen wir mit der AS-Rune einen Stand, wo sich das männliche Prinzip zum ersten Mal gleichberechtigt der Großen Mutter gegenüberstellt. Allerdings noch nicht als persönlicher Vatergott, sondern erst als Gattung. AS ist die Rune der Asen. Der Naturkraft der Mutter stellen die Asen die Macht der Sprache entgegen, sie sind *Sprachgötter.*
Der Lautwert von AS ist ein offenes »o«, ein Zwischenlaut von »a« und »o« wie etwa in »Eule«. Eine Bedeutung von AS ist Mund*, sie

* Vgl. auch lateinisch os = Mund

deutet auf den Geburtsschoß der Sprache. Untere Zeugung und Geburt gehören zur Natur der Großen Mutter, sie sind die natürliche Schöpfung. Sprachschöpfung ist »übernatürlich«, sie verleiht dem Wort die Macht der »Überzeugung«. Das Geheimnis der Runen beruht darauf, daß sie keine erstarrten Buchstaben, sondern lebendige Sprachelemente sind. Sie können deshalb ziemlich frei verwendet werden, weil sie sich noch im Zustand der Sprachschöpfung befinden. Wenn Sie die Runen verstehen wollen, müssen Sie mit der Sprache spielen. Haben Sie keine Angst vor den Einwänden Ihres kleinlichen Intellekts, spielen Sie unbefangen, auch wenn es Ihnen als Unsinn erscheint. Nur so kann man die wahren Zusammenhänge der Sprache und damit die Runen begreifen.

Hierzu gleich ein Beispiel: Die Hauptbedeutung der AS-Rune ist Ase, der Sammelname der germanischen Götter. Doch was ist ein Ase? Zerlegen Sie dazu die AS-Rune in ihre Bestandteile, in AR und LAF:

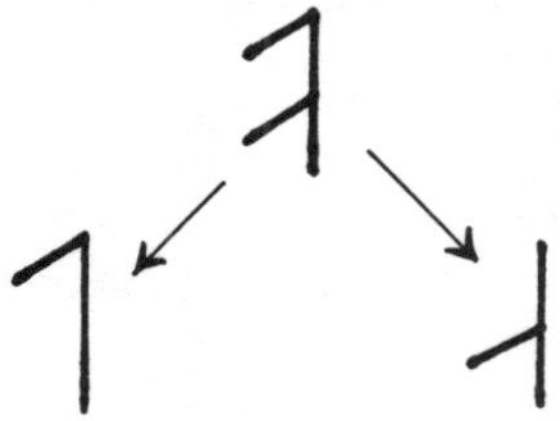

LAF bedeutet Leben, AR Adler. Der Ase führt also das *Leben eines Adlers* (wie der anfangs zitierte Johannes, dessen Tier ebenfalls der Adler ist). In der Tat sind die Asen Wind- und Luftgötter. Sie haben sich vom mütterlichen Boden in die Lüfte *erhoben,* betrachten von oben die Welt und greifen ein, wenn es nötig ist.

Zwischenbemerkung: Halten wir einmal bei dem Wort »erhoben« an. Es ist er-h-oben: er – ein Hauch – ist oben. Hier steht in einem Wort zusammengefaßt, was ich nun im nächsten Absatz beschreiben will. Das ist Runenmacht – fasse es, und du hast ihre Magie!

Im menschlichen Körper steigt der Adler vom Unterleib in den Kopf. Auch bei Johannes – er war ein Ase! – finden wir in der Symbolik die Wandlung des Skorpions (Sexus) in den Adler. Die obere Zeugung und Geburt erscheint sodann als *Hauch* durch den Mund, als Sprachschöpfung, als schöpferisches Wort. (Natürlich rede ich nicht von Konversation!)

»Zu wachsen begann ich und wohl zu gedeihn,
weise ward ich da;
Wort mich von Wort zu Wort führte,
Werk mich von Werk zu Werk führte.«

Diese Worte spricht der Ober-Ase Odin, als er die Runen findet. Schöner und kürzer kann man unser Thema nicht beschreiben, als es hier in diesem wohl über tausend Jahre alten Vers geschieht. Es geht um das *wirkkräftige Wort,* es geht um *Runen.*

Der Schreiber hat sein halbes Leben in Deutschland, die andere Hälfte außerhalb dieses Landes verbracht und meint deshalb, zumindest zur Hälfte »objektiv« über die heiklen Fragen der Nation sprechen zu können. Nun sage ich: Wohl kein anderes Volk auf dieser runden Kugel Erde hat je einen solch reichen Schatz an Erbe und Tradition verdrängt, vergessen und verleumdet wie das deutsche Volk. Unerhörtes liegt da brach, und es liegt in der Sprache. Sie können Ihre Forschungen mit den Runen beginnen, Sie können es mit der stabreimenden Edda versuchen. Sie werden bald feststellen, daß Ihr ganzes *germanisches* (auch die Franzosen, Skandinavier, Angelsachsen, Normannen sind Kelto-Germanen) Wesen voll erfaßt wird – und Sie haben Ihre Wurzeln und Ihr Heim gefunden.* Lassen Sie Amerika den Amerikanern und Asien den Asiaten. Besinnen Sie sich auf den eigenen Urgrund, und Sie werden alles finden, was Sie je gesucht haben. Hören Sie in Gottes Namen endlich mit der ewigen Verdrängung auf. Hören Sie ganz einfach auf damit! Sollte mir jetzt ein übereifriger Leser übertriebenen Nationalismus vorwerfen, so möchte ich zart darauf hinweisen, daß der Gral sich inzwischen in slawischen Händen befindet (der Schreiber ist kein Slawe, sondern Mongole) und daß es für die Germanen lediglich darum geht, zu retten, was noch zu retten ist.

Bei den alten Germanen galten Geschichte und Dichtkunst als die wichtigsten Wissenschaften. Das Verständnis der Geschichte entsteht, wenn man die eigenen Wurzeln erkennt, den Baum (den Weltenbaum) pflegt und die Früchte weitergibt. Die wahre Geschichte der germanischen Völker ist in die Gralsgeschichte eingebettet. Sie kommt nur vordergründig vom Süden, in Wirklichkeit von der im Westen versunkenen Atlantis, und sie ist auf dem Weg nach Osten. Selbstverständlich verläuft der Gralsweg nicht eindeutig. Der Name *Ase* verweist auf *Asien.*** Hier wird eine Entwicklungsrichtung angedeutet, die aus Asien *zurück* nach Europa kam, um bei der ursprünglichen (atlantischen) Tradition anzuknüpfen. Und diese Tradition ist die Sprachmagie oder die Dichtkunst – die Runen.

Die nach Westen und Süden vordringenden germanischen Stämme trafen auf die (ebenfalls runenkundigen) Kelten. Nach langwierigen

* Der germanische Einfluß erstreckt sich weiterhin auf Italien (Langobarden in der Lombardei, Normannen in Sizilien), auf Spanien (Westgoten) und neuerdings sogar auf Nordamerika.

** Diese Etymologie findet sich auch bei Snorri, dem Verfasser der Prosa-Edda.

Kämpfen kam es zwischen Germanen und Kelten zum brüderlichen Frieden, der seinen mythologischen Ausdruck in der Lösung des Asen-Wanen-Krieges findet.

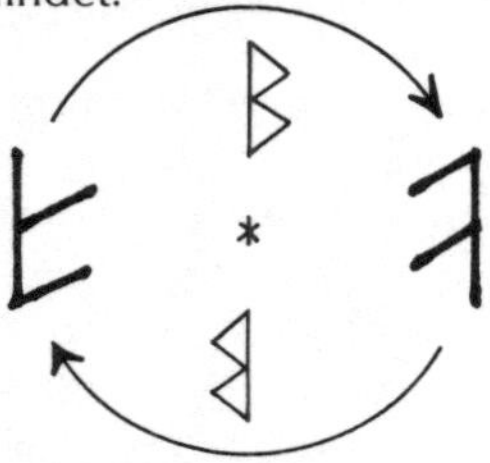

FA und AS gehen gestürzt ineinander über, vereinigt (gebunden) ergeben sie BAR. Die Beziehung zwischen Kelten und Germanen sowie zwischen Wanen und Asen kann man folgendermaßen ausdrücken:

Des Wanen Wahn
aß der Ase,
als er gebar
das wahre Wort.

Die phallische Zeugung des Hirschkönigs (FA-Rune) und die untere Geburt der Großen Muttersau (untere BAR-Rune in der Zeichnung) gehören zur Naturmagie der Wanen. Jede Naturmagie ist aber letzten Endes »Wahnsinn« – man denke an Schamanen und Berserker –, denn sie beruht auf Besessenheit und entzieht sich der Ich-Kontrolle. Als wirksamste Naturmagie wurde schon immer die Sexualmagie angesehen.

Diese wanische Naturmagie heißt *Seidr* (Zauber), sie hat mit Drogen und Ekstase zu tun. Die Wanen-Dis Freyja beherrscht das »Seidwerk« vorzüglich und bringt es nach dem Abschluß des Asen-Wanen-Krieges den Asen bei. Besonders Odin gilt als seidkundig, er beherrscht die ganze untere Magie und macht sich dadurch zum obersten Schamanen.

Nun »essen« die Asen diesen Zauber-Wahn, das heißt, sie verleiben ihn sich ein, sie machen ihn sich zu eigen. Die Ich-Stärke des Asen ist jedoch größer als die der Wanen. Dadurch können die unteren Energien nach oben transformiert (»sublimiert«) werden, und die Asen gebären durch den oberen Mutterschoß, den Mund, eine neue Sprachmagie. Der neue Asen-Zauber heißt *Galdr,* er ist eine Wortbeschwörung, eben eine Wort-Magie. Die Intonation von Runen (siehe Anhang) ist nichts anderes als Galdr.

Die AS-Rune steht also für diese obere Zeugung, und die obere Geburt (obere BAR-Rune in der Zeichnung) erfolgt durch den Mund als Sprachschöpfung in Runen. Auch in der neuen Magie ist Odin der

Beste, er ist der große Zauberherr, der beide Zauberkünste beherrscht. Nur deshalb kann Odin Allvater werden. Denn keine der beiden Zauberkünste ist besser als die andere, nur zusammen ergeben sie die ganze Schöpferkraft.
Um diese keltisch-germanische Entwicklung besser verstehen zu können, lassen wir Tacitus (Germania) zu Wort kommen:
»Wenn der Stamm, in dem sie aufgewachsen sind, in der Muße einer langen Friedenszeit zu erschlaffen droht, suchen nicht wenige vornehme Jünglinge aus freien Stücken die Stämme auf, die zur Zeit irgendeinen Krieg führen; denn Ruhe ist diesem Menschenschlage unwillkommen, und leichter wird man in Gefahren berühmt . . . Man kann die Germanen weniger leicht zur Bodenbestellung oder dazu bestimmen, den Herbstertrag abzuwarten, als den Feind zum Kampfe herauszufordern und sich lohnende Wunden zu holen; ja, es gilt überhaupt als träge und lässig, im Schweiße seines Angesichtes etwas zu erwerben, was man mit Blut erringen kann. Wenn sie (einmal) nicht in den Krieg ziehen, verbringen sie die Zeit zum kleineren Teile mit Jagden, zum größeren mit erholsamem Ausruhen. Dann schlafen und essen sie mit Hingabe, und es sind gerade die tapfersten und kriegerischsten Naturen, die völlig ausspannen. Die Sorge um Haus, Hof und Acker überläßt man den Frauen, alten Männern und überhaupt allen Schwachen auf dem Hofe; sie selbst leben in einem merkwürdigen Zwiespalt ihres Wesens in stumpfem Nichtstun dahin: es sind ja doch dieselben Menschen, die die Trägheit so lieben und die Ruhe des Friedens so hassen.«
Tacitus malt hier ein Bild, das die Germanen als ausschließliche Krieger zeigt. Auch wenn die Römer die Germanen in der Hauptsache als Kämpfer erlebt haben, wodurch deren Erscheinung notwendigerweise verzerrt wird, mag der Bericht des Tacitus im Grunde stimmen. Im Gegensatz zu den mutterrechtlich orientierten und Ackerbau treibenden Kelten waren die Germanen freie Krieger. Ein Krieger aber (wie auch schon der Jäger) zieht frei herum und erweitert dabei seinen Horizont. Wenn die Männer am abendlichen Lagerfeuer beisammensitzen (mit den unvermeidlichen Unmengen von Alkohol), erkennen sie ihr Eigenwesen, das sich der Großen Mutter gegenüberstellt. Sie greifen zur Leier und Harfe, und eine neue (männliche) Poesie der Sprache ertönt.
Als weiterer Faktor dieser Entwicklung kommt die Zeit hinzu. Die Germanen waren zeitlich gesehen die späteren »Kulturträger«, und in der Folge war ihr individuelles Ich-Bewußtsein wesentlich stärker entwickelt, als dies bei den Kelten der Fall war. Bewußtsein erwächst ja geschichtlich aus dem ursprünglichen Schoß der Mutter. All dies zusammen erklärt die keltisch-germanische Entwicklung, die man

am besten als Gralsübergabe bezeichnet. Es ist unbedingt zu betonen, daß bei diesem geschichtlichen Vorgang keineswegs der »Kampf« zwischen den Geschlechtern im Vordergrund stand. Im Gegenteil: Offenbar ist den Germanen eine beispielhafte »Arbeitsteilung« zwischen dem weiblichen und männlichen Prinzip gelungen, auf jeden Fall herrschte ein wohlgeordnetes Zusammenleben von Mann und Frau zu aller Zufriedenheit. Die Verdrängung und Erniedrigung der Frau brachte erst die Ausbreitung des Christentums mit sich, dies ist zweifelsohne die größte »Sünde« der Christen, deren Folgen wir heute noch lange nicht überwunden haben. (Über die Stellung der Frau bei den Germanen siehe IS-Rune.)
Den grundlegenden Unterschied (bzw. die konstruktive Ergänzung) zwischen Wanen und Asen verstehen wir jedoch nur dann, wenn wir uns über das Wesen von Evolution und Involution Gedanken machen. Während die heutige einseitige Wissenschaft nur die Evolution gelten läßt und die Involution als krankhaften Abbau betrachtet, handelt es sich in Wahrheit um zwei gleichzeitige und gegensätzliche Prozesse, die zusammen die ganze Weltentwicklung ergeben.

| | | | |
|---|---|---|---|
| ↓ | Geistwesen | Scheitel | ↑ |
| | Erzengel | Stirn | |
| | Engel | Hals | |
| Involution | Mensch | Herz | Evolution |
| | Tier | Nabel | |
| | Pflanze | Sex | |
| | Stein | Basis | |

Wir haben einen Kreislauf, der von unten nach oben und umgekehrt verläuft und den wir sowohl auf der makrokosmischen Ebene als Hierarchien von Wesenheiten wie auch mikrokosmisch anhand der Chakren-Lehre im menschlichen Körper verfolgen können. Wie im ersten Kapitel dargestellt, erfassen die Runen fünf von diesen sieben Stufen, nämlich den gesamten Bereich zwischen Pflanze-Sex und dem »dritten Auge der Erzengel«.
Auf der Seite der Evolution sind wir Menschen wie jedes andere Wesen auf dieser Welt *Geschöpfe,* die sich nach den Gesetzen der natürlichen Entwicklung weiterentwickeln. Wir waren Tiere und können Engel werden – wenn wir nicht versagen. Auf der Ebene des Körpers befindet sich unser Bewußtsein zur Zeit auf der Höhe des Zwerchfells, das ist zwischen Nabel und Herzen. Das Bewußtsein im Kopf zu suchen ist selbstredend Größenwahn! Solange keine Liebe die Welt regiert, sind wir mit unserem Bewußtsein noch nicht in der Höhe des Herzens angelangt, wir sind noch mehr Tiere als Men-

schen und müssen erst zu vollwertigen Menschen werden. In dieser Hinsicht ist Hoffen wohl alles.
Wesentlich ist, daß wir die Entwicklung auf der Seite der Evolution nicht beeinflussen können: wir sind Geschöpfe und werden »erhöht«, wenn wir soweit sind. Tun können wir etwas nur auf der Seite der Involution. Hier sind wir *Schöpfer,* die die unter uns liegenden Reiche betreuen sollten (und müssen – wenn wir je erhöht werden wollen). Solange wir jedoch das Aussterben von Tieren und Bäumen zulassen, haben wir niemals eine Chance, Engel zu werden. Sehr dumm ist es, daß dies ein Mensch, der mit beiden Beinen fest in der Realität steht, ein »Realpolitiker« also, gar nicht sieht. Wie dem auch sei, hier gibt es eine Menge zu tun.
Jedes Reich der Hierarchie ist also für die unter ihm liegenden Reiche *verantwortlich.* Bezogen auf den Körper heißt das, daß wir das innere Tier, die Bestie, die im Bauch lauert, zähmen müssen, wenn wir vollwertige Menschen (und vielleicht später Engel) werden wollen. Die schöpferische Sprache (Hals = Engel) beherrscht nur derjenige, der kein Sklave seiner Emotionen und Triebe (Bauch = Tier) ist. Hier kann der Mensch wirklich etwas tun, den Rest kann er nur hoffen.
So wie uns Menschen, ergeht es allen anderen Wesenheiten der Welthierarchie. Aus Engeln werden Erzengel, wenn sie sich dafür würdig erweisen, das heißt, wenn sie als involutionäre Mitschöpfer die unteren Reiche, also z. B. die Menschen, genügend betreuen. Im Gegensatz zu den Wanen, die lediglich harmonisch mit dem evolutionären Strom mitgeschwommen sind, waren die Asen solche »unnatürlichen« (weil involutionären) Götter, die gegen den Strom zur Quelle und zu den Menschen gefunden haben.
Die Linienführung der Runen FA und AS zeigt deutlich das evolutionäre bzw. involutionäre Anliegen. Die Äste von FA streben nach oben im Zuge der natürlichen Entwicklung, wie dies auch die Äste

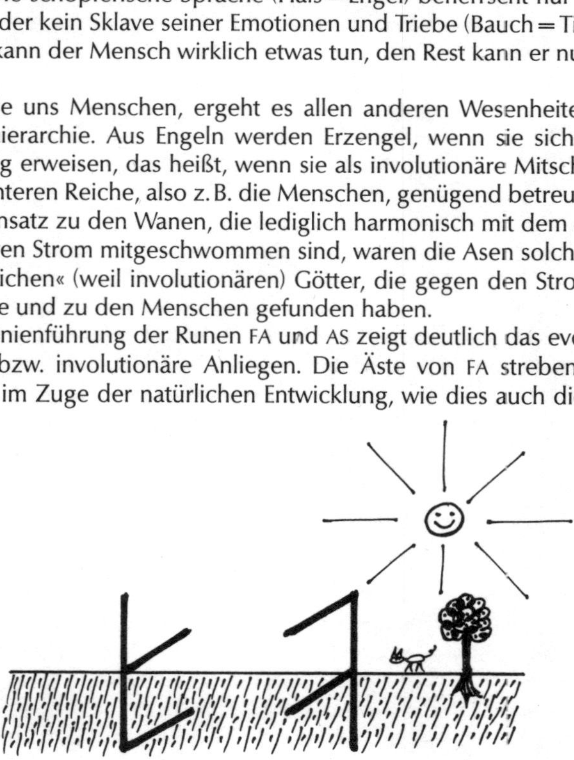

eines Baumes tun. AS hingegen neigt sich nach unten und sucht – ähnlich den Wurzeln des Baumes – die Quelle der Herkunft. FA verhält sich wie jedes Geschöpf, AS erklärt sich für einen Teil der Schöpfung als Schöpfer selbst verantwortlich. Involutionäre Bemühungen sind stets mit Opfern verbunden. Als Lohn des Opfers erhalten die Asen die magische Gewalt über die Sprache.

Wir können jede Rune daraufhin untersuchen, ob bei ihr die evolutionären oder involutionären Tendenzen überwiegen, je nachdem, ob aufwärts- oder abwärtsstrebende Äste vorherrschen. So erhalten wir eine wertvolle Hilfe für die Beurteilung der jeweils wirkenden Runenkraft.

Bei der AS-Rune steht eindeutig die Involution im Vordergrund. Rudolf Steiner erkennt in Odin einen Erzengel der Sprache, des Atems und der Runen, in Thor einen Engel, der das Ich-Bewußtsein des Menschen mit Hilfe des Blutes (Pulsschlag als Thors Hammer) erweckt und stärkt. Wir können alle Asen als involutionäre Gottheiten begreifen. In diesem Rahmen ist es auch leicht, die Opferbereitschaft der Asen zu verstehen, die natürlich bei Odin ganz besonders stark ausgeprägt ist. Obwohl sie um ihr unausweichliches Ende wissen, verhalten sie sich stets korrekt und ihrem Wesen treu. Diese Feststellung führt uns bereits zur nächsten Rune, zu RIT hinüber. Darum verlassen wir jetzt die Asen, die mit ihrer Asenkraft stets vom Himmel aus die Menschen auf der Erde beschirmen.

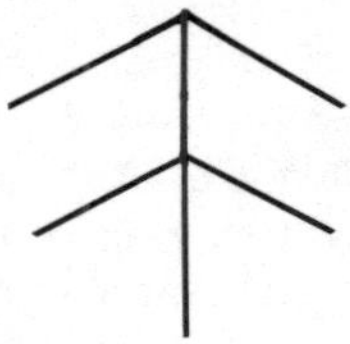

## 5. Die Rune RIT

## Der Ritter

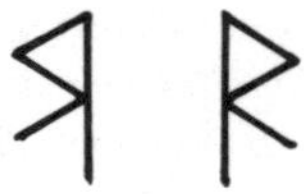

### Das Urteil

»Ein fünftes kann ich, seh ich feindlichen Speer
geschleudert in der Schlacht:
nicht fliegt er so hart, daß ich ihn nicht hemmen könnte,
wenn ich mit dem Aug ihn anschau.«

Die RIT-Rune will Sie auf die Lebenseinstellung eines Ritters aufmerksam machen und Sie dazu anhalten, selbst die Einstellung eines Ritters einzunehmen. Mit Bezug auf Ihre Frage ist jetzt die Lebensauffassung eines Kriegers das Gebot der Stunde. Wie verhält sich der Krieger?
Er weiß genau, daß er durch Willens- und Tatkraft sehr viel erreichen kann und geht deshalb frei und unabhängig seinen Weg. Genausogut weiß er jedoch, daß sein stets frei gewählter Weg vorbestimmt ist und ihn unweigerlich zu einem bestimmten Ziel führen wird. Der Ritter ist frei in der Wahl seines Weges und geht diesen freimütig mit allen Konsequenzen. Aus diesem Grund interessieren ihn weder Ursprung noch Ziel seines Weges, und er geht ihn einfach mit freiem Gewissen. Das einzige, worauf der Ritter unentwegt und unaufhörlich zu achten hat, ist die beständige Treue zu seinen ritterlichen Idealen, zu seinem Rittertum. Jetzt sind Sie der Krieger, und Sie sollten sich als solcher verhalten. Der Weg ist das Ziel, und der Gral kann überall gefunden werden. Fragen Sie nicht nach Ziel und Zweck, graben Sie weder nach Ursache noch Grund. Gehen Sie einfach! Das einzige, worauf Sie stets achten müssen, ist ein makelloses Verhalten gegenüber Ihrem eigenen Gewissen.
Nicht eine Entscheidung, sondern deren Folgen und der Weg danach bestimmen Ihre gegenwärtige Situation. Freilich begegnet man unterwegs vielen Entscheidungen. Diese fällt der Ritter nach seinem ritterlichen Kodex; Ihre Entscheidungshilfe kann nur Ihr Gewissen sein. Treffen Sie die Entscheidung schnell und bleiben Sie ihr treu, gleich welche Folgen sie hat. Mit dem Gewissen als beständigem Begleiter sind Sie frei, und Sie können tun, was Sie wollen. Tun Sie es, doch tun Sie es stets korrekt!
Gelingt es Ihnen, diese Einstellung des Kriegers zu gewinnen, so werden Sie automatisch auf den richtigen Weg geleitet. Sie werden eine Vision haben und diese mit dem dritten Auge erblicken, von

dem im Zauberlied die Rede ist. Diese Vision ist nur für Sie bestimmt. Sie macht Sie frei und darüber hinaus unverwundbar, so daß kein feindlicher Speer und keine sonstigen Anfechtungen Sie mehr treffen können.
Der Ritter ist stets auf der Reise. Sollten Sie in einer eingefahrenen Situation verharren und den Ruf der Weite vergessen haben, so haben Sie mit der RIT-Rune einen kräftigen Hinweis erhalten, sich möglichst schnell auf den Weg zu machen. Vielleicht genügt schon eine spontan beschlossene Ferienreise, vielleicht sollten Sie auch nicht mehr zeitgemäße Lebensumstände gründlich ändern. So oder so, die Rune verlangt von Ihnen Bewegung.
Zwei Waffen stehen Ihnen zur Verfügung: ein scharfes Schwert* und das nicht minder scharfe Schwert der Sprache. Machen Sie ruhig Gebrauch davon, doch vergessen Sie dabei nie Ihr Gewissen. Denn hier liegt die größte Gefahr für den Ritter: Schlägt er gewissenlos zu, ist er des Teufels. Früher oder später erscheint der Schwarze Ritter, der stärker ist, und der Krieger wird gefällt.

### Der Kommentar

»Einst ging, sagt man,
grüne Wege
ein kluger Ase,
kräftig und alt,
gewaltig und kühn,
der Wandrer Rig.«

Fünf ist die Zahl des Menschen. Mit der fünften Rune betritt der Ase (4. Rune) Rig die Welt der Menschen. Er ist ein zeugender Gott. Mit drei Frauen zeugt Rig die drei Stände der Knechte, der freien Bauern (Karle) und der Krieger (Jarle). Dem Stand der Krieger wird dann der König entstammen, denn die Krieger sind wie Rig selbst Ritter – Namensträger der Rune RIT.
Der Lautwert von RIT ist »r«, durch ihn ertönt ein rollendes Rad. Wie bei jeder Rune, steht hinter dem Namen eine ganze Kategorie von nach dem Runen-Gesetz verwandten Begriffen. RIT bedeutet unter anderem:

* Das Bild des Schwertes steht hier für die natürliche Aggression, die jetzt durchaus angebracht ist.

Rad, Rat, Rater
Recht, Rede, Reise, Reiter
Richter, Ritt, Ritter, Ritus
Rot, Rota, Rotation
Rund, Runde, Rune, Rute

Man kann auch noch weitere RIT-Begriffe finden. Forschen Sie selbst, und Sie werden die »runa« der RIT-Rune entdecken. In der Abbildung »Des Roten Ritters Rad« sind mehrere Bedeutungen von RIT in Runenschrift zusammengefaßt. (Die Runenschrift ist eine Synthese von Fudark und Alphabet, Näheres dazu finden Sie im Anhang.)
Stellen Sie sich vor, es handelt sich um den runden Schild des Roten Ritters, den er ständig bei sich trägt und worauf seine ganze Lebensphilosophie in Runen eingeritzt ist. Wir müssen sie nur noch lesen.

**Des Roten Ritters Rad**
(Zur Runenschrift siehe Anhang)

»Auf den Schild sind sie geritzt, der steht vor der schimmernden Göttin«: Der runde Schild ist das Abbild der Sonne (germanisch weiblich = Göttin). Den Schild zu verlieren war für den germanischen Reiter wie auch für den mittelalterlichen Ritter undenkbar. Tacitus (Germania) berichtet: »Den Schild preisgegeben zu haben ist eine Schande ohnegleichen; wer so seinen guten Ruf verlor, darf weder an Opferhandlungen teilnehmen noch das Thing besuchen, und viele, die den Krieg glücklich überstanden, haben ihrer Schmach mit dem Strick ein Ende gemacht.«
Ritter sind Krieger. Krieger zu sein bedeutet jedoch nicht die Ausübung eines Berufes (wie beim Söldner), sondern eine Lebensweise. Heutzutage sind wir über die Lebenseinstellung eines Samurai besser informiert als über die eines germanischen Ritters, doch beide

dienen im wesentlichen derselben Idee. Ihre Aufgabe ist es, dem Land Fruchtbarkeit, Frieden und Ordnung zu bringen, Recht zu sprechen und Unrecht zu richten. Die dazu befähigenden Tugenden sind Tapferkeit, Stärke, Treue und »Staete« (Beständigkeit).
Der Ritter ist stets auf der *Reise*. Er sucht Abenteuer: eine Burg, eine Jungfrau, einen Drachen oder den Gral. Doch hat seine Reise kein bestimmtes Ziel, denn das Abenteuer liegt überall. Des Ritters Ziel ist der Weg, er ist wie Rig ein Wanderer. Treffen sich zwei Ritter im Wald, so beginnt der unvermeidliche Zweikampf. Nicht die Aggression steht dabei im Vordergrund, sondern das *Ritual* des Kampfes. Denn das Ritual ist ein unumgänglicher Bestandteil des ritterlichen Lebens, es ist die Voraussetzung der Ordnung, die der Ritter in die Welt zu tragen hat. In der Linienführung der RIT-Rune kann man sowohl das Visier eines Ritters als auch sein heranstürmendes Roß (ebenfalls ein RIT-Wort) erkennen. Roß und Ritter reiten ihr Ritual.
»Rad« ist ein universales Wort und bedeutet nicht nur das Rad eines Wagens (das natürlich auch). Das Wesen der Ritterschaft ist am schönsten in den Legenden um König Arthur beschrieben. König Arthurs *runder* Tisch (Tafel) ist das *Rad,* hier versammeln sich seine Ritter und bilden ein Ganzes: Jeder Ritter ist eine Speiche des Rades.
Ein einsamer Ritter hat nur zwei Möglichkeiten:
Entweder geht er unter – wenn er Glück hat, auf eine liebenswert-komische Weise wie Don Quijote – oder er wird selbst König. Der

»normale« Ritter ist jedoch nur in der Gemeinschaft stark. Arthurs Ritter waren Ritter des Schwertes, ihre Aufgabe war es, dem Reich Frieden und Gerechtigkeit zu bringen.
Das am Rad beschlossene *Recht* wird vom einzelnen Ritter im Reich vertreten. Er ist der Richter, der zugleich richtet, in ihm fallen Legislative und Exekutive zusammen. Manchmal ist der Ritter auch der Rächer. Die Farbe der Gerichtsbarkeit ist rot, im Roten Ritter haben wir ein hohes Symbol vom Recht im Sinne der RIT-Rune.
Der Sheriff muß den Verdächtigen fangen und einem ordentlichen Gericht ausliefern. Das ist notwendig, damit Unschuldige nicht gelyncht werden. Das ist weiterhin notwendig, weil heute allen – zumindest theoretisch – die gleichen Rechte eingeräumt werden. Diese heute gültige Rechtsauffassung ist im wesentlichen das Römische Recht, die ROTA, die wir auf dem Rad des Roten Ritters lesen können. Man hofft auf den langen Arm des Gesetzes, und in den meisten Fällen funktioniert er ja auch.
Der Schild des Roten Ritters ist in Rechtsdingen sehr aufschlußreich. Wir lesen auch TORA (Thora), das jüdische Gesetz nach den heiligen Büchern des Moses. Nebenbei: Wir lesen auch TARO oder TAROT, dies eröffnet interessante Anhaltspunkte für den Tarot. Hier interessiert uns vor allem RITA, das Germanische Recht. Das demokratische Bewußtsein hat den heutigen Menschen dermaßen durchdrungen, daß er sich ein anders funktionierendes Rechtssystem gar nicht mehr vorstellen kann. Das Germanische Recht war jedoch ganz anders als das heutige Römische Recht – RITA und ROTA sind grundverschieden.
RITA ist am nächsten mit »Ritus« verwandt. Am nächsten zum Wesen des Germanischen Rechts kommt man, wenn man es als *heilig-geometrisches Recht* begreift. Das heißt nichts anderes als organisch ganz, eben ein Rad. Wir kennen die Überlieferung von der Hohen Heiligen Acht. Das ist ein Gerichtshof, der ursprünglich nach den acht Himmelsrichtungen eingerichtet wurde und im Einklang mit der Natur funktioniert hat. In der Mitte des Achterkreises wurde der Mensch je nach Schuld oder Unschuld geächtet oder geachtet. Man wurde in Acht genommen und verließ anschließend das Rad entweder als Geachteter oder als Geächteter. Letzterer wurde womöglich *gerädert*.
»Nimm dich in acht«, sagen wir heute noch, damals haben wir es tatsächlich getan. Nicht nur die Germanen. Das »geometrische« Recht findet man bei allen Naturvölkern, so zum Beispiel bei den heute »in Mode gekommenen« Indianern. Im Gegensatz zu den festen Rechtsnormen des Römischen Rechts wurde bei den Germanen das Strafmaß von Fall zu Fall festgesetzt. Zwar gab es allgemeine Richtli-

nien: Bei schwerem Vergehen das Aufhängen an dürren Bäumen oder das Versenken im Moor, in leichteren Fällen eine Geldstrafe. Dennoch wurde jeder Fall unabhängig von Rechtsvorschriften behandelt und die Strafe nach der jeweiligen Situation frei festgesetzt. Die Rechtsprechung im Ding (Thing) war eine heilige Angelegenheit. Nicht das Befehlsrecht, sondern die überzeugende Kraft der Rede stand dabei im Vordergrund.*

Mit dem Vordringen des Christentums wurde das angestammte Rechtswesen der Germanen verdrängt. Aus der Hohen Heiligen Acht wurde die Hohe Heimliche Acht, da sie nur noch geheim ausgeübt werden konnte. Auch die Fem, das heimliche Freigericht, hat eine Beziehung zur RIT-Rune. Der Femstern, das Symbol der Fem, ist ein Pentagramm und verweist somit auf die fünfte Rune.

Mit RIT kommen die Asen auf die Erde, aus der göttlichen Sprache (AS) wird für Menschen verständliche Rede (RIT). In dieser Hinsicht ist RIT sozusagen die angewandte AS. Auf dem Schild des Roten Ritters lesen wir »Rat« – der Ritter verwaltet das Wort.

»Heil Asen! Heil Asinnen!
Rat und Rede gebt uns Ruhmreichen zwein!
. . .
Guten Rat gab ihnen Rig.
. . .
Im Walde kam gewandert Rig,
Rig gewandert, Runen lehrt er.«

Die Sprache hat ihren Ursprung bei den Asen. Durch den zeugenden Asen Rig kommt sie unter Menschen, die Sprache wird zur Rede, zum Rat und zur Rune. Die menschlichen Stellvertreter der Asen sind die Ritter. Der Ritter sorgt für das Recht, er richtet sowohl mit dem Schwert als auch mit dem Wort. Vernünftiger ist es, auf das Wort zu hören, doch manchmal nützt eben nur das Schwert. Beim Studium der Gralslegenden fällt eine gewisse Entwicklung innerhalb der Ritterschaft auf. Während die Ritter von König Arthur Ritter des Schwertes sind, entwickeln sich Parzival und die anderen Gralsritter darüber hinaus zu Rittern des Wortes. Die RIT-Rune vereinigt beide Aspekte. Der Rote Ritter ist von Arthurs Tafelrunde und befindet sich auf dem Gralsweg.

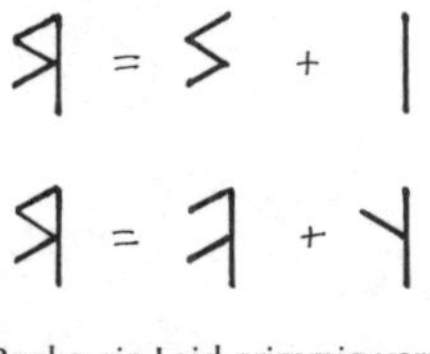

* »Rederunen lerne, soll kein Recke ein Leid grimmig vergelten dir!«

Die Gestalt der RIT-Rune ist recht komplex, sie kann auf mehrere Weise in Einzelrunen aufgelöst werden. Als Summe von SIG und IS bedeutet RIT die Vereinigung von Sieg und Willen: Der Ritter zeigt sich im Besitz des Willens zum Sieg. Eine andere Variante ist die Auflösung RIT = AS + KAN. Hier ist der Ritter ein Könner (KAN) der Sprache (AS), ein Ritter des Wortes. Sie können auch noch weitere Zusammenstellungen finden.
Die körperliche Einstellung der RIT-Rune (siehe Anhang) spiegelt die geistige Einstellung des Ritters: Die Faust des angewinkelten Armes ruht auf dem dritten Auge. Von hier wird die geistig empfangene Vision zum Herzen geleitet und dort auf ihre Menschlichkeit geprüft. Sodann wird der geistige Impuls durch das schreitende Bein in die Tat umgesetzt und wird so zur Realität.

Betrachten Sie die RIT-Rune im Zusammenhang mit den Chakras und Hierarchien. Dieselbe Verbindung wie bei der Körperstellung wird auch hier sichtbar. Die Vision des dritten Auges kann in Worte gefaßt und ausgesprochen werden. Das Herz versichert die Menschlichkeit und verhindert, daß die Umsetzung in die Realität auf eine tierische und menschenunwürdige Weise geschieht. Dies ist der ideale Ritter, wie er leibt und lebt. Freilich ist er ein hohes Ideal; es ist eine hohe Idee, der es hier zu folgen gilt. Der involutionäre Anteil der RIT-Rune ist AS, der evolutionäre Anteil ist KAN. Wenn der Ritter nicht nur das Schwert, sondern auch die Sprache (AS) beherrscht, wird er (evolutionär) erhöht und zum Gralsritter geschlagen. Er wird zum König KAN, und wir treffen ihn als nächste Rune wieder.

# 6. Die Rune KAN

## Die Potenz

### Das Urteil

»Ein sechstes kann ich, versehrt mich ein Mann
mit böser Baumwurzel:
diesen Gegner, der Grimm mir weckt,
trifft zuerst das Unheil.«

Sie sind ein Könner. Dieser knappe Satz ist die wichtigste Botschaft der KAN-Rune und die Antwort auf Ihre Frage, doch ganz so einfach ist die Lage nicht. Die Bedeutung der Rune ist Potenz, sie will Sie auf *Möglichkeiten* hinweisen, die Sie erst ergreifen müssen, wenn sie Wirklichkeit werden sollen. Gleichzeitig werden Sie ermuntert, denn die KAN-Rune sichert Ihnen die *Fähigkeit* zu, die zur Verwirklichung der Möglichkeiten und zum Erfolg nötig ist.
Die Antworten des Orakels sind stets allgemeiner Natur. Nur Sie können die Antwort konkretisieren, indem Sie sie auf die Frage beziehen. Mit dieser Einschränkung besagt KAN, daß Sie ein König sind bzw. werden können. Ein wahrer König ist anderen gegenüber immer im Vorteil, dies ist die Bedeutung des Zauberliedes. Die »böse Baumwurzel« im Lied ist vielleicht durch eingeritzte Runen verzaubert und eine gefährliche Zauberwaffe. Doch der Beherrscher der KAN-Kraft ist im Vorteil, er besitzt die Macht, den Zauber ab- und gegen den Angreifer zu wenden. Bezogen auf einen konkreten Fall können Sie hieraus den eigenen Vorteil zum Beispiel einem Konkurrenten gegenüber ableiten.
Oftmals weiß man gar nicht um eine bestehende Möglichkeit oder traut sich die dazu notwendige Fähigkeit nicht zu. Als der junge Arthur in Eile und Verlegenheit nach einem Schwert für seinen Ziehbruder gesucht hatte, sah er plötzlich zu seiner Freude ein prächtiges Schwert in einem Felsen stecken. Rasch zog er es aus dem Felsen und brachte es seinem Bruder. Das Schwert war Excalibur, das noch keiner zu ziehen vermochte, und Arthur wurde unbeabsichtigt und ohne sein Wissen König.
Ihre Situation kann durchaus der von Arthur ähneln. Suchen Sie nach Möglichkeiten, an die Sie vielleicht gar nicht denken. Falls Sie aber gerade am Überlegen sind, ob Sie einer Sache gewachsen sind, so greifen Sie mutig zu. KAN will Ihnen sagen, daß Sie über die notwendige Kraft und Macht verfügen. Sie können!

Eine Bedeutung von KAN ist Krankheit. Wenn Ihre Frage etwas mit Krankheit zu tun hat, so verspricht die Rune dann Heilung, wenn Sie einen ganz anderen, neuen Weg zur Heilung einschlagen. Vor entscheidenden Lebensveränderungen steht oft eine Krankheit, deren Überwindung die zum Neubeginn benötigte Potenz liefert. Denn ganz allgemein bezeichnet KAN etwas *Neues.* Das kann ein *Kind* sein oder aber eine plötzliche *Kunde* von einer bisher ungeahnten neuen Möglichkeit, die dann jedoch ergriffen und genutzt werden will.
Das Wesen der KAN-Rune ist eine Art *Abkunft.* Etwas will abkommen, die geradlinige Entwicklung verlassen und – wie ein Ast des Baumes – eine neue, eigenständige Richtung einschlagen. Sie sind dabei sozusagen der Baumzüchter Ihres Schicksals. Es liegt an Ihnen, ob Sie den neuen Ast ausdorren und absterben lassen, oder ob Sie ihn stärken und so Ihr Leben um eine neue Kunde und eine neue *Kunst* bereichern. Jedenfalls verspricht Ihnen KAN dabei ein königliches Ergebnis. Ein letztes Wort zur Warnung: Die KAN-Potenz ist da und will verbraucht werden, doch übertreiben Sie nicht bei deren Verausgabung, denn dies führt zur Krankheit.

**Der Kommentar**

Die KAN-Rune geht aus der RIT-Rune hervor, wie auch der König aus dem Kreis der Krieger hervorgeht. Das innige Verhältnis zwischen dem König und seinen Rittern beschreibt Tacitus sehr schön in seiner »Germania«: »Kommt es zum Kampf, dann ist es für den Gefolgsherrn eine Schmach, sich an Tapferkeit übertreffen zu lassen, für die Gefolgschaft eine Schande, es dem Gefolgsherrn an Tapferkeit nicht gleichzutun. Ganz ehrenrührig aber und ein Vorwurf für das ganze Leben ist es, den Gefolgsherrn zu überleben und heil aus dem Kampfe heimzukehren; ihn zu verteidigen und zu beschützen, auch die eigenen Heldentaten seinem Ruhme zuzurechnen ist die wesentliche Verpflichtung ihres Treueschwurs: die Gefolgsherrn kämpfen um den Sieg, die Gefolgsleute für ihren Gefolgsherrn.«
So wie die ersten drei Runen (FA, UR und DORN) in engem Zusammenhang stehen, tun es auch die vierte, fünfte und sechste Rune, AS, RIT und KAN. Wir sahen bereits, daß die RIT-Rune in AS und KAN zerfällt, bzw. sich aus diesen zusammensetzen läßt. Hierdurch wird eine Entwicklung sichtbar, die das Gralsgeheimnis wieder ein Stück mehr beleuchtet.

Ritter des Wortes: RIT-AS
(Gralsritter)

Ritter: RIT → Ritter des Wortes / Ritter des Schwertes → Gralskönig

Ritter des Schwertes: RIT-KAN
(Königsritter)

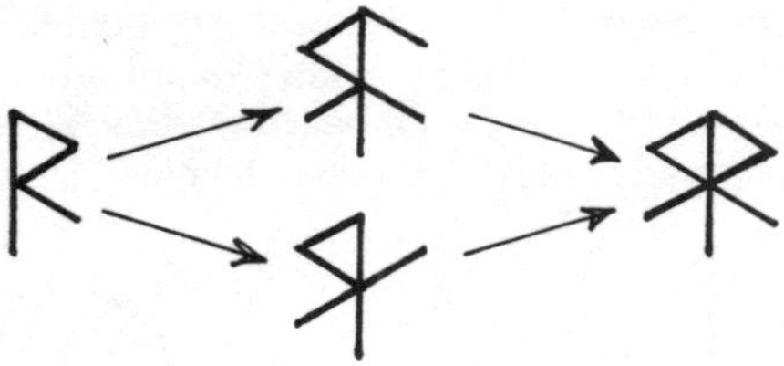

Die obere Linie der skizzierten Entwicklung beschreibt die Involution, sie wird durch die AS-Rune und die Asen versinnbildlicht. In den Gralslegenden gehören die Gestalten des verwundeten Fischerkönigs, des suchenden Parzival und auch des Galahad hierher. Im Vergleich mit der unteren Linie ist dies eine mehr priesterliche Entwicklung, die stets mit Opfern verbunden ist.
Mit der KAN-Rune befinden wir uns auf der unteren Linie der Skizze. König Arthur, seine Ritter und vor allen Gawan stellen diese Entwicklungsrichtung dar. Es ist die Königslinie, die natürliche Entwicklung der Evolution, die in der germanischen Götterlehre durch die Wanen verkörpert wird. Der Gralskönig ist ein Priesterkönig. Er muß beide Richtungen, Evolution und Involution, in sich vereinen. Dies ist in der Gralsgeschichte Parzival, in der Götterlehre Odin gelungen.

»Jung König aber kannte Runen,
Hegerunen und Heilrunen;
auch konnte er Krieger schützen,
den Sturm stillen, stumpfen das Schwert.«

Der ideale Herrscher wäre eben der Gralskönig, der beide Aspekte der Macht, Wort und Schwert, priesterliche und königliche Gewalt trägt. Die Vereinigung dieser und – wie wir noch sehen werden – anderer Gegensätze ist das Bestreben jedes Gralsuchers. Ausgezeichnet faßt der Name »Rune« die beiden Aspekte von Wortgewalt und Schwertmacht zusammen. Denn Rune bedeutet einerseits das wirkkräftige Wort, andererseits ist sie aber ein Stab und damit auch Dorn, Phallus, Schwert und Rute.

Ein Sinnbild der KAN-Rune ist der aufrecht stehende Mensch, der ein Schwert in der schräg nach oben gestreckten Hand hält (siehe dazu auch die Körperstellung im Anhang). Daraus ist klar ersichtlich, daß die phallische Potenz des Schwertes nicht im Unterleib, sondern im Herzen wurzelt. Da in der Literatur über Runen überwiegend der phallische Charakter der KAN-Rune betont wird, wollen wir die verschiedenen Potenzen etwas näher untersuchen.

FAL (Phallus) DORN KAN

Die sexuelle Potenz, der fleischliche Phallus, wird in Runen durch die gestürzte LAF-Rune dargestellt. Wir wollen diesen Aspekt FAL nennen, eine ausführlichere Behandlung hierüber finden Sie bei der LAF-Rune. FAL ist eben der leibliche Phallus, seine Kraft und Macht wurzelt im Unterleib (Basis- und Sexchakra). Nun setzt aber eine Entwicklung ein, die nach oben führt und in ihrem evolutionären Aspekt zur KAN-Rune führt. Diese Entwicklung ist die Transformation der Kundalini-Energie (Kun in Kundalini ist ein KAN-Wort!) nach oben, die zum Herzen führt. KAN ist der *Phallus des Herzens,* seine Potenz die Macht des Herzens. Natürlich verliert KAN nicht die körperlich-phallische Macht, doch ist diese hier nicht die Hauptsache. Begreift man KAN ausschließlich auf der Ebene von FAL, so führt das zur *Krankheit,* wie dies aus der Bedeutung der gemeingermanischen KAN-Rune hervorgeht. Spätestens die Krankheit sollte die Transformation einleiten und zum wahren Wesen der KAN-Rune führen, das eine *seelische Potenz* ist, die *Potenz des Herzens.*

Die erste Rune, FA, setzt sich aus FAL und KAN zusammen. Der Hirschkönig ist der phallische (FAL) König (KAN), der phallische Könner. In der Entwicklung der Runenreihe stellt DORN ein bestimmtes Zwischenstadium dar, dessen phallische Bedeutung wir bei der DORN-Rune bereits besprochen haben. Mit KAN ist eine Stufe erreicht, wo die Herzensmacht der Seele verwirklicht werden will. Verharren wir hier auf einer ausschließlich phallischen Bedeutung, wird der Hirschkönig in uns vom Schicksal kastriert. Die KAN-Rune lenkt die

Aufmerksamkeit auf das Geweih des Hirsches und verlangt die Transformation der Sexualenergie.

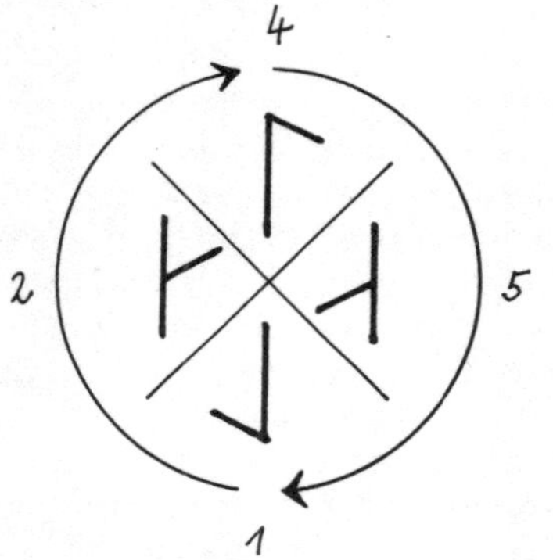

Evolution und Involution sind keine gegensätzlichen Richtungen, sondern lediglich verschiedene Aspekte einer einzigen kreisförmigen Entwicklung. Die KAN-Rune gehört (wie auch FA) zu den Runen, die die Wirklichkeit aus der evolutionären Sicht beleuchten. Mit Hilfe der beigefügten Zeichnung können wir die bereits in Verbindung mit FA und AS besprochenen Zusammenhänge um Evolution und Involution noch mehr vertiefen. Nehmen Sie zu diesen Überlegungen auch die Körperstellungen der einzelnen Runen aus dem Anhang zu Hilfe, und rufen Sie die Beziehungen zwischen Runen und Chakrensystem ins Gedächtnis. Lassen Sie sich jedoch nicht verwirren, wenn manche Körperstellung nicht ganz mit den Chakras übereinstimmt. Runen sind eben Lebewesen, die man nicht eindeutig in Systeme zwingen kann. Wäre dem so, wären sie überflüssig und tot. In der Zeichnung sind die Runen numeriert, hier nun einige Bemerkungen dazu:

1. Das erste Zeichen ist keine eigenständige Rune, sondern die gestürzte LAF-Rune. Wir nennen es FAL, denn das Zeichen stellt den Phallus dar. Hier beginnt die Evolution, die bis zum dritten Zeichen andauert, wie es aus den aufwärtsstrebenden Ästen ersichtlich ist. FAL ist im Sexchakra verankert und bedeutet die Entwicklung der Gattung durch körperliche Zeugung. Das Bild von FAL ist die sexuelle Potenz, am besten dargestellt durch den aufgerichteten Phallus.

Diese Kraft ist nicht nur menschlich, sie ist bereits im Pflanzenreich (Sexchakra entspricht der Pflanze) und natürlich auch im Tierreich vorhanden.

2. Der evolutionäre Ast der Rune wird in die Höhe des Herzens gehoben, und die KAN-Rune entsteht. Die Potenz des Herzens ist die Macht der Seele. Sie kann durch die menschliche Hand (Arme und Hände entsprechen im Körper der Ebene des Herzens) Realität annehmen. Wenn die Hand auf das Herz hört, werden ihre Taten und Werke königlich und im Sinne von KAN sein, ganz gleich, was man tut. Die Ebene des Herzens ist die eigentliche menschliche Aufgabe (Herzchakra = Mensch), sie in all ihren Aspekten zu verwirklichen ist dringende Forderung (es gibt noch viel zu tun!). Das Tier erreicht in seinem jetzigen Entwicklungsstadium nicht das vierte Chakra. Es lebt auf der Höhe des dritten Chakras, und nur das Geweih des Hirsches reicht darüber hinaus in die Höhe. Darum versinnbildlicht der aufrechte Ast der KAN-Rune das Hirschgeweih und gleichzeitig die menschliche Hand: Was dem Hirsch sein Geweih, sind dem Menschen seine Hände. Nur Fabeltiere und Götter bilden hier eine Ausnahme, sie sind übermenschlich, wie es das nächste Zeichen zeigt.

3. Das dritte Zeichen ist keine Rune. Hier wird der evolutionäre Ast in Kopfhöhe erhoben, das heißt, hier wird eine Entwicklung angezeigt, die über die menschliche Stufe hinausgeht. Hier kann der Mensch nichts geben, nur etwas empfangen, wie dies auch in der Körperstellung der KAN-Rune (siehe Anhang) anklingt. Dieses Zeichen stellt das Einhorn dar, das sein Horn über dem dritten Auge trägt. Wenn es uns hin und wieder gelingt, mit dem dritten Auge zu sehen, empfangen wir eine Vision, die von oben kommt. Die übertriebene Entwicklung des Kopfes, wie sie die heutige Zivilisation betreibt, ist übermenschlich und also auch unmenschlich. Sie führt zum Wahnsinn (den sich ungestraft nur Götter leisten können), bis dann der Kopf zwangsweise geneigt wird. Dies führt jedoch bereits zum nächsten Zeichen.

4. Dieses und die nächsten Zeichen veranschaulichen die Involution. Die abwärts geneigten Äste wollen sich nicht nach oben entwickeln, sondern die Verbindung zu den unteren Bereichen herstellen. Dies ist stets mit Geben und Opfern verbunden, und der Mensch ist dabei der Schöpfer, der die unteren Reiche zu betreuen hat. Als Geschöpf wird er dafür erhöht, denn »wer sich erniedrigt, wird erhöht werden«. Das vierte Zeichen ist die LAF-Rune; eine ausführliche Beschreibung finden Sie in der Einzeldarstellung. LAF verbindet das dritte Auge mit dem Halschakra, und so kann man vielleicht einen Teil der vorhin erwähnten Vision in Worte fassen und anderen wei-

tergeben. Auch die segnende Hand (siehe Körperstellung) wird durch die LAF-Rune dargestellt. Wir können jedoch nur dort segnen, wo wir Meister sind, und das ist stets nur ein geringer Teil unseres Wesens. Ansonsten sind wir Schüler (oder Gesellen) und können durch LAF den Segen des Lichtes empfangen. Der wichtigste Hinweis der LAF-Rune ist die Hinwendung des Kopfes nach unten (vgl. Odins Augenopfer), wodurch der Weg zum Herzen geöffnet wird.

5. Über die AR-Rune finden Sie ebenfalls eine ausführliche Einzeldarstellung. Hier ist wesentlich, daß durch AR der involutionäre Ast ins Herz verlegt wird. Während LAF ein geistiges Opfer bedeutet, steht bei AR das Opfer des Herzens, das Seelenopfer, im Vordergrund. In der christlichen Symbolik ist AR der Pelikan, der seine Jungen mit seinem Herzensblut ernährt. Jeder Schritt, der in Herzensgüte erfolgt (siehe Körperstellung), dient AR, doch auch die nach unten gerichtete, gebende oder segnende Hand kann die Rune darstellen. Wenden Sie Ihre Herzenskraft den Tieren zu, sowohl der bedrohten Tierwelt als auch dem inneren Tier, betreuen Sie die Geschöpfe, die unter Ihnen stehen, und Sie handeln im Sinne der AR-Rune.

6. Das letzte Zeichen ist wieder keine Rune. Es zeigt das körperliche Opfer, bis hin zum Tod, denn hier wird selbst das Pflanzenreich (2. Chakra) nach unten verlassen, und der Mensch erstarrt zum Stein. Die erhabenste Bedeutung des Zeichens ist der involutionäre Opfertod von Jesus Christus. Auch der Opfertod der germanischen Götter gehört hierher; allerdings nicht der Tod des Feldwebels Müller, der sein Leben in siegreicher Schlacht für das Vaterland ließ. Denn im letzteren Vorfall liegt nichts Involutionäres vor, es sei denn das Blut, das das Pflanzenwachstum fördert. Eine weitere Bedeutung des Zeichens ist sexueller Natur. Es zeigt den Phallus, der seine sexuelle Potenz hingegeben hat und nun keine besitzt. Es bedarf einer gewissen Zeit, bis die körperliche Potenz erneut hergestellt wird und der Kreislauf mit FAL weitergehen kann.

Damit ist der Kreis geschlossen. In Wirklichkeit handelt es sich dabei nicht um eine zeitliche Abfolge (obwohl es sehr wohl Bezüge zu einer altersgemäßen Lebensentwicklung besitzt), sondern um verschiedene Aspekte der immerwährenden Wirklichkeit. Auf jeden Fall hilft der größere Rahmen, das Wesen der KAN-Rune als Seelenkraft und Herzensmacht der natürlichen Entwicklung zu verstehen.

Der Name KAN bezeichnet – wie der Name jeder Rune – verschiedene Begriffe derselben Kategorie. *König* (altdeutsch Kuning, isländisch Konungr), auch King und Khan sind Bezeichnungen des *Könners,* der eben manches besser *kann* als die anderen. Er muß es besser *können,* denn sonst hat man den Falschen zum König gekrönt (was ja immer wieder vorkommt). Die sexuelle Bedeutung von KAN ist offensichtlich, doch wie gesagt niemals ausschließlich. Der König muß selbstverständlich sexuell außerordentlich potent sein, ein impotenter König ist eine Schande oder ein schlechter Witz und bringt dem Reich nur Unheil. Der sexuelle Bezug von KAN geht schon daraus hervor, daß die *sechste* Rune zahlensymbolisch mit *Sex* zu tun hat. Wenn der *König* sexuell *kommen kann, kommt* auch bald ein *Kind,* der *Nachkomme,* womöglich ein Sohn (isländisch *Kund*), und die Thronfolge ist gesichert. Darüber ergeht sehr bald die frohe *Kunde* ans Volk, und alles freut sich, denn das Wohlergehen des Reiches scheint gesichert.

All diese KAN-Begriffe sind nur Varianten des Namens KAN, und man könnte sie noch erheblich ausweiten. Alles, was über die Sexualität gesagt wird, gilt auch für das Herz, denn Sex ist nur der körperliche Ausdruck eines Tatbestandes, der ebenso seelische Wirklichkeit besitzt. Weiterhin möchte ich betonen, daß ich keineswegs nur von Königen rede. Sie, lieber Leser, sind der König (auch Sie, liebe Leserin, sind jetzt der König, denn wir sind bei einer männlichen Rune), und all das Gesagte gilt für Sie, ganz gleich, wie groß oder klein Ihr Königreich ist. Wer Potenz besitzt, ist ein Potentat, also ein König. Sie oder er ist ein Könner und kann nun vieles, was sie oder er vormals nicht konnte. Die Potenz ist eine mögliche Macht, die potentiell immer vorhanden ist. Greifen Sie zu, und Sie sind KAN!

## 7. Die Rune HAGAL

## Der Kristall

### Das Urteil

»Ein siebentes kann ich, seh den Saal ich lodern
hoch überm Hallenvolk:
nicht brennt er so breit, daß ich ihn nicht bergen könnte;
den Segen ich singen kann.«

Die HAGAL-Rune verändert weder durch die Wende noch durch den Sturz ihren Charakter, sie bleibt *heil* und *ganz*, denn sie ist die Rune der *Ganzheit*. Wenn Sie als Antwort die HAGAL-Rune bekommen haben, stehen Sie unter dem Schutz einer heilenden, heiligenden, ganzmachenden Allmacht. Allvater Odin ist in Ihrer Nähe, und mit ihm ist nicht zu spaßen.
Das Thema Ihrer Frage verlangt nach Ganzheit, und diese wird auf alle Fälle erreicht, ganz gleich, was es kosten mag. Darum ist es vernünftiger, wenn Sie selbst die Ganzheit herzustellen versuchen, denn ansonsten erscheint HAGAL als *Hagel,* und das Schicksal reguliert womöglich auf eine für Sie sehr unangenehme und unerfreuliche Art und Weise die Verhältnisse. Jede vernachlässigte, vergessene, verdrängte Seite der Angelegenheit muß erkannt, anerkannt, angenommen werden, auch die, die Sie nur sehr schwer wahrhaben wollen. Es gibt keinen Feind, weder Menschen noch Sachen. In bezug auf Ihre Frage müssen Sie jeden Feind zum Freund machen, nur so können Sie ganz werden.

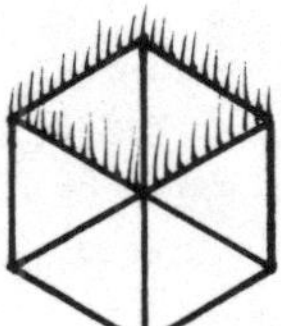

Die Hohe Halle Hars (Har, der Hohe, ist ein Beiname Odins) steht in Lohe. Feuer ist das denkbar größte Übel: In der Götterdämmerung wird die Welt in Flammen untergehen. Auch im Nibelungen-Lied bedeutet die brennende Halle das tragische Ende. Doch das Zauberlied verspricht selbst in dieser Lage Rettung, HAGALs Allmacht ist ohne Grenzen. Die HAGAL-Rune erreicht die höchsten Höhen der Halle und löscht als Eis-Kristall oder – wenn es sein muß – als Hagel das

Feuer. Der höchste Gegensatz von Feuer und Wasser kann durch HAGAL versöhnt werden.
Wenn sich Ihre Frage auf etwas bezieht, das sich im Gleichgewicht befindet, so ist alles in Ordnung, und die HAGAL-Rune ist eine äußerst positive Bestätigung Ihrer Situation. Prüfen Sie jedoch die Sache sehr genau und gewissenhaft. Einseitige Einstellungen und Auffassungen dürfen nicht bestehenbleiben, weil in diesem Fall HAGAL zur *Hel,* zur Hölle wird. Auch Krankheit ist oft lediglich ein Ausdruck für bestehendes Ungleichgewicht. Der Mensch wird krank, weil ihm etwas fehlt. Bei Annahme der fehlenden Seite wird der Mensch ganz, heil und gesund. Auch für seelische Störungen und für fast alle Unannehmlichkeiten des Lebens gilt dasselbe.
Mit HAGAL sind Sie in Gottes Nähe. Beten Sie, falls Sie das Gebet mögen, oder gedenken Sie Gottes auf andere Art, denn er will Sie jetzt *heiligen,* und es liegt zum großen Teil bei Ihnen, wie dies erfolgen wird.

**Der Kommentar**

Sieben ist eine heilige Zahl, die siebte Rune ist die all-heilige HAGAL. Die FUDARK-Reihenfolge ist eine organisch zusammenhängende Entwicklung, sie kann zahlensymbolisch in verschiedenen Intervallen verstanden werden. Mit der siebten Rune beginnt das zweite Drittel der 18 Runen, in dieser Ordnung stellt sich die FUDARK-Reihe wie folgt dar:

| | | | | | |
|---|---|---|---|---|---|
| FA, | UR, | DORN, | AS, | RIT, | KAN, |
| HAGAL, | NOT, | IS, | AR, | SIG, | TYR, |
| BAR, | LAF, | MAN, | YR, | EH, | ODIL |

Die drei Gruppen (Zeilen) von je sechs Runen werden von FA, HAGAL und BAR angeführt, Vater, Kristall und Mutter bilden eine Dreieinigkeit, wobei der HAGAL-Kristall für den Gottessohn steht. HAGAL ist die Rune des Mensch gewordenen Gottes bzw. des vergöttlichten Menschen.
Eine andere Anordnung von je drei Runen in sechs Gruppen ist uns bereits begegnet. Wir sahen, daß die ersten drei Runen eine in sich geschlossene Einheit bilden und mit der vierten (AS) etwas Neues beginnt. Die vierte, fünfte und sechste Rune stehen wieder in engem Zusammenhang, und mit der siebten setzt ebenfalls eine neue Gruppe ein:

| | | |
|---|---|---|
| FA, | UR, | DORN, |
| AS, | RIT, | KAN, |
| HAGAL, | NOT, | IS, |
| AR, | SIG, | TYR, |
| BAR, | LAF, | MAN, |
| YR, | EH, | ODIL |

Die anführenden Runen dieser Aufteilung (erste Spalte) stehen mit der kosmischen Struktur-Energie FOHAT in Verbindung (S. 54). FA, AS und HAGAL, für sich betrachtet, bilden wiederum eine dreifache Einheit, wobei HAGAL die Synthese von FA und AS darstellt, wie dies noch ausgeführt wird.

Die Bedeutung des Namens HAGAL ist solchermaßen vielschichtig, daß wir hier nur einige Deutungen beachten können. Die einfache Spaltung des Namens in HAG-AL erweist HAGAL als den Hag (Hecke), der das All (Weltall) umfriedigt. HAGAL ist der *All-Hag,* der das Weltall in all seinen Aspekten *umhegt* und zugleich dessen Struktur festlegt (und feststellt!). Stellen Sie sich die HAGAL-Rune räumlich-dreidimensional inmitten des germanischen Göttergartens vor. Die senkrechte Achse verbindet Asgard mit Utgard, die zwei anderen Achsen alle vier Himmelsrichtungen miteinander. HAGAL umhegt die Welt und macht sie *heil* – das heißt ganz.

Die zweifache Spaltung von HAGAL ergibt HA-G-AL. Der belebende Hauch (H, HA) Gottes (G, GIBUR, Näheres siehe bei der ODIL-Rune) kommt in die Welt (AL). So wurde auch der Mensch erschaffen: »Und Gott der Herr machte den Menschen aus einem Erdenkloß, und er blies ihm ein den lebendigen Odem in seine Nase. Und also ward der Mensch eine lebendige Seele.« Diese Deutung der HAGAL-Rune würde auch das Herz eines Moslems erfreuen, heißt doch der eine Gott des Islam ALL-AH, der *Welten-Hauch.* Der all-einige und alles einigende Gott der Germanen ist Odin (die Bedeutung des russischen Wortes »odin« ist »eins«). Auch er hat mit dem welten- und menschenschaffenden Atem zu tun, wie es sein Name Od – Odem – Odin zeigt. Die Edda berichtet, wie Odin dem ersten Menschenpaar die Seele einhaucht:

»Bis drei Asen aus dieser Schar,
stark und gnädig, zum Strand kamen:
sie fanden am Land, ledig der Kraft,
Ask und Embla, ohne Schicksal.
Nicht hatten sie Seele, nicht hatten sie Sinn,
nicht Lebenswärme noch lichte Farbe;
Seele gab Odin, Sinn gab Hönir,
Leben gab Lodur und lichte Farbe.«

In der germanischen Götterlehre und Religion spielen Bäume eine überragende Rolle. So wurde das erste Menschenpaar, Ask (Mann) und Embla (Frau), von Odin und seinen Brüdern Hönir und Lodur aus angeschwemmten Hölzern geschaffen. Die drei Brüder sind drei Seiten des einen Gottes, deutsch heißen sie Wodan, Wili und We. Embla bedeutet vielleicht Ulme, vielleicht aber auch Weinstock, Ask ist die Esche, diese ist auch der Weltenbaum, der in Runen durch HAGAL dargestellt wird.
Der vorhin erwähnte Zusammenhang zwischen FA, AS und HAGAL spiegelt die Entwicklung (Emanzipation) des männlichen Prinzips wider. Mit der siebten Rune erreicht der Mann seine vollständige Herrschaft, Odin ist als HAGAL Allvater geworden. Er ist aus sich heraus und ohne Mithilfe der Mutter schöpferisch, wie auch die HAGAL-Rune aus sich heraus und ohne Mithilfe der Mutterrune eigene Runen gebärt (siehe dazu Hagals Geschlecht).

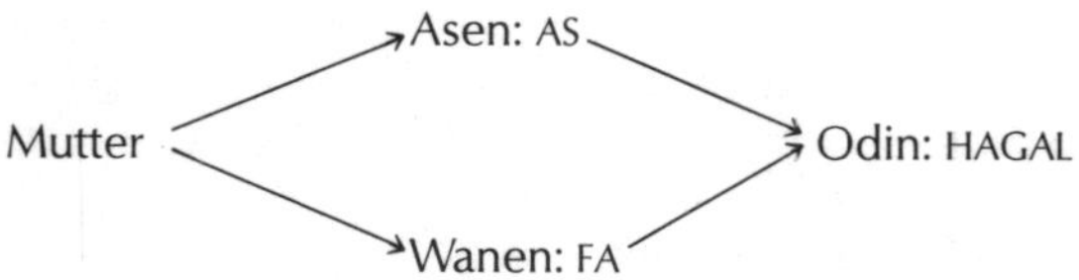


Die Wanen stehen der Mutter sehr nahe, sie wahren noch die ursprüngliche Einheit mit ihr. Die Asen hingegen gehen in die Opposition, wodurch die Gegensatzspannung Wanen-Asen entsteht. Erst Odin bedeutet die Synthese, er nimmt beide Seiten des Gegensatzes in sich auf und erreicht als Allvater alleinige Weltenmacht. Sein Hängeopfer an der Weltesche rückt ihn so nahe an die Gestalt des Jesus Christus, daß ein Vergleich unumgänglich ist.

»Ich weiß, daß ich hing am windigen Baum
neun Nächte lang,
mit dem Ger verwundet, geweiht dem Odin,
ich selbst mir selbst,
an jenem Baum, da jedem fremd,
aus welcher Wurzel er wächst.
Sie spendeten mir nicht Speise noch Trank;
nieder neigt ich mich,
nahm auf die Runen, nahm sie rufend auf;
dann stürzte ich herab.«

Das Aufhängen am dürren (toten) Baum war neben dem Versenken im Moor die übliche Todesstrafe der Germanen. Auch das sakrale

*Odin hängt an der Weltesche*

Menschenopfer durch Hängen kam vor, hauptsächlich an feindlichen Gefangenen vorgenommen, und der Walvater (Totenführer) Odin galt als der Gott der Gehängten. Dies war allerdings nur eine seiner zahlreichen Funktionen, Odin besaß über fünfzig Namen und die entsprechende Anzahl von Wirkungsfeldern.
Zauber- und Runenstäbe wurden hingegen von grünen und fruchttragenden Bäumen geschnitten. An solch einem Baum, der Weltesche Yggdrasil, hing Odin, als er sich selbst der Opferung unterzog. Neun Nächte lang hing der Gott am grünen, windigen Baum mit dem Speer in seiner Seite. Sein freiwilliges Opfer erwies sich als Einweihung, denn zum Schluß erhielt Odin das Geheimnis der Runen.

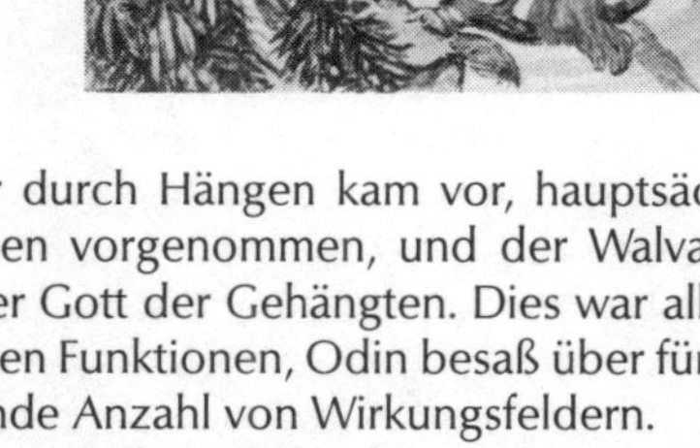

Die Parallelen zur Kreuzigung Christi sind unübersehbar, genauso aber auch die Unterschiede. Beide opfern sich freiwillig, und sie tun

es nicht (nur) für sich, sondern für die anderen, für die Menschheit. Doch während Odin an der grünen Esche hängt und sein Hängeopfer überlebt, stirbt Jesus am römischen T-Kreuz aus totem Holz. Zumindest beharrt die Kirche auf dieser Variante, obwohl verschiedentlich nachzuweisen versucht wird, daß Jesus nicht am Kreuz starb.

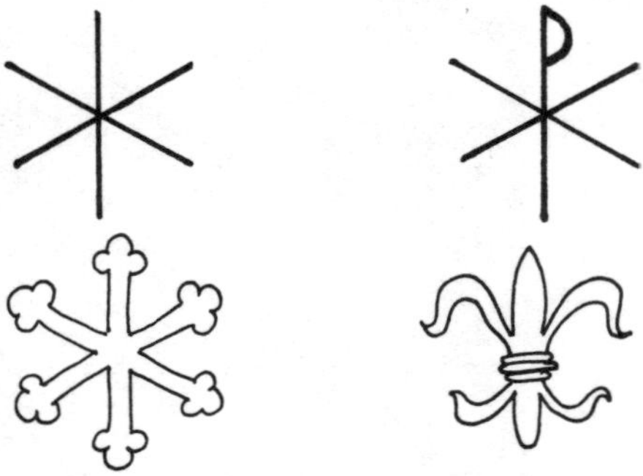

Das Monogramm Christi (griechisch CH und R) ist im wesentlichen eine HAGAL-Rune, die Rune Odins. Wenn man es als zusammengesetzte Rune liest, besteht es aus GIBUR (CH) und der WONNE-Rune (R). Die Bedeutung von GIBUR ist Gott, Gabe, Gottesgabe, die der WONNE-Rune ist Wonne, Freude, Wohlgefallen und Sohn. Zusammen ergeben sie eine Lesung, die dem Satz aus Matthäus 3.17 sehr nahe kommt: »Dies ist mein lieber Sohn, an welchem ich Wohlgefallen habe«, sprach Gott nach der Taufe Jesu im Jordan. Auch die Lilie, das Symbol der Gottesmutter Maria, ist eine HAGAL-Rune. Sie ist Symbol der Keuschheit, doch gleichzeitig auch ein »sexualmagisches« Symbol, denn sie zeigt die Beherrschung der sexuellen Vereinigung zwischen Frau und Mann.
Wunderschöne HAGAL-Runen in unzähligen Varianten zeigt die Natur in der Form der Schneekristalle. Jeder dieser Schneekristalle ist ein Abbild der gesamten Welt-Struktur, und hier ahnt man, daß der Unterschied zwischen Odin und Jesus Christus gar nicht so groß sein kann. Am Ende handelt es sich nur um verschiedene Namen des *einen Gottes.* Denn genauso wie der Allvater Odin als HAGAL das gesamte Weltall umhegt und ordnet, tut es Jesus Christus als KRIST, als All-Krist, als Welt-Krist-All. Beide, Odin und Christus, sind der HAGAL-KRISTALL.
Da jedoch die meisten Religionen ebenso eifersüchtig ihre Götter und deren Wahrheiten hüten wie die kleinliche Hausfrau die Grenzen ihres Gartens, ist es recht schwierig mit der Verständigung. Zwar ist es längst erkannt worden, daß keine Religion höher als die Wahr-

heit ist, doch ist die Wahrheit so erschreckend einfach, daß die meisten Menschen leider Angst davor haben.
Die Mandragora-Wurzel ist eine hochgeschätzte magische Pflanze, sie heißt Alraun (männlich) oder Alraune (weiblich). Wir benutzen sie, um das Geheimnis der HAGAL-Rune ein bißchen mehr zu beleuchten. Man-dragora kann als Drachen(dragon)-Mann gelesen

Alraun-Männchen

werden. Ein Drachen-Mann ist aber ein keltischer Druide, dessen heiliges Tier eben der Drache ist. Der größte Druide aller Zeiten war Merlin. Die Alraune (altdeutsch alruna) ist die All-Rune, die all-heilige HAGAL, Odins Rune. Damit schafft die Mandragora-Alraune die Verbindung zwischen dem keltischen Oberdruiden Merlin und dem germanischen Oberschamanen Odin.

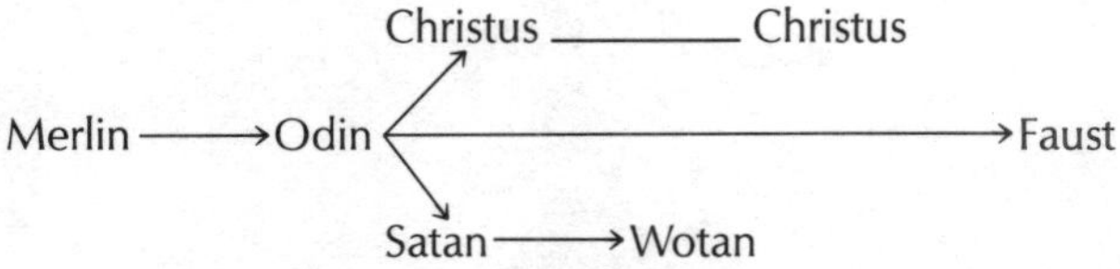


Gott und Mensch sind nur heil (ganz), wenn sie alle Aspekte des Seins in sich vereinen. Insbesondere müssen sie mit dem Bösen fertig werden, dieses in ihr Wesen als potentielle Möglichkeit aufnehmen und nicht zulassen, daß es in den Schatten fällt und zum Feind wird. Diese Ganzheit ist Merlin und Odin gelungen. Merlin hatte als Sohn des Teufels und einer heiligen Jungfrau die besten Voraussetzungen hierzu geerbt, und sein schillerndes Wesen umfaßte sowohl das Gute als auch das Böse und war über deren Gegensatz erhaben. Ebenso Odin. Neben seiner zweifellosen Güte und Wohltätigkeit anderen Wesen gegenüber kommt auch seine dunkle Seite nicht zu kurz. Einer der Namen Odins lautet Bölwerk, das heißt »Böse Tat«. In seiner »Lehrzeit« hat Odin sogar mit dem Erzbösewicht Loki Blutsbrüderschaft geschlossen, woran er von Loki bei passender Gelegenheit erinnert wird:

»Gedenke, Odin,
daß wir in alten Tagen
beide das Blut mischten!
Bier genießen
wolltest du nimmermehr,
wär's nicht uns beiden gebracht.«

Die Ganzheit und insbesondere die Einheit von Gut und Böse bricht mit dem aufkommenden Christentum zusammen. Daran ist nicht Jesus Christus schuld, der sehr wohl alle Gegensätze in sich zu vereinigen wußte, sondern die spätere christliche Auslegung seiner Person. Die christliche Lehre trennt sauber das Gute vom Bösen, verlegt den hellen Christus in den Himmel und läßt den dunklen Satan in der Hölle schmoren. Dadurch kam und kommt sehr viel Übel und Unheil in diese Welt. Der Teufel ist selbständig geworden, und der »gute« Christ erkennt ihn mal als Ketzer und Hexe, mal als Juden. Auch der germanische Allvater Odin wurde aus dem Himmel gestoßen und als Wotan verteufelt. Darüber ist Wotan freilich wutentbrannt und rast mit seinem wütenden Heer in wilden Jagden durch die Lüfte, um Leute zu erschrecken und in den Wahnsinn zu treiben.

Wotans Wilde Jagd

Die Ganzheit Gottes konnte nie ganz aus dem Bewußtsein (besser dem Unbewußten) des Volkes getilgt werden. Der fehlende weibliche Aspekt im christlichen Gottesbild wurde durch eine überwältigende Marienverehrung ausgeglichen, und die Einheit von Gut und Böse wurde – da sie nicht mehr in der Gottesverehrung möglich war – in menschlichen Gestalten wie der des Dr. Faust wiederbelebt und weitergetragen. Die Ähnlichkeit der Charaktere von Odin und Faust ist sehr groß und beweist eindeutig die stattgefundene Übertragung der germanischen Seelenproblematik. Beide, Odin und Faust, sind ewige Wanderer und unermüdliche Wahrheitssucher. Für Wissen und Erkenntnis zahlen sie jeden Preis, selbst das eigene Leben und die eigene Seele sind ihnen dafür nicht zu teuer. Beide unterschreiben Verträge mit den dunklen Mächten, die sie dann später wohlweislich brechen (Faust zumindest nach der Variante von Goethe). Sie nutzen des Teufels Kraft, verfallen ihm jedoch nicht und werden am Ende geheiligt bzw. erlöst. Nicht minder verbindet sie die starke sinnlich-erotische Seite ihrer Charaktere.

Kein Mensch und kein Volk kann auf die Dauer ungestraft seine Wurzeln abschneiden, wie dies die germanischen Völker seit bald tausend Jahren versuchen. Im Unbewußten spukt Merlin und wütet Wotan weiter, bis man sie wieder ans Licht des Bewußtseins läßt. Der gewaltsame Versuch der Wiederherstellung eines pervertierten Germanentums im Dritten Reich war nur eine kleine Kostprobe dessen, wozu vernachlässigte und unverstandene Götter fähig sind. Seit dieser Katastrophe übergeht man alles Germanische mit noch mehr eisigem Schweigen und dummen, empört-verlegenen Redensarten, wenn einmal von solchen Sachen die Rede ist. Die Mentalität des »Wotan, weiche von mir« hilft indessen nicht weiter. Sollte an dieser Einstellung krampfhaft festgehalten werden, so ist die nächste Katastrophe – und diesmal eine größere – vorprogrammiert.

Die Seele aller germanischen Völker ist in der kelto-germanischen Götterwelt verwurzelt. Nun sind wir Christen geworden und wissen nichts mehr davon. Die Aufgabe der Zukunft wird es aber sein, Christus und Odin miteinander zu versöhnen, denn sie beide sind eins im HAGAL-KRISTALL. Fangen Sie gleich damit an, die HAGAL-Rune hilft Ihnen dabei.

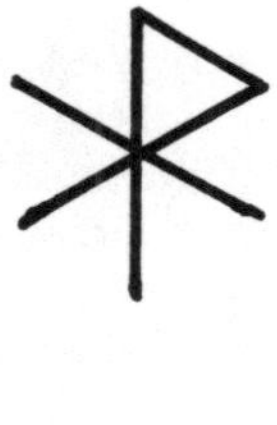

# 8. Die Rune NOT

## Die Not

### Das Urteil

»Ein achtes kann ich, das allen Männern
zu vernehmen nützlich ist:
wenn Haß wächst unter Heldensöhnen,
kann ich's schlichten schnell.«

Not und Zwang lassen Haß und Hader schlichten, weil sie dringender sind als der Streit. Wenn man in Lebensgefahr steht, vergißt man schnell die anderen Sorgen; Aufmerksamkeit und Energie sind einzig und allein darauf gerichtet, wie man der Not entkommen könnte. Die NOT-Rune symbolisiert eine höhere Gewalt, die absolute Konzentration und den Einsatz des ganzen Menschen verlangt.
NOT bedeutet auch Tod. Sie sollten jedoch nicht gleich an den physischen Tod denken, denn man kann auch »sterben« und als »Wiedergeborener« ein völlig neues Leben beginnen. Vielleicht sollten Sie Ihre Einstellung zum Leben und dessen Umstände »sterben« lassen, eine ganz neue Lebenseinstellung gewinnen, Ihre Lebensumstände verändern und als neuer Mensch weiterleben. Wahrscheinlich verlangt die NOT-Rune keine so umfassende Umstellung Ihres Lebens, denn als Antwort bezieht sie sich lediglich auf Ihre Frage. Trotzdem sollten Sie all die hier aufgeworfenen Fragen zumindest gründlich überdenken.
Die NOT-Rune zeigt den »harten« Weg an, das heißt, das Schicksal will in die körperlich-stoffliche Realität eingreifen und begnügt sich nicht mehr mit nur seelisch-geistigen Wirkungen. Die Wirklichkeit will durch NOT Realität werden, selbst dann, wenn dies weh tut. Seelische Störungen werden zu körperlichen Krankheiten. Die Erkenntnis der Lage reicht nicht mehr aus, man muß sie in die Realität umsetzen und die Lage real und konkret verändern, sonst geschieht es unfreiwillig und unkontrollierbar. Auch Selbsterkenntnis nützt in der Not nichts mehr, wenn sie nicht zur gelebten Selbstverwirklichung wird. Die NOT-Situation erfordert konkrete Taten und greifbare Ergebnisse, denken und reden allein helfen hier nicht mehr weiter, sondern machen die Lage unter Umständen noch schlimmer. NOT ist Nacht; nicht die Sonne des Bewußtseins, sondern das gelebte und erlebte Dasein regieren die Stunde.
Die NOT-Rune bedeutet als Antwort im allgemeinen Verneinung,

nein, nicht und nichts. Verneint wird das Ich, der Wille und die Freiheit des Menschen. *Jetzt* können Sie *nichts* tun, was die Not sofort und unmittelbar wenden würde, denn der Zug der Schicksalsregulierung ist bereits abgefahren. Sie können aber sehr viel tun im Hinblick auf die Ankunft des Zuges. Wenn Sie Ihre *Einstellung* ändern, wird der Zwang in einem viel geringeren Maße zuschlagen, und Sie erreichen viel schneller vertrautes Ufer, wo Sie dann erneut Herr der Lage sind.
Nur eine einzige Wunderwaffe existiert, die Not und Zwang (und selbst dem Tod) den Stachel nehmen kann. Diese Waffe steht jedoch nicht jedem zur Verfügung, sie setzt eine gewisse Lebensweisheit voraus. Die Zauberformel besagt, daß *es gar keine Not gibt.* Wenn man stark genug ist, kann man sich dem Schicksal fügen, wie dies Sokrates selbst dem Tod gegenüber vorgelebt hat, und man schaut der Not genauso gelassen in die Augen, wie man im Kino einen Film anschaut. Doch wie gesagt, das können nur Erleuchtete.

**Der Kommentar**

»Oft kommt heilsamer Rat aus hartem Balg,
der bei Häuten hängt
und bei Fellen flattert
und baumelt bei Bösewichten.«

Hinter diesen Worten kann man eine heute für uns unvorstellbare Szene erahnen. Unweit der Küche, am Hintereingang des Hauses baumeln allerlei tierische Felle in den Bäumen, zum Trocknen aufgehängt. Darunter auch ein Balg, die durch Sonne und Wind zur Mumie ausgetrocknete Leiche eines Gehängten. Nun empfehlen die rätselhaften Worte, manchen Rat bei diesem Toten zu holen. Denn in großer Not kann der Tod heilsamer Ratgeber sein.
»Not« ist im normalen Sprachgebrauch ein negativer Begriff. Sie bezeichnet einen Zustand, dem es an Freiheit mangelt, in der Not ist die Freiheit erheblich eingeschränkt, *Not ist Zwang.* Zwang aber ist nur dann schlimm, wenn man sich dagegen wehrt. Der Runenforscher Guido von List drückt es in seinem Sinnspruch zur NOT-Rune so aus: »Nütze dein Schicksal, widerstrebe ihm nicht!« Schicksal ist Schicksalszwang, und wenn man sich ihm fügt, fällt der Verzicht auf eine vermeintliche Freiheit gar nicht mehr so schwer. Es handelt sich im Leben stets um ein dialektisches Verhältnis zwischen Freiheit und

Zwang. In unserem Zusammenhang ist die Freiheit durch die EH-Rune dargestellt und der Zwang durch die Rune NOT. Die Anerkennung der Schicksalsnot – wenn sie angebracht ist – ermöglicht ein harmonisches *Mitschwingen* mit der Welt, genauso wie zur gegebenen Zeit ein freies *Mitgestalten* der Welt *notwendig* ist. Das ist ein Gesetz (EH), und wer EH mit NOT verbinden kann, erreicht HAGAL, die Kristallseele.

Zweifellos ist der *Tod* die höchste *Not,* der höchste Zwang. Der Tod wendet mit einem Schlag alle Nöte dieser Welt, die wir durch ihn verlassen. »Es ist vollbracht«, die Seele wird frei. Sieht man einmal den Tod aus diesem Blickwinkel, so wird er zur höchsten Befreiung, und man kann zu ihm in eine positive Beziehung treten. Freund werden mit dem Tod ist dringende Notwendigkeit unserer Zeit, denn unser Umgang mit ihm ist krankhaft verfahren. Wir haben *Angst* vor dem Tod, laufen ihm davon und er uns hinterher, wir verdrängen ihn, und er reißt uns »plötzlich und unerwartet« aus dem Leben. Gibt es Ihnen nicht zu denken, wenn Sie in der Todesanzeige eines Neunzigjährigen lesen, daß er »plötzlich und unerwartet« von uns ging? Wollen wir denn ewig leben? Ab welchem Alter darf man den Tod erwarten? Er ist sowieso immer da. Gestatten Sie mir die makabre Erinnerung daran, daß manche tot geboren werden!

Der Tod ist immer in Ihrer Nähe. Streicheln Sie hie und da seinen kahlen Schädel, werden Sie Freund mit ihm, und er wird Ihnen als Dank das *Leben* bewußter, wertvoller und schöner gestalten. Im Gegensatz zu uns war die Einstellung der alten Germanen dem Tod gegenüber äußerst positiv. Es ging sogar so weit, daß das Interesse am individuellen Schicksal des einzelnen erst nach seinem Tod begonnen hatte. Solange er lebte, war er ein Mitglied des Stammes und des Kollektivs, nach seinem Tod fragte man, was er nun im Leben erreicht hatte und wie es wohl seiner Seele ergehen wird. Das ist auch heute noch das Schicksal mancher außergewöhnlichen Menschen, die z.B. im Leben verhungern und nach dem Tod (vielleicht hundert Jahre später) als Genies erkannt und hoch geehrt werden.

Der ehrenhafte Tod brachte die Germanen nach Walhall, in die Hohe Halle Hars, der Strohtod in die Halle Hels. Auf jeden Fall war der Tod nichts, wovor man Angst zu haben brauchte, vielmehr der sinnvolle und möglichst ehrenhafte Abschluß des Lebens in dieser Welt. In diesem Sinne sind die einleitenden Zeilen zu verstehen. Der stets gegenwärtige und angenommene Tod ist ein guter Ratgeber. Nicht minder jede andere Not, wenn man sie nur annimmt und befragt.
NOT ist die achte Rune. Die Beziehung der Acht zu Not und Tod wird auch durch die astrologische Symbolik bestätigt. Dort finden wir das achte Haus und das achte Tierkreiszeichen Skorpion in Verbindung mit Not und Tod. Runenkunst ist Sprachkunst. Die Sprache verweist auf den Zusammenhang von »Acht« und »Nacht«, das verneinende »N« macht aus der Acht die Nacht:

| | | |
|---|---|---|
| deutsch | acht | n-acht (nicht acht*) |
| lateinisch | octo | n-octu |
| griechisch | okto | n-yktos |
| französisch | huit | n-(h)uit |
| englisch | eight | n-(e)ight |
| italienisch | otto | n-otte |

Wenn »Nacht« »nicht-Acht« ist, so ist »Acht« »Tag«. Die achte Rune NOT ist Nott, die personifizierte Nacht der Germanen, sie ist aber auch »nicht«, die Verneinung, also auch »nicht-Nacht«, eben »Tag«. In der achten Rune NOT fallen die Gegensätze von Tag und Nacht, Licht und Dunkel, Leben und Tod zusammen, so wie dies auch in den Wörtern »achten« und »ächten« der Fall ist. Dieses Umschlagen der Bedeutung eines Wortes in seinen Gegensatz ist ein elementares Sprachgesetz. In Runen geschrieben erscheint es als enger Zusammenhang zwischen der DAG-Rune (Tag) und der NOT-Rune (Nott = Nacht), die beide in ihrer Gestalt an das Zeichen der Acht erinnern:

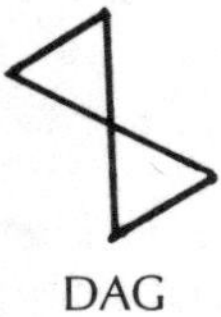

DAG

NOT

Dem Umschlagphänomen zwischen Gegensätzen (Enantiodromie) begegnet man um so häufiger, je mehr man sich allgemeingültigen Aussagen nähert. Die Vereinigung aller Gegensätze ist ja der Grals-

* Acht, Achtung sind bewußt; Nacht, N-acht, Nicht-Acht unbewußt.

weg, das alchemistische Werk und des Schamanen Kunst (heute nur noch Psychotherapie genannt). Da die Runen die tiefsten und allgemeinsten Strukturen der Wirklichkeit bezeichnen, ist ihre Doppeldeutigkeit selbstverständlich. Dies wird insbesondere bei der Betrachtung der NOT-Rune und ihrer Beziehung zur EH-Rune sehr deutlich.

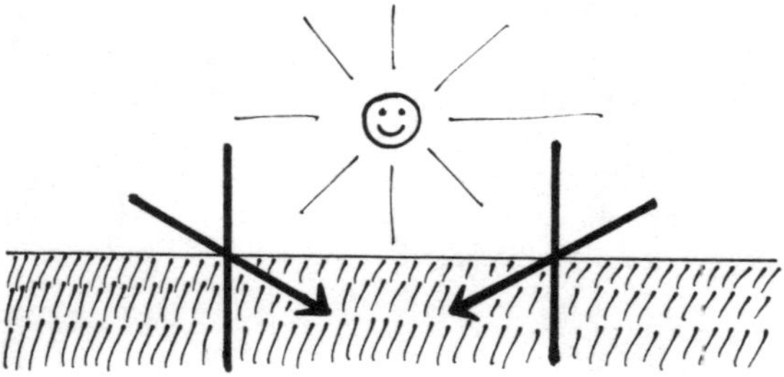

NOT – die Sonne geht unter

Nimmt man der HAGAL-Rune den von links unten nach rechts oben führenden Strich (Bar-Strich, EH-Rune), entsteht die NOT-Rune. Die geordnete Ganzheit (HAGAL) wird ohne Gesetz (EH) zur Not, die Welt gerät in Not, aus Kosmos wird Chaos. Wendet man die NOT-Rune, so geht sie in die EH-Rune über, die Kenntnis des Gesetzes (EH) wendet die Not, das Gesetz ist notwendig. Notstandsgesetze wollen die Not wenden, wird jedoch zu viel Gesetz, zu viel »Recht und Ordnung« angewandt, entsteht nur neue Not. Es kommt auf das Gleichgewicht von NOT und EH an, nur so kann heile (ganze) Ordnung entstehen, der Kosmos des HAGAL-Kristalls. NOT und EH schließen sich nicht aus, sondern ergänzen sich zur Ganzheit. Sie sind lediglich zwei Seiten einer Wirklichkeit, letztlich sind sie identisch.

Balg-Strich

Da wir in diesem Buch auch mit Wenderunen arbeiten, ist eine rein formale Unterscheidung zwischen NOT und EH nicht möglich. NOT und EH sind Runen, die durch die Wende ihren Charakter verlieren und ineinander übergehen. Eine Unterscheidung ist erst möglich, wenn wir die *Richtung* der Runen beachten. In der Heraldik ist ein von links oben nach rechts unten quer über das Wappen geführter Faden das Zeichen für einen Bastard in der Familie. Der Faden ist der Balg-Strich, er entspricht der NOT-Rune in der normalen *Schriftrich-*

*tung* (von links nach rechts). Bei gewendeter Schriftrichtung wird jedoch der Querstrich der NOT-Rune von rechts oben nach links unten geführt. Kennzeichnen Sie die Schriftrichtung mit einem Pfeil, und der Unterschied zwischen NOT (Balg) und EH (Bar) wird sofort ersichtlich. Gleich, ob gewendet oder nicht, die NOT-Rune führt stets nach *unten*.

Die Liebe als Herzens-Not

So schön die Liebe auch ist, sie beinhaltet die Not des Herzens. Der Zustand der Verliebtheit ist eine herrliche Krankheit, die dringende Not der Verliebten ist für Außenstehende unübersehbar. In der reifen Liebe wird die Not als Verantwortung für den geliebten Menschen angenommen, und NOT wird zur wahren EHe. Auch ein Bastard kann die Familie zunächst in Not stürzen, und der Balg-Strich über dem Wappen ist eine Art Schuldbekenntnis. Später kann sich der Bastard jedoch zum tragenden *Balken* der Familie entwickeln, und der Balg-Strich im Wappen wird zum freien Bekenntnis der Tatsache, daß die Familie NOT gemeistert hat.

NOT ist der *Abstieg*. Die Hoffnung auf späteren oder auch gleichzeitigen Aufsteig bleibt bestehen, doch zunächst geht es hinab. Die Sonne geht unter, der Tag schwindet, die *Nacht* bricht an. Eines Tages (oder Nachts) wird auch das Leben schwinden und der *Tod* seine Aufgabe erfüllen. Das helle Licht weicht der *Dunkelheit*. Der Gralsritter wird durch solche Aussicht keineswegs erschüttert. Er kennt die Not der nächtlichen Schildwache, deren Hauptregel lautet: »Fürchte die Nacht nicht, schaue sie wachend an und schlafe nicht ein dabei!« Der Gralsweg führt durch tiefe, dunkle Täler, durch Nacht und Nebel und ist voller Gefahr. Parzival durchquert das tiefe Tal mitten hindurch und ohne Furcht. NOT führt die Sonne des Bewußtseins in die Tiefen des Unbewußten, den Geist der Höhen in die dichten Tiefen des Stoffes. Es kommt darauf an, das Licht zu wahren und selbst im mitternächtlichen Dunkel nicht erlöschen zu lassen. Gelingt dies, wird in den tiefsten Tiefen von Raum und Zeit erneut die Sonne aufgehen, und die Gralsburg erstrahlt im festlichen Licht.

In der FUDARK-Reihe erscheint mit der fünften Rune RIT der Ritter und macht sich auf die Queste (Suche) nach dem Gral. Am Ende des Weges wird er diesen (vielleicht) finden. Bei der achten Rune NOT muß der Ritter hinunter in die Unterwelt, und Gott stehe ihm bei!

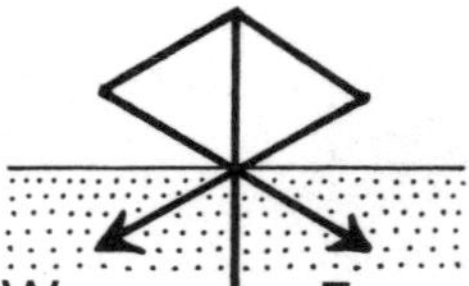


Der Garten der Götter dient als Landkarte für die Reise. Die gewendete NOT-Rune zeigt die *Wassertaufe* des Gralsuchers, hier muß er sein Bewußtsein bewahren, denn die Gefahr im Wanen-Reich heißt Wahnsinn. Wissen ist Sünde, wenn es nicht dem Leben dient. Die normale Ausrichtung der NOT-Rune führt zur *Feuertaufe*. Hier ist das Leben selbst in Gefahr, es wird wie eine Kerze im leeren Zimmer nutzlos verbrennen, wenn es nicht zur Erkenntnis der Liebe verhelfen kann. Oft schon ist die Welt verbrannt, immer, wenn sie den Weg der Liebe aus den Augen verloren hatte. Auch die germanische Götterwelt fiel dem Feuer zum Opfer, doch nicht ganz nutzlos, denn die Überlebenden erhielten die Möglichkeit zum Aufbau einer neuen, besseren Welt in Liebe. So war es und so wird es immer bleiben. NOT vernichtet so lange, bis sie gewendet werden kann.
Durch den Balg-Strich wird der aufrechte Stab (IS) schräg nach unten durchquert, verneint und vernichtet. NOT ist das *verneinte** Ich (IS), das Nicht-Ich, Nicht-Ich-IS, N-ich-IS, Nichts:

NOT IST NICHTS

Sobald dies erkannt wird, sind Wasser- und Feuerprobe bestanden. Die Not besteht nicht mehr, und das Ich richtet sich auf. Es steht als IS aufrecht da, wir finden es als nächste Rune.

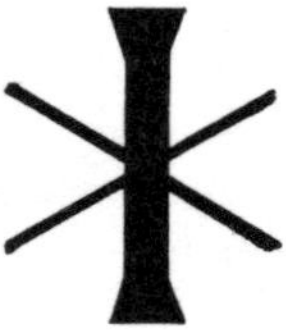

* Vergleiche auch EINS = I = IS und NEIN = N-EIN = NOT-IS

# 9. Die Rune IS

## Der Wille

### Das Urteil

»Ein neuntes kann ich, wenn mich Not auf See
mein Schiff zu schützen zwingt:
den Sturm auf dem Meer stille ich
und besänftige die See.«

Die IS-Rune symbolisiert den *eisernen Willen.* Das *Ich* des Menschen steht wie eine *Eins* da, und wenn sein Wille im richtigen *Einklang* mit Erde und Kosmos steht, vermag er wirklich Berge zu versetzen oder den Sturm zu stillen. Die Antwort des Orakels auf Ihre Frage lautet: Die Lösung des Problems liegt *einzig* und *allein* bei Ihnen. Mit der IS-Rune sind *Sie* persönlich gemeint. IS ist sozusagen der Zeigefinger Gottes, und er zeigt auf Sie.
Zur Ausübung des wahren Willens bedarf es jedoch wesentlicher Voraussetzungen. Eine starke Persönlichkeit besitzt nicht unbedingt auch ein starkes Ich. Äußere Erscheinung, Beruf, Position, Name, Ruf usw. verleihen dem Menschen eine gewisse Erscheinung und eine entsprechende gesellschaftliche Macht, sie machen ihn unter Umständen zu einer gewichtigen Person. Dieses Erscheinungsbild besteht aber vor allem in den Augen der anderen, es ist eine nützliche und notwendige Schutzmaske, die mit einer wirklichen Identität des Menschen nicht allzuviel zu tun hat. Zwar verhilft eine starke Maske zur scheinbar großen Macht – die in der Tat vieles bewirken und sogar andere vernichten kann –, doch im Wesen bleibt diese Macht stets *Gewalt.* Der Preis, den eine solche »Persönlichkeit« zu zahlen hat, ist ein hinter der Maske zerbrochenes Ich – der zerbrochene Stab:

Um zum wahren Willen zu gelangen, muß man *wollen können,* und das will gelernt sein. Wenn Sie ein gestecktes Ziel krampfhaft erreichen wollen (z. B. »Ich will reich sein!«), werden Sie das Ziel nie erreichen, oder – was noch schlimmer ist – Sie erreichen es auf eine Art und Weise, die Sie später bitter bereuen werden. Möglicherweise

wählen Sie dabei Wege, die Sie aufs *Eis* führen, wo die Bewahrung des aufrechten Standes sehr schwerfällt.
Richtiges Wollen bedeutet das *Einswerden* mit dem Ziel, den Einklang mit den universalen Gesetzen, mit der Erde und mit Gottes Willen. »Um Gottes willen« können Sie beinahe jedes Ziel anpeilen, und wenn Sie die richtige *Einstellung* haben, werden Sie es genauso sicher erreichen, wie der Zen-Bogenschütze mit verbundenen Augen die Zielscheibe trifft. Immer vorausgesetzt natürlich, daß Ihr Ziel Gott gefällt! Wenn Sie also reich werden wollen, so lautet die Zauberformel: »Ich *bin* reich!« Sie werden auf jeden Fall reich: Vielleicht an Dollars (IS = $), vielleicht aber auch an Lebenserfahrung und Weisheit – was wesentlich besser ist.
Das Geheimnis des Willens besteht in der Erkenntnis und der Erfahrung der Tatsache, daß das Ich (I) von oben gesehen ein Punkt, also ein Nichts (.) ist. Dann sind Ich und Kosmos eins, und der Mensch kann kraft seines Willens den Sturm stillen.

**Der Kommentar**

»Brandungsrunen brauche, wenn du bergen willst
auf der Fahrt das Flutenroß!
Man brennt sie auf den Steven und auf des Steuers Blatt
und ritzt auf die Ruder sie.
Nicht ist so schwer die Brandung noch so schwarz die Woge:
zum Hafen kommst du heil.«

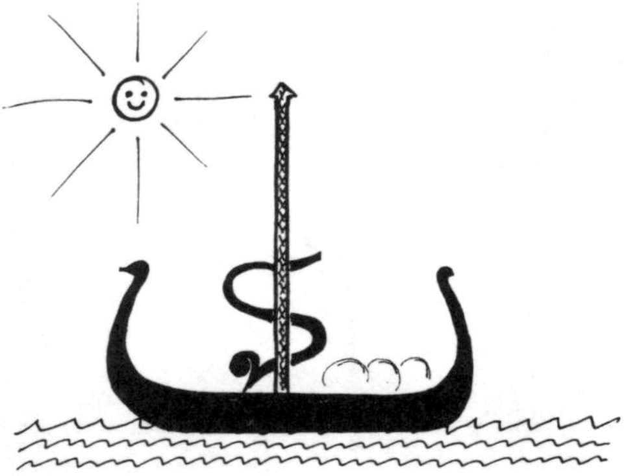

Nimmt man der Not den Stachel, der NOT-Rune den schrägen Balgstrich, entsteht IS. Aus Nicht, N-icht wird Ich, aus Nein, N-ein wird

Eins. Ich, Eins, Eis, Eisen, Ist, Isa sind IS-Wörter, wir wollen sie im folgenden etwas näher untersuchen.
IS ist die neunte Rune. Die Neun ist (neben der Drei) eine höchst magische Zahl in der germanischen Götterlehre, die neun Welten, die neun Nächte Odins am Weltenbaum, die neun Hauptlieder usw. sind Beispiele hierfür. Die Neun ist die potenzierte Drei ($3 \times 3 = 9$), der Wille (IS) ist potenzierte Kraft (DORN). Auch der Zusammenhang der dritten, sechsten und neunten Rune zeigt dasselbe: Kraft (DORN) und Potenz (KAN) ergeben den Willen (IS). Das Zeichen der IS-Rune ist die Eins: I. So gilt für die neunte Rune IS das Hexen-Einmaleins aus Goethes Faust:

»So ist's vollbracht,
Und *Neun ist Eins,*
Und Zehn ist keins.
Das ist das Hexen-Einmal-Eins.«

Die neunte Rune schließt die erste Hälfte der 18 Runen ab. Neben dem bereits erwähnten harmonischen Zusammenhang in der Runen-Reihe ($3 \times 6$ bzw. $6 \times 3$) erhalten wir durch $2 \times 9$ bzw. $9 \times 2$ einen weiteren.
Ich-Bewußtsein (oder Selbstbewußtsein) ist das Bewußtsein der Tatsache, daß *ein Ich ist,* existiert, und der Mensch erfährt es als »Ich bin«. »Ich denke, also bin ich« ist allerdings nur eine einseitige, verstandesmäßige Bestätigung des Selbstbewußtseins, »Ich will, also bin ich« hat ebensogut seine Gültigkeit. *Wille* und *Ich-Bewußtsein* sind *eins* in IS. In der deutschen Götter-Dreiheit Wodan, Wili und We (nordisch Odin, Hönir und Lodur) verkörpert *Wili* den bewußten Willen und Sinn, Odin die Seele und Lodur den Leib. Der Mensch ist willig, doch schwach das Fleisch – bis eine Synthese von Leib und Geist im Herzen erreicht werden kann. Da die IS-Rune den aufrecht stehenden Menschen darstellt, zeigt sie uns die körperliche Entsprechung der dreieinigen Gottheit:

I
......... Geist, Kopf, Wili
......... Seele, Herz, Wodan
......... Körper, Unterleib, We

Das Ich trennt zunächst den Menschen von der Welt. Er erlebt sich als Individuum, als unteilbare Ein-heit mit sich selbst und getrennt von den anderen und der Erde. Aus solcher *Einstellung* entspringt je-

doch ein falsch verstandener Wille, ein egoistisches, krampfhaftes Wollen, das nicht allzuweit führen kann.
Schopenhauers Wort von der »Welt als Wille und Vorstellung« müssen wir in »Wille und Einstellung« abwandeln, wenn wir uns dem Willen nähern wollen, der Berge zu versetzen vermag. Einstellung bewirkt mehr als Vorstellung, denn durch sie kommt der Mensch in *Einklang* mit der Erde und wird zum Mitschöpfer. Beginnen Sie Ihre Körperübungen mit der IS-Rune. Die körperliche Einstellung der Rune ist der aufrechte *Stillstand,* sie geht parallel mit der richtigen geistigen Einstellung zum Willen. Das bewußte Ich steht wie der Körper *aufrecht* und *stillt* den Sturm auf dem Meer des Unbewußten. Das Schiff im Zauberlied ist ein Bild des bewußten Ichs, das oft im Meer des Unbewußten (z. B. in kollektiven Wahnvorstellungen) unterzugehen droht. Die richtige Einstellung beschützt das Ich vor solchen Gefahren, besänftigt den Sturm, glättet die Wogen der See und eröffnet den Zugang zum wahren Willen. Dies kann in der Körperübung durch die gleichzeitige Intonation der IS-Rune erreicht werden. Zum *Stillstand* kommt der *Einklang* mit der Erde, mit der Welt, mit dem All, und der Mensch erlebt in seinem All-ein-sein die Einheit des Alls und nimmt am göttlichen Willen teil.
»Dein Wille geschehe!« – Die Lehren des Jesus Christus beinhalten eine perfekte Anleitung zur Entwicklung des wahren Willens in Liebe – man müßte sie halt befolgen! Dies ist der Christenheit keineswegs gelungen, das heutige Christentum hat mit dem ursprünglichen Anliegen Christi nichts zu schaffen. Zweifellos brachte die christliche Lehre die Menschheit in der Ich-Entwicklung ein sehr großes Stück voran. Jesus Christus ist eine Ich-Gottheit, dies steht sogar in seinem Namen geschrieben: I-esus CH-ristus.
Er war jedoch keineswegs ein Egoist. Doch gerade der Egoismus hat sich in seiner Nachfolge ausgebreitet, die heutige Christenheit pocht auf ein falsch verstandenes Ich-Bewußtsein, nennt sich stolz christlich und ist durch und durch egoistisch eingestellt. Man hat die eine Hälfte von Christi Lehre verstanden und ein starkes Ich entwickelt, aber leider den zweiten Teil, nämlich die anschließende Ich-Aufgabe (»Dein Wille . . .«), vollständig übersehen.

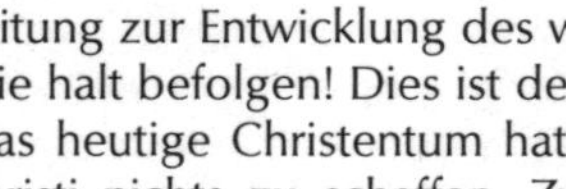
Herr Jesus Christus

Im FUDARK finden wir drei Runen, die in enger Beziehung zu Jesus Christus stehen. Die Rune FA bedeutet Freyr, Fro, Herr, sie steht für den besonders beim Volk beliebten Namen »Herr«*. In »Herr Jesus«

* vergleiche Fronleichnam = Leichnam des Herren

lebt der keltische Hirschgott weiter, im Gegensatz zur Kirche erkannte das Volk den Christengott auch als Fruchtbarkeitsgott (ebenso Maria als Fruchtbarkeitsgöttin). Die HAGAL-Rune (bzw. die Rune CHR – Näheres siehe bei der HAGAL-Rune) ist der gekreuzigte Christus, der den gehängten Odin verdrängt hatte. Hier interessiert uns besonders die IS-Rune, sie steht für den Namen Jesus.

Jesus, Iesus, arabisch Isa, das Monogramm IHS sind Abwandlungen der IS-Rune. Jesus beherrscht die Magie der IS-Rune, er kann, wie im Zauberlied beschrieben, den Sturm stillen:

»Und er trat in das Schiff, und seine Jünger folgten ihm. Und siehe, da erhob sich ein großes Ungestüm im Meer, also daß auch das Schifflein mit Wellen bedeckt ward; und er schlief. Und die Jünger traten zu ihm und weckten ihn auf und sprachen: Herr, hilf uns, wir verderben! Da sagt er zu ihnen: Ihr Kleingläubigen, warum seid ihr so furchtsam? Und stand auf und bedrohte den Wind und das Meer; da ward es ganz stille.« (Matthäus 8.23–26) Die Beherrschung von Naturgewalten setzt einen Willen voraus, der im Einklang mit dem Willen der Erde und Gottes Willen steht. Um dies zu erreichen, muß das kleine persönliche Ich aufgegeben und eine harmonische Einstellung zur Erde, zum All gefunden werden.

Will man z.B. ein Haus bauen, so muß man auf die richtige Einstellung der waagrechten und senkrechten Richtung achten. Dazu stehen die natürlichen Hilfsmittel Wasserwaage und Lot (Senkblei) zur Verfügung. Der aufrechte Mensch steht senkrecht zur waagerechten Erdoberfläche, er ist ausgelotet, seine verlängerte Körperachse richtet sich nach dem Zenit und dem Mittelpunkt der Erde. Körperachse und Erdoberfläche bilden ein Kreuz, wenn man den gerade stehenden Menschen von der Seite betrachtet. Ist man sich der Verbindung mit Himmelshöhe und Erdmittelpunkt bewußt, so steht man im Einklang mit Himmel und Erde, und der Mensch lebt in der Einheit mit dem All – sein Wille ist Gottes Wille. Bildet man sich jedoch ein, daß man als von der Erde völlig abgetrennte Einheit frei herumlaufen sowie tun und lassen kann, was einem gerade paßt, so führt man ein einsames und egoistisches Leben.

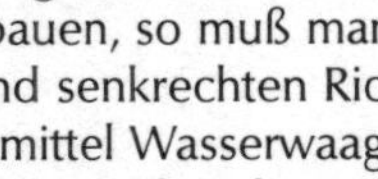

Betrachtet man den aufrecht stehenden Menschen aus der kosmischen Perspektive von oben, so entpuppt sich sein stolzes Ich sehr schnell als ein Nichts: Der Mensch wird zu einem unbedeutenden Punkt inmitten des großen Kreises der Erdoberfläche. Kreuz und Kreis sind Symbole von Jesus Christus und jedes Sonnen-Menschen.

Zuerst muß das Ich entwickelt und erlebt werden (IS), dann das Kreuz der Erde, die Verantwortung für die Erde von diesem Ich getragen werden, um schließlich in einem kosmischen Sonnen-Bewußtsein das kleine Ich aufzugeben und im Einklang mit dem großen All zu leben. In diesem Stadium ist das Stillen von Stürmen kein Problem.
Noch etwas muß bei der richtigen Einstellung zur Erde berücksichtigt werden. Die vollkommene Übereinstimmung der Körperachse mit der Erdachse ist nur am Nordpol* möglich, und dort kann kein Mensch leben. Deshalb muß die Erdachse als Körperachse vom Menschen am jeweiligen Standort *verinnerlicht* werden. Im Körper wird der Kopf (Scheitel-Chakra) zum Nordpol, der sich am Polarstern ausrichtet, und der Unterleib (Basis-Chakra) zum Erdmittelpunkt. Wie auch in der germanischen Weltvorstellung ist der Norden (Kopf) kalt und eine Welt des Eises, der Süden (Unterleib) hingegen ist das Reich des Feuers. Man erkennt, daß die Redewendung »kühler Kopf und warme Füße« seine Berechtigung hat und für den Menschen eine Naturgegebenheit ist.

Irminsul

Die IS-Rune ist der Stamm des Weltenbaumes. Wir haben bereits verschiedene heilige Bäume kennengelernt, so die Eibe, die Birke und die Esche, zuletzt galt die Esche als Symbol des Weltenbaumes Yggdrasil. Auch die Irminsul stellt den Weltenbaum dar – sie war eine Art Totempfahl der Germanen und galt als Heiligtum. Der christliche Mönch Rudolf von Fulda berichtet darüber: »Einen in die Höhe gerichteten Strunk von nicht geringer Größe verehrten sie im Freien und nannten ihn in ihrer Sprache Irminsul: eine allgemeine Säule, die alles trägt.« Die Irminsul ist also eine aufrechte, heilige Säule, eine IS-Rune.**
Die *Aufrichtigkeit* war eine der Tugenden der germanischen Völker, eine Eigenschaft, die dem Römer Tacitus ungewohnt vorkam und ihm Bewunderung abverlangte. Jede Rune ist ebenfalls aufrecht und

* Selbstverständlich kann man für den Südpol ähnliche Überlegungen anstellen, doch wir befassen uns hier mit der nordisch-germanischen Tradition.
** Die Irminsul, die Irmin-, Arman-, Herman-Säule hat im Hermannsdenkmal im Teutoburger Wald einen späten Nachklang gefunden.

meidet jegliche waagerechte Komponente. Aufrecht ist zweifellos männlich, wogegen die Waagerechte die Erdoberfläche, die Mutter Erde, das Weibliche symbolisiert. Man könnte nun meinen, daß die Germanen als große männliche »Macher« ihre Frauen und das weibliche Geschlecht unterdrückt haben, doch dem war nicht so. Die Beziehung der Geschlechter zueinander scheint in der alten Zeit ausgezeichnet funktioniert zu haben und dürfte aus heutiger Sicht geradezu als beispielhaft gelten. Lassen wir wiederum Tacitus zu Wort kommen:

»Ja, die Germanen meinen sogar, den Frauen sei eine gewisse Heiligkeit und eine seherische Gabe eigen, und so verschmähen sie weder ihren Rat, noch verachten sie den erteilten Bescheid. Wir haben unter dem göttlichen Vespasian die Veleda gesehen, die lange Zeit bei nicht wenigen Germanen als göttliches Wesen anerkannt war; aber auch schon in alter Zeit haben sie die Albruna und mehrere andere verehrt, nicht in kriecherischer Unterwürfigkeit und nicht in der Meinung, sie machten sie erst zu Göttinen.«

Die erwähnte Albruna ist nichts anderes als die Allruna, Alraune, der HAGAL-Kristall, das Höchste. Ja, was will man mehr! Dieser Bericht des Tacitus dürfte selbst die Herzen der heutigen Frauenrechtlerinnen höher schlagen lassen. Wie kommt es aber, daß die weiblich-waagerechte Richtung bei dieser Hochachtung nicht zum Vorschein kommt?

Der Gegensatz zu »aufrecht« ist »geheimnisvoll« (liegend, ergo nicht so leicht einzusehen). Mit anderen Worten: das Weibliche ist stets gleichberechtigt da, man muß es nur suchen, um es zu finden. In den Schlachten wurden die Frauen von der blutigen Handlung ferngehalten, auch wenn sie am Waldrand standen, um mit entblößten Brüsten ihre Männer zum Kampf zu »motivieren«. Die Frau war unverletzlich, heilig und geheimnisvoll; eine heute für uns kaum nachvollziehbare »Arbeitsteilung« zwischen den Geschlechtern scheint noch im Mittelalter bestanden zu haben. Bei der Irminsul erkennt man die weiblich-waagerechte Richtung in den Ästen des Baumes noch recht deutlich. Der astrologisch bewanderte Leser erkennt in der Irminsul mit Leichtigkeit die Synthese zwischen den Tierkreiszeichen Widder und Waage und damit zwischen Mars und Venus, dem männlichen und weiblichen Prinzip.

Im Jahre 772 hat der Franke Karl der Große als Auftakt zu seinem blutigen Sachsenkrieg mit der gewaltsamen Sachsenbekehrung zum Christentum eine Irminsul gefällt. Schon vor ihm tat Bonifacius (Winfried) ähnliches, als er eine Donar-Eiche (Baum des Thor) fällte. Solche Bilderstürmerei diente der Überführung des senkrechten germanischen Pfahles in die römische Horizontale. Das Kreuz sollte von nun an die Synthese der zwei Richtungen zeigen. Was die Schrift betrifft, ist die Synthese gelungen, wir verwenden die lateinische Schrift mit ihren Kreuzen. Was jedoch die Behandlung des »horizontalen« weiblichen Geschlechts angeht, war die Christianisierung ein eindeutiger Rückschritt. Von nun an wurden die Frauen erbarmungslos unterdrückt und hin und wieder verbrannt. »Satan, Weib ist dein Name.«

In den Runen sucht man die Horizontale umsonst. Sie ist für die Germanen so selbstverständlich (und verehrungswürdig), daß man sie gar nicht zu ziehen braucht – sie ist immer vorhanden. Die Frau ist heilig und geheimnisvoll zugleich. Die IS-Rune ist gleichzeitig ein Kreuz, HAGAL zugleich ein Achtstern – die Bemühungen des seligen Bonifacius waren im Grunde umsonst.

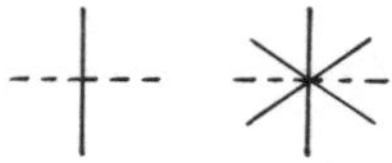

Wenn man etwas *umlegt,* tötet man es – der Tod legt uns alle um. Bonifacius legte den germanischen Baum um, der Soldat legt den Feind um und der Jäger seine Beute. Manche Männer betrachten den Liebesakt als Jagd und erzählen stolz, wieviel Frauen sie schon »umgelegt« haben. Dabei übersehen sie, daß bei diesem Vorgang in Wahrheit die liegende Frau den aufrechten Phallus umlegt.

Um zum Weiblichen zu gelangen, braucht man die männliche IS-Rune keineswegs umzulegen, denn sie enthält bereits auch das Weibliche und ist eigentlich wie das Kreuz zweigeschlechtlich. Eine Bedeutung der IS-Rune ist *Eis,* und in Runenbüchern liest man, daß sie einen Eiszapfen darstellen soll. Doch in der Natur begegnet uns das Eis auch waagerecht, zum Beispiel als gefrorene Wasserfläche. Jesus, Isa, Isis sind über den Kampf der Geschlechter erhaben. Wenn der Sturm auf See gestillt ist, steht das Schiff still, und das horizontale Wasser trägt friedlich den aufrechten Mast. IS-Jesus war auch ein Zauberer der Waagerechten, deshalb konnte er auf dem Wasser wandeln. Auf Eis können wir es auch.

> »Mann und Weib, und Weib und Mann
> reichen an die Gottheit an.« (Zauberflöte)

Christus ist Gottessohn, in Jesus wird er Menschensohn. Die irdische Nachbildung der Weltesche ist die Irminsul, die göttliche Ordnung des HAGAL-Kristalls kann der aufrechte Mensch durch IS als bewußten Willen erleben. Wie auch die HAGAL-Rune ist IS gegen Wende und Sturz unempfindlich. Die Vereinigung der männlichen und

weiblichen Seiten (Problem der Wenderunen) haben wir soeben besprochen. Darüber hinaus löst aber IS auch das Problem der Sturzrunen: die Vereinigung der unteren und oberen, dunklen und hellen, bösen und guten Mächte und Bereiche.
IS ist I und S, Ich im Licht und Schlange im Schatten. IS ist Jesus, und der Widersacher ist stets dabei. Die sich an der Säule emporschlängelnde Schlange ist ein mächtiges Symbol, wir finden es als Dollar-Zeichen, Ärzte-Stab (Äskulapstab) oder als die erhöhte und gekreuzigte Schlange der christlichen Symbolik. Weiterhin als Kundalini-Schlange, die an der Wirbelsäule entlang nach oben strebt und Bewußtsein erlangen will. »Der Herr sprach zu ihm: Was ist's, was du in deiner Hand hast? Er sprach: Ein Stab. Er sprach: Wirf ihn von dir auf die Erde. Und er warf ihn von sich; da ward er zur Schlange, und Mose floh vor ihr.« Auch der wandelbare Stab des Moses* ist I und S in einem; Ich und Schlange sind eins in IS.

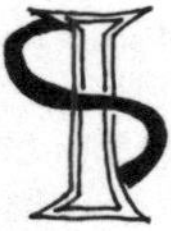

* Den Schlangen-Stab des Moses findet man wieder im Krummstab der Bischöfe.

# 10. Die Rune AR

## Der Adler

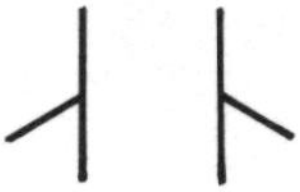

### Das Urteil

»Ein zehntes kann ich, seh ich Zauberinnen
in der Höhe hinfliegen:
das gelingt mir, daß sie ledig fliehen
ihrer Hüllen heim,
ihrer Hexenkraft heim.«

Weibliche Magie erkundet die Zukunft, deren Kenntnis ein harmonisches Mitschwingen mit dem Schicksal ermöglicht. Männlicher Zauber hingegen greift aktiv in den Schicksalsablauf ein und wird so zur Schicksalsgestaltung. Natürlich können beide Künste sowohl von Frauen als auch von Männern ausgeübt werden.
Die AR-Rune bedeutet den zweiten Weg. Sie sollten in das Geschehen *eingreifen,* etwas unternehmen, einen *Schritt* tun, wie dies durch die Körperstellung der AR-Rune angedeutet wird (siehe Anhang). Die Lage verlangt mehr als nur ein Mitschwingen mit den Gegebenheiten, durch den aktiven Eingriff können und sollten Sie jetzt Ihr Schicksal *mitgestalten.*
Vergegenwärtigen Sie sich das Leben eines Adlers. Er lebt in der Höhe und zieht seine majestätischen Kreise hoch in der Luft. Von dort oben hat der Adler einen viel größeren Überblick als die Bewohner der Ebene. Er überblickt und erkennt Zusammenhänge, die diese noch nicht einmal ahnen. So sieht er zum Beispiel zwei Autos unaufhaltsam aufeinander zurasen, während die Fahrer noch nichtsahnend den herrlichen Sonnenuntergang genießen. Der Adler interessiert sich jedoch mehr für Hasen als für Autos. Im gegebenen Augenblick lenkt er ein, setzt den Sturzflug an, erreicht in Sekunden die Ebene, *greift ein* und fliegt davon. Der Lauf der Dinge hat schlagartig eine andere Wendung genommen, und der Adler war für einen Moment das Schicksal selbst. Mit jedem Schritt, den Sie bewußt tun, sind Sie es.
Wenn das Eingreifen nicht als Katastrophe enden soll, müssen Sie sich allerdings den richtigen Überblick verschaffen. Objektive Sicht ist nur aus der Entfernung möglich. Versuchen Sie sich geistig zu entfernen, und betrachten Sie die Lage von »oben«. Wenn es nötig sein sollte, machen Sie eine Bergwanderung, und überdenken Sie dabei die Sache noch einmal. Vielleicht sehen Sie sogar einen Adler!

Auf diese Weise vorbereitet, wird Ihr Unterfangen vom Erfolg begleitet sein. Sie könnten aber immer noch Schaden anrichten, zerstören, etwas zu Tode treten. Wenn Sie solches vermeiden wollen, müssen Sie noch Ihr Herz befragen, denn die AR-Rune ist eine Rune des *Herzens.* Eine *edle* (AR) Tat bringt Sie in der gegenwärtigen Situation wesentlich weiter als ein noch so großer Erfolg, der jedoch nicht die Zustimmung des Herzens findet. Es ist möglich, daß die AR-Rune Sie auf etwas hinweisen will, das *Verzicht* bedeutet – auch das ist Aktion. Auf jeden Fall müssen Sie *opferbereit* sein. Es handelt sich dabei nicht um Spenden, weder um materielle noch leibliche Opfer, sondern um Herzens- und *Liebesopfer.* Schenken Sie Liebe und ein Stück Ihres Herzens – nun aber greifen Sie erbarmungslos ein!

**Der Kommentar**

»Du mußt verstehn!
Aus Eins mach Zehn.« (Goethe: Faust)

Mit der zehnten Rune AR beginnt die zweite Abteilung der 18 Wikinger-Runen. Die zwei Hälften von je 9 Runen zeigen weitere Zusammenhänge in der strukturellen Ordnung des FUDARK. Zunächst stehen die benachbarten Runen paarweise miteinander in Beziehung, das ergibt neun Paare:

FA-UR, DORN-AS, RIT-KAN, HAGAL-NOT, IS-AR, SIG-TYR, BAR-LAF, MAN-YR und EH-ODIL.

Die entsprechenden Zauberlieder sind – als Paare zu Doppelliedern zusammengesetzt – die neun Hauptlieder Odins, die er durch sein Hängeopfer erhielt (»Neun Hauptlieder lernt ich ...«). Der Zusammenhang der jeweils zu einem Hauptlied zusammengesetzten zwei Lieder ist zum Teil unmittelbar, zum Teil allerdings nur schwer einsehbar.
Wichtiger noch ist die andere Beziehung, die dann ersichtlich wird, wenn man die zwei Abteilungen von je neun Runen untereinanderschreibt:

| | | | | | | | | |
|---|---|---|---|---|---|---|---|---|
| FA | UR | DORN | AS | RIT | KAN | HAGAL | NOT | IS |
| AR | SIG | TYR | BAR | LAF | MAN | YR | EH | ODIL |

Diese Anordnung beruht auf dem Zusammenhang der Runen-Zahlen: Reduziert man die zweistelligen Zahlen auf ihre Quersummen

(10 = 1 + 0 = 1, 11 = 1 + 1 = 2 usw.), so stehen hier jeweils die Runen mit derselben Zahl untereinander. Der Vergleich der Zauberlieder ist auch in dieser Zusammenstellung lohnenswert. Die einzelnen Runenpaare stellen jeweils zwei sich ergänzende Gegensätze einer Einheit, und diese Einheiten die neun Aspekte einer Neuner-Ordnung (»Neun Welten«) dar.
So ist zum Beispiel im ersten und im zehnten Zauberlied von Frauen die Rede, von einer Königin und von Zauberinnen, zu denen der Sänger (der Ase Odin) in Konkurrenz tritt. FA-AR ist der Vater Adler, mit der zehnten Rune AR ergreift er nun endgültig die Macht.

»Was fliegt da?
Was flitzt da
und eilt leicht durch die Luft?«

*Aar* ist der Adler, er (AR) fliegt da, er (AR) flitzt da und eilt leicht durch die Luft. Der Adler (isländisch Arn, Orn) ist bis heute das Wappentier der Deutschen und ebenso anderer Völker. Der König der Vögel gehört zu Odin, dessen einer Name Adlerhaupt lautet. In Adlergestalt raubte Odin den Skaldenmet, wobei er vom Riesen Suttung ebenfalls in Adlergestalt verfolgt wurde. Die Skalden, die alles gern umschrieben hatten (Kenninge), nannten den Adler »Vogel des Blutes«.
AR ist aber auch Har,* der Hohe, ebenfalls ein Beiname Odins. So ergibt die Kombination der zehnten und ersten Rune, AR-FA, den Hohen Vater, den Allvater, aber auch Arfa, Harfa, Harfe, das Musikinstrument der *Sonne*. Andererseits ist der Adler ein Sonnen-Vogel, genauso wie AR und OR Wurzelsilben des Sonnenmetalls *Gold* sind. Diese Annäherungen werden auch aus der griechischen Mythologie bestätigt. Der Sonnengott Apollo besitzt die Leier, und des nicht minder sonnenhaften Zeus Vogel ist der Adler.
Mit Zeus, Apollo und den Olympischen Göttern übernahmen bei den Griechen die Männer die Macht und verdrängten im Himmel (auf dem Olymp) wie auf Erden die weiblich-matriarchale Kultur. Genauso geschah es im germanischen Bereich, wo die männlich-kriegerischen Völker der *Arier* die ursprüngliche, weiblich-friedliche Ordnung in den Schatten gestellt hatten. Die AR-Rune ist das Zeichen für den vorerst endgültigen Sieg des Mannes, lange wird seine Macht – beurteilt nach den heutigen Verhältnissen – allerdings nicht mehr währen können.

* Zu AR = Har vergleiche auch die zwei Namen des AR-Mannes Arminius und Hermann.

Der Name Arier wurde im Dritten Reich verdorben. Das Sanskrit-Wort Arier bedeutet »Edler«. Es bezeichnet keineswegs die Nicht-Juden oder die Angehörigen der nordischen, »hochwertigen« Rasse, sondern schlicht und einfach die Indogermanen. Arier sind Edle, nicht weil sie besser als andere sind, sondern weil sie Edler-, Adler-, AR-Menschen, eben Arier sind. Als sie vor etwa 4000 Jahren als »wilde Axt-Leute« im Blutrausch der Besessenheit Europa überfielen, war ihr Benehmen alles andere als edel.
Die Runen in ihrer heutigen Form entstammen einer bereits arischen Periode. Wir haben jedoch gesehen, daß sie durchaus in entwicklungsbedingte Altersklassen eingeteilt werden können (S. 42), viele Runen entspringen älteren, vor-arischen Zeiten. In bezug auf die AR-Rune ergeben sich hieraus weitere wertvolle Anhaltspunkte.

| | Tyrs Geschlecht (Thule-Runen) | Freyrs Geschlecht | Odins Geschlecht |
|---|---|---|---|
| | Eibe | Birke | Esche |

Involution

Evolution

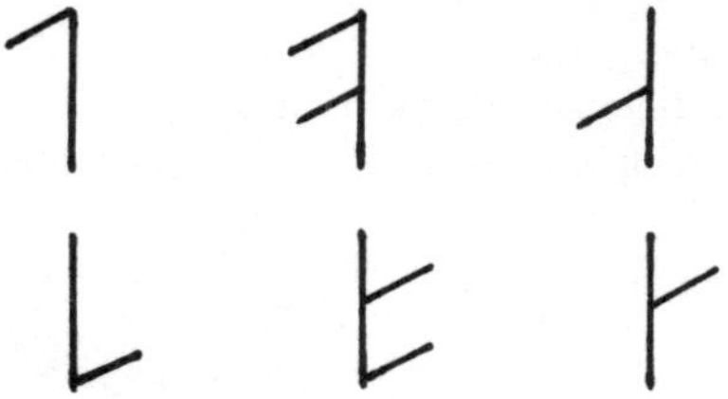

Die Tabelle von sechs Runen enthält in der ersten Zeile LAF, AS und AR (wobei AS = LAF + AR ist), diese sind Runen der Involution (Äste abwärts). Die zweite Zeile enthält die evolutionären (Äste nach oben) Runen LAF (gestürzt), FA und KAN, wobei FA = LAF + KAN ist. Spaltenweise entstammen die Runen verschiedenen Zeiten. LAF ist eine Thule-Rune aus Tyrs Geschlecht, aus einer Zeit, in der noch die Eibe als Weltenbaum galt. Sie gehört zu den ältesten Runen, die auf uralte atlantische Zeiten hinweisen. AS und FA in der zweiten Spalte sind Runen des Überganges zwischen Atlantern und Ariern, sie stehen für die Zeit der Übersiedlung der Atlanter nach Europa, für eine Zeit der mutterrechtlichen Zivilisation mit Hirschkönig Freyr und Birke als Weltenbaum. Die dritte Spalte schließlich enthält AR und KAN, zwei Runen aus Odins (Hagals) Geschlecht, aus der jüngeren Zeit der arischen Männerherrschaft mit Odin und Weltesche. Demnach haben wir in AR eine der jüngsten Runen vor uns, die eine involutionäre Aufgabe zu erfüllen hat.

Als die Atlanter nach Europa kamen, fanden sie hier gemessen an der eigenen Kultur lediglich »Entwicklungsland« vor. Ihre lange Wanderung, die nach Osten begann, ist weder räumlich noch zeitlich eindeutig faßbar, vielmehr erstreckte sie sich über Tausende von Jahren und verlief kreuz und quer durch Eurasien. Die immer wieder aufgekommenen Völkerwanderungen waren Teilstrecken dieses langen Marsches, und wer weiß, ob die große Wanderung heute bereits abgeschlossen ist. Natürlich wanderten da nicht nur die atlantischen Flüchtlinge. Wie denn auch, da sie nach kurzer Zeit alle tot waren. Doch sie befruchteten die europäische Urbevölkerung, die sie als Halbgötter ansahen, und setzten eine langfristige Entwicklung in Gang.

Die Entwicklung verlief überall den Verhältnissen entsprechend anders. In Europa, insbesondere im Nordwesten, wurde – wohl wegen der geographischen Nähe – das meiste von der atlantischen Tradition bewahrt. Und diese war eine mutterrechtlich ausgerichtete Kultur, wie sie in der Götterlehre durch die Wanen zum Vorschein kommt. Die Asen hingegen sind laut Snorri, des Verfassers der Prosa-Edda, Halbgötter aus Asien und vor allem Götter unter männlicher Führung. Die Leute, die die Asen als ihre Götter mitgebracht hatten, kamen aus dem Osten und waren männlich organisierte Kriegsvölker. Sie nannten sich Arier. Zweifellos hatten die bis nach Asien vorgestoßenen Atlanter dort eine andere Entwicklung in die Wege geleitet, und nun kamen ihre Völker als Arier in den Westen zurück.

Man sieht also, daß sich im Zuge dieser langen Wanderungen alle Völker und Rassen hoffnungslos miteinander vermischten. Darum ist die Verwendung des Namens Arier selbst als Bezeichnung für eine indogermanische Rasse ziemlich sinnlos. Im Sinne der AR-Rune bedeutet Arier das Hervortreten der männlich orientierten Adler-Menschen mit ihren männlichen Göttern und Weltvorstellungen, einen geschichtlichen Vorgang also, der bei vielen Völkern und Rassen etwa zur gleichen Zeit stattfand. Wann?

Die beste Möglichkeit, um lange Zeitperioden der Geschichte zu erfassen, bietet die Astrologie. Ein Weltenjahr von ca. 26 000 Jahren läßt sich mit Hilfe der Tierkreiszeichen in zwölf Zeiträume von je etwas über 2000 Jahre einteilen, und die astrologische Symbolik ermöglicht eine Charakterisierung dieser Perioden.

Auf die Zeit-Tabelle (Seite 145 oben) können wir hier leider nicht näher eingehen.* Sie zeigt den Untergang von Atlantis vor etwa

* Eine ausführliche Behandlung des Weltenjahres finden Sie in meinem Buch »Astrologie der Wandlung«, Hugendubel, München 1985

| | | |
|---|---|---|
| −10 000 bis −8000 | Löwe-Zeit | |
| −8000 | . . . . . . . . . . . . . . . . . . | Untergang von Atlantis |
| −8000 bis −6000 | Krebs-Zeit | |
| −6000 bis −4000 | Zwillinge-Zeit | |
| −4000 bis −2000 | Stier-Zeit (Venus) | |
| −2000 | . . . . . . . . . . . . . . . . . . . . . | Auftreten der Arier |
| −2000 bis 0 | Widder-Zeit (Mars) | |
| 0 bis 2000 | Fische-Zeit | |
| 2000 | . . . . . . . . . . . . . . . . . . . . . . . . . . . . | Heute |
| 2000 bis 4000 | Wassermann-Zeit | |

10 000 Jahren und dann um 2000 vor Christus das Erscheinen der Arier. Die durch Venus bestimmte weibliche Stier-Zeit ging zu Ende und mit dem aufkommenden Widder-Zeitalter kamen auch die Männer. *Aries* (Widder) – nicht die friedliche Kuh (Stier) – ist das Zeichen der *Arier*, und die neuen Götter waren wie *Ares* (Mars) Kriegsgötter. Sie kamen aus dem Osten und verursachten in ganz Europa großen Aufruhr. Daß aber diese arische Entwicklung nicht nur den Nicht-Juden vorbehalten war, beweist die Tatsache, daß zur selben Zeit *Abraham* seinen Bund mit dem jüdischen Vatergott abgeschlossen hatte.

→ Thule-Runen . . . . . . 10 000 Jahre alt . . . Mutter . . . Atlanter
→ Freyrs Runen . . . . . . . . . . . . . . . . . Übergang . . . . . . . . .
→ Odins Runen . . . . . . . 4000 Jahre alt . . . Vater . . . . Arier . .

Wikinger-Runen . . . . 1000 Jahre alt . . . . . . . . . . . .

Die Wikinger-Runen sind in ihrer hier behandelten Form etwa 1000 Jahre alt, ihr Wesen hingegen wurzelt in viel früheren Vorzeiten. So gehen die Thule-Runen in die atlantische Zeit der Mutter zurück, während z. B. die AR-Rune der »nur« 4000 Jahre alten arischen Vater-Zeit entstammt.
Im Mittelmeerraum führte die arische Eroberung zum eindeutigen Sieg der Männer, die weibliche Kultur wurde unterdrückt, ihre Spuren vernichtet. Im Norden Europas verlief die Entwicklung weitaus friedlicher. Hier trafen die eindringenden Arier auf mächtige Zauberinnen der Mutter, von einer solchen, Gullweig, heißt es in der Edda:

»Man hieß sie Heid, wo ins Haus sie kam,
das weise Weib, sie wußte Künste:
sie behexte Kluge, sie behexte Toren;
immer ehrten sie arge Frauen.«

Der Wasser-Magie der Wanen wußten die Adler-Schamanen den Blut-Zauber entgegenzuhalten. Der Asen-Wanen-Krieg entflammte, der jedoch nicht mit der Unterdrückung der Frau, sondern einem aufbauenden Ausgleich für beide Seiten endete. Hierbei konnten die konstruktiven Seiten der AR-Rune zur Entfaltung gelangen.
Während die evolutionären Runen die natürliche Entwicklung symbolisieren, bedeuten die Runen der Involution immer eine gewisse »Widernatürlichkeit«, ein Eingreifen in den Ablauf der Dinge. Geschieht dies durch Gewalt, so führt es zum Krieg, Mord und Totschlag – und Blut fließt in Mengen und Massen. Die positive Anwendung der involutionären Kraft bedeutet dagegen *Verzicht* und *Opfer.*

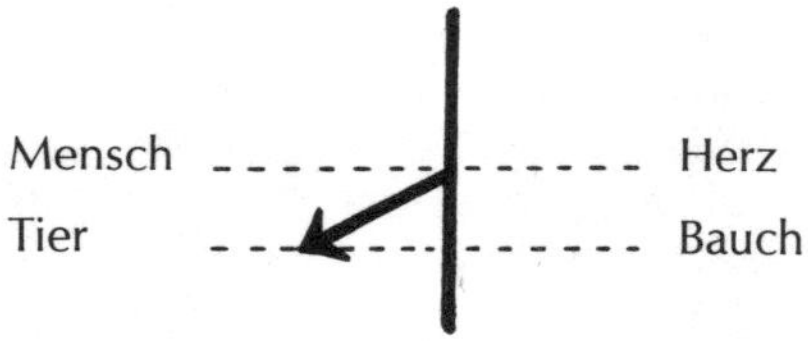


Die Involution führt nach unten, die Evolution nach oben. Im Rahmen der natürlichen Entwicklung werden wir erst dann vollwertige Menschen, wenn wir die Ebene des Herzens erreicht haben und ein Leben in Liebe zu führen vermögen. Dies ist heute noch lange nicht der Fall, vor allem als kollektive Wesen sind wir noch *Tier-Menschen,* die zum großen Teil aus ihren Bäuchen leben. In früheren Zeiten war das in einem noch viel größeren Maß der Fall. Im privaten Bereich fällt es schon etwas leichter, menschlich zu sein, als in der Masse, etwa nach dem Spruch: »Die Menschen sind ja einzeln ganz nett, doch die Leute sind scheußlich.«
Die AR-Rune wendet sich nun den unter-menschlichen Bereichen zu. Trifft der Mensch auf ein Tier, so kann er es töten und die Leiche in seinen Bauch stopfen. Zweifellos ist dies manchmal lebensnotwendig, doch beileibe nicht immer. Er kann sich auch des Tieres annehmen, vielleicht auch einmal auf seinen Appetit verzichten, womit dem Tier viel geholfen wäre. Erst recht gilt das für die innere Bestie in uns.
Und nicht nur die Tiere sind untermenschliche Wesen. Verfällt einmal der Mensch dem Größenwahn, so vermeint er in allen Wesen, die im Moment schwächer als er selbst erscheinen, solche zu erkennen. So werden aus Kindern, Frauen, Kranken, Juden, Fremden usw. vermeintliche »Untermenschen«, die dann entsprechend behandelt, nämlich schlicht aufgefressen werden.
Denken Sie daran, daß die Körperstellung der AR-Rune einen schrei-

tenden Menschen darstellt. Sie können mit Ihrem Fuß im Stechschritt alle »Wanzen« zertreten, Sie können aber auch in Liebe einen Schritt tun, auf all die Wesen zu, die Ihrer Hilfe bedürfen. Wenn Sie verzichten, opfern und helfen, sind Sie ein *Arier,* ansonsten ein Nicht-AR – ein *Narr.*

*Adel verpflichtet.* Dieser Leitsatz drückt das Anliegen der AR-Rune sehr treffend aus, denn AR ist die Rune des Adels. Der Adlige (isländisch Jarl, englisch Earl) ist ein Adler-Mensch, ein AR-Mensch, ein Edler, ein Arier – wenn er seine Rune wirklich erfüllt. Die heutige demokratische Welt belächelt und beneidet den Adel, weil sie dessen Wesen nicht mehr versteht. Der Adel – aus dem Stand der Krieger entstanden – hatte die Aufgabe, Land und Volk zu beschirmen und zu beschützen, sowie den Feind zu zertreten. Das Gleichgewicht zwischen Schirmen und Treten zu finden war freilich nie leicht. Die Annehmlichkeiten des adligen Lebens wurden durch die Verpflichtungen weit aufgewogen, so daß in Wahrheit kein Grund für den Neid vorhanden war. In Zeiten der Not hatte der Adel alles zu geben und mußte stets bereit sein, Gut, Leib und Leben zu opfern. Im tieferen Sinne der AR-Rune handelte es sich beim Adel um das Herzens-Opfer eines höher stehenden Individuums an das Volk, doch so selbstverständlich solche Einstellung früher war, ebensolche Empörung löst sie heute aus, da doch jetzt angeblich jeder die gleichen Rechte besitzt.
Nicht der sich in die Höhe erhebende Adler symbolisiert die AR-Rune – wie es manchmal behauptet wird –, sondern der nach unten stürzende. Er stürzt hinab, um sich entweder die Beute zu holen oder um seine Jungen zu beschützen. Das ist ein wahres Bild für das Wesen der AR-Rune.

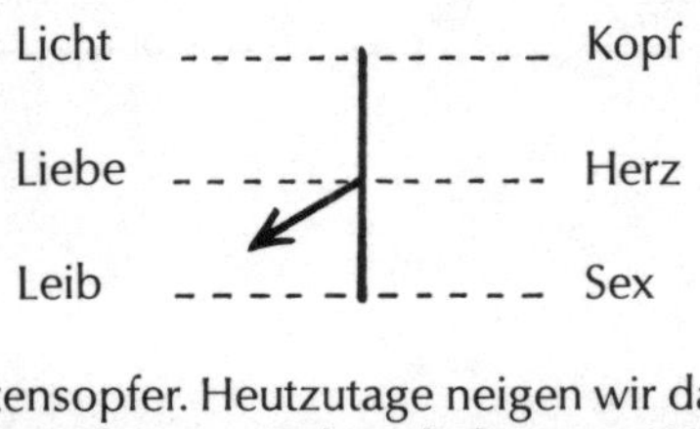


AR verlangt Herzensopfer. Heutzutage neigen wir dazu, alles in Geld auszudrücken. So opfert man jedes Jahr kurz vor Weihnachten einen Geldbetrag auf ein Konto, der dann notleidenden Menschen auf der anderen Seite der Erde zugute kommt. Das ist ja ganz gut, wenn es vom Herzen kommt, doch für AR nicht genug. Opfern Sie Liebe und tun Sie es beim Nächsten. Überall gibt es Wesen, die Ihre Hilfe benötigen und dankbar annehmen.

Liebe wohnt im Herzen und im Blut. Darum wird das Liebesopfer symbolisch als Herzverletzung und Blutsopfer dargestellt. Odin, der mit dem Speer in seiner Seite am Baum hängt, opfert sein Blut und erlangt dadurch die Sprachgewalt der Runen, die er seinen Kindern, den Menschen, zugute kommen läßt. Als Erzengel hätte er es nicht nötig, doch als involutionärer Geist betreut er die Menschen unter sich. Dasselbe tut Jesus Christus, der mit dem Speer in der Seite am römischen Holz freiwillig sein Leben aus Liebe zu den Menschen hingibt. Der Adler, der »Vogel des Blutes«, gehört zu Odin. Jesus Christus wird gern als Pelikan* gedacht, der mit seinem Schnabel seine Brust aufreißt, um mit dem eigenen Blut seine Jungen zu ernähren. Odin und Christus sind Götter der Arier.

Pellicanus si sagwine animare fetus claret.
Cur xpm puro ex sagwine virgo no. g. ysi.,
xij: ethymolorai

* Dabei sind die alten bildlichen Darstellungen des Pelikans genausowenig naturgetreu wie die mit ihm verbundene Fabel. Hier ist der Pelikan nur als symbolisches Fabeltier zu verstehen.

# 11. Die Rune SIG

## Der Sieg

### Das Urteil

»Ein elftes kann ich, wenn alte Freunde
ins Gefecht ich führen soll:
in die Schilde raun ich, und ruhmvoll ziehn sie
heil zum Handgemenge,
heil vom Handgemenge,
kehren heil wieder heim.«

Die SIG-Rune (mit Pfeil) ist das Zeichen für Hochspannung. Die Antwort des Orakels zeigt, daß Ihre Frage auf eine ebenfalls mit Hochspannung geladene Lage zielt. Der richtige Umgang mit der Hochspannung ist keine einfache Sache. Sieg und Niederlage liegen oft sehr dicht beieinander, und eine Kleinigkeit kann über den Ausgang entscheiden. Die Situation kann für Sie den strahlenden Sieg bedeuten, doch die Möglichkeit einer bitteren Niederlage dürfen Sie auch nicht aus den Augen verlieren.
Die SIG-Rune ist ein *Blitz,* der manchmal sogar aus heiterem Himmel einschlägt. Wenn der Blitz Sie trifft, ist es bereits zu spät, um noch irgend etwas zu unternehmen. Sie können aber vorher und noch beizeiten einen Blitzableiter installieren oder sich sonst auf einen möglichen Blitzschlag einstellen (»Eichen sollst du weichen, Buchen sollst du suchen!«). Das Orakel empfiehlt jedenfalls solches Vorgehen.

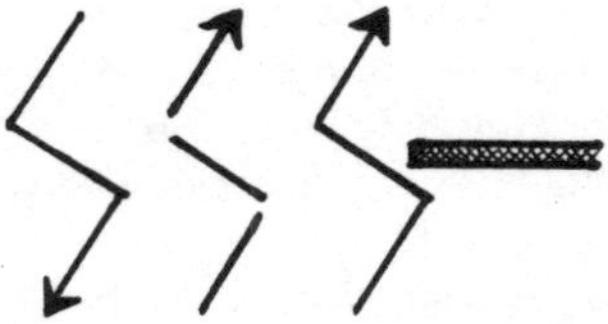

*Der Blitz, die gebrochene Lanze und die Kunst, ein Hindernis zu umgehen*

Dem Sieg ist es egal, ob Sie der Sieger oder der Verlierer sind. Sieger wird derjenige, der das seltsame Zickzackwesen der SIG-Rune versteht und zur Grundlage seines Verhaltens macht.
Starres Verhalten führt nicht zum Ziel. Und wenn Sie sich noch so stark fühlen – selbst der stärkste Speer kann vom Blitz in Stücke gerissen werden. Aufrichtigkeit darf unter den gegebenen Umständen

auf keinen Fall in Starrheit und Sturheit ausarten. Die SIG-Rune verlangt von Ihnen ein dialektisches Vorgehen, Elastizität ist gefragt. Stellen Sie sich vor, Ihre Wirbelsäule besteht aus Gummi – werden Sie listig wie die Schlange!
Das Sinnbild der zerbrochenen Lanze gibt zugleich den Hinweis auf das richtige Verhalten. Der Weg zum Sieg ist voller Hindernisse. Um diesen auszuweichen und nicht daran zu zerschellen, müssen Sie eine Zickzackfahrt unternehmen – fahren Sie *Slalom*. Wenn Sie wirklich stark sind, werden Ihr Gewissen und Ihre Aufrichtigkeit keineswegs darunter leiden. Im Gegenteil: Sie lernen, wie man auf dem Drachen reitet, und erblicken den Gral:

**Der Kommentar**

SOL – SIG – SAL

SOL, SIG und SAL – Sonne, Sieg und Heil – sind drei verschiedene Namen der SIG-Rune. Das Geheimnis der Sonne liegt irgendwo zwischen der zehnten und elften Rune – AR und SIG – verborgen, und es ist schwer, dieses Geheimnis zu lüften. Nach der Götterlehre hat der Wolf bei der Götterdämmerung die Sonne verschlungen, allerdings gebar sie vorher eine Tochter.
Sol heißt die personifizierte Sonne, sie ist eine Frau, während Mani, der Mond, ein Mann ist. Der Name SOL versinnbildlicht die Sonnenscheibe (O), doch SIG symbolisiert nur noch den *Sonnenstrahl* (I) und hat männlichen Charakter. Hier ist zweifellos eine Verschiebung zum Männlichen hin ersichtlich, wobei das weibliche Geschlecht der Sonne jedoch erhalten bleibt.
Die junge AR-Rune hat sich aus der gemeingermanischen JAHR-Rune durch Lautverschiebungen entwickelt. Der Laut »j« ging verloren, bzw. wurde von der IS-Rune (»i«) übernommen, AR mit dem Lautwert

»a« verblieb. Die Bedeutung von JAHR war Sonnenjahr, und dieser sonnenhafte Charakter der Rune ging ebenfalls auf AR (Adler, Sonne, Gold) über. Insgesamt haben wir eine Verschiebung von JAHR und SOL nach AR und SIG, vom Sonnenjahr zum Sieg des Adlers, von O nach I, vom Weiblichen zum Männlichen.
Weiterhin ging der Laut »o« von ODIL auf AS und »a« von AS auf AR über. Ohne Sie weiter verwirren zu wollen, möchte ich auf folgendes hinaus: Hier fand ein Götterwechsel statt, die göttlichen Vokale IAO wurden ein Stück vermännlicht. Diese Entwicklung ist die Folge des arischen Sieges und tritt in der zweiten Hälfte des FUDARK besonders hervor, wie wir dies noch bei der Behandlung der restlichen Runen sehen werden. AR eröffnet die zweite Abteilung der 18 Wikinger-Runen, mit SIG feiern die Arier ihren Sieg. Es ist jedoch beachtenswert, daß die Sonne dabei eine Frau blieb.

»Siegrunen lerne, willst du Sieg haben!
Auf den Schwertknauf schneide sie,
auf die Blutrinne und des Rückens Breite
und ruf zweimal zu Tyr!«

Rufen Sie laut »Tyr«, oder noch besser mit dem deutschen Namen »Ziu«, und Sie hören einen Speer oder einen Pfeil vorbeizischen. Die Triade der zehnten, elften und zwölften Rune – AR, SIG und TYR – besteht aus arischer Sicht aus Krieger-Runen, die zuletzt durch Adolf Hitler als Schlacht-Runen mißbraucht worden sind. Der verfälschte Arier wurde im Dritten Reich zum Nicht-Juden, und der kleine dunkle Diktator träumte von großen blonden und blauäugigen Menschen. Im Stechschritt (Körperstellung der AR-Rune) marschierten die neuen »Arier« vor der Tribüne des Führers vorbei, während dieser fieberhaft darüber nachsann, wie er in den Besitz des Gral-Speers (TYR-Rune – siehe dort) kommen könnte. Am meisten begeistert war Hitler jedoch von der SIG-Rune.

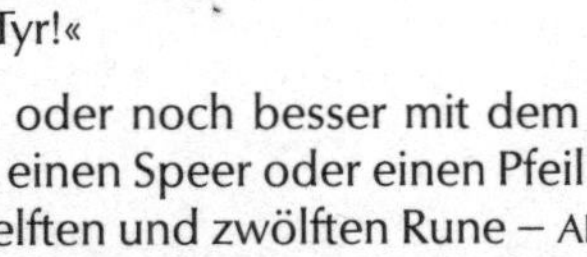

SIG und SAL – Sieg und Heil – ist ein alter germanischer Gruß. Sal, Salve, Salam, Salem, Selam, Schalom bedeuten Heil, Gesundheit, Frieden; der Sal-man, der Schamane, Salomon und Soliman sind Bezeichnungen für den Heiler und den Friedensstifter. Hitler machte die doppelte SIG-Rune zum Zeichen der SS. Dann sorgte er dafür,

daß aus dem Sieg Niederlage und aus dem Heil Unheil werden konnte.
Auch das Hakenkreuz kann als doppelte SIG-Rune angesehen werden. In diesem Sinne bedeutet es aber nicht mehr SIG oder den vom »Führer« ersehnten »Endsieg«, sondern SOL, das Sonnenrad. Noch besser kann das Wesen des Hakenkreuzes als GIBUR-Rune verstanden werden (siehe S. 214).
Mit dem Schlachtruf »Sieg – Heil« versuchte sich Adolf Hitler wie auch durch seine beschwörende Redensart als Schamane, er betrieb Sprachmagie und Wortbeschwörung – *Galdr* (Näheres über Galdr finden Sie bei der AS-Rune). Wenn Sie Runen intonieren, betreiben auch Sie Sprachmagie, mit SIG beschwören Sie den Sieg. Das Zauberlied zur SIG-Rune besingt solch eine Sieg-Beschwörung. Wenn der Zauber gelingt, werden die Degen und Recken in der Schlacht siegen (SIG) und heil (SAL) nach Hause zurückkehren. Die Beschwörung wird in den Schild (Schild = Sonne = SOL) geraunt, ein damals offensichtlich verbreiteter SOL-SIG-SAL-Zauber, wie er auch von Tacitus in seiner Germania beschrieben wird:
»Es gibt bei ihnen auch eine Art von Liedern, durch deren Vortrag, den sie als ›barditus‹ bezeichnen, sie den Mut (der Kämpfer) beleben und den Ausgang einer bevorstehenden Schlacht – lediglich nach dem Klang – deuten: sie verbreiten nämlich oder empfinden Schrecken, je nachdem wie der Gesang der Kämpfer ausfiel, und sie sehen in ihm weniger ein Zusammenklingen ihrer Stimmen als ihrer tapferen Herzen. Erstrebt wird vor allem Rauheit im Klang und ein stoßweise hervorgebrachtes dröhnendes Gebrüll. Sie halten dabei die Schilde nahe an den Mund, um die Stimme durch den Widerhall voller und dumpfer anschwellen zu lassen.«
Wo viel Licht ist, da ist auch viel Schatten. Die SOL-SIG-SAL-Rune besitzt sowohl eine helle als auch eine dunkle Seite, sie kann den heilenden Sieg der Sonne bedeuten und bewirken, aber auch die totale Zerstörung, wie es der Nationalsozialismus vorexerziert hat. Beim Umgang mit extrem gegensätzlichen Kräften führt allemal der harmonische Ausgleich am weitesten.
Der *Salvator* (Erlöser) ist dermaßen *sonnenhaft,* daß er sich vielleicht die absolute Abgrenzung zum *Schatten* (»Hebe dich weg von mir, *Satan*!«) ohne *Schaden* leisten kann. Was aber Jupiter kann, kann der Ochse noch lange nicht: Für die christliche Kirche war und ist es ein grober Fehler mit üblen Folgen, sich so stark von der dunklen Seite der SIG-Rune, von *Satan* und der *Schlange* zu distanzieren. Diese psychologisch falsche Einstellung schenkt ja den dunklen Mächten nur um so größere Macht. Mit der *Schlange* und den anderen *Schatten*-Mächten wird man nur fertig, wenn man sich mit ihnen abgibt, ohne dabei sich selbst aufzugeben.

Das heilige Tier des Druiden ist der Drache. Im Sinne der SAL-Rune ist der Druide wie der Schamane ein *Salman,* ein Heiler, der den Umgang mit dem *Salamander* beherrscht. Odin hat ebenfalls keine Schwierigkeit mit der Schlangenkraft. Als er den Skaldenmet raubt, verwandelt er sich in Schlangengestalt, um so durch die Wand zu kriechen und zu Gunnlöd, der Bewacherin des Zauber- und Dichtermets, zu gelangen. Unter den germanischen Göttern ist es Thor, der die Auseinandersetzung mit der Schlange zur Aufgabe hat, in der Götterdämmerung vernichten sich Thor und die Midgardschlange gegenseitig.

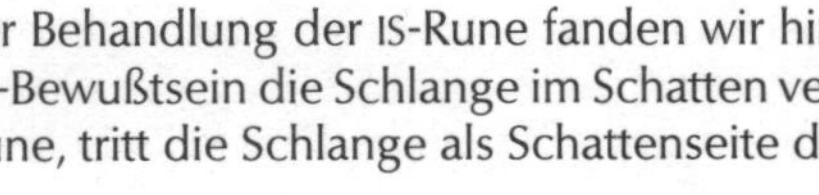

Schlange + Ich = Ritter Sigurd

Bereits bei der Behandlung der IS-Rune fanden wir hinter dem sonnenhaften Ich-Bewußtsein die Schlange im Schatten verborgen. Hier, bei der SIG-Rune, tritt die Schlange als Schattenseite der siegreichen

Sonne deutlich hervor. Neben Salman, Salvator und Sultan (Herrscher), den hellen Verkörperungen der Rune, stehen gleichberechtigt die dunklen Gestalten Schlange, Drache, Salamander, Satan und Schaitan. SIG und IS ergeben zusammen RIT. IS ist das aufrechte Prinzip ohne (sichtbaren) Schatten, SIG ist (in seinem dunklen Aspekt) das Schattenspiel der Schlange ohne erkennbares Rückgrat. Ihre Vereinigung ergibt die wahre Gesinnung des Ritters und ebenso die richtige Umgangsform jedes Menschen mit seinem Schatten. Die Frage ist nur, wie dies zu erfolgen hat.

Wer das Problem der Schlange erfolgreich löst, wer SIG und IS richtig verbindet, wird zum Ritter geschlagen – er ist ein SIR. Zweifellos geht es dabei um den Sieg des sonnenhaften Bewußtseins über die Schattenmächte der Nacht. Doch Drachen zu erschlagen (selbst wenn dies scharenweise geschieht) ist nicht die Lösung. Die Köpfe des Drachen wachsen immer wieder nach, das Böse wird nur verdrängt und projiziert und schlägt danach um so unbarmherziger zu. Viel besser ist es, den Drachen zu zähmen. Man soll ihn nicht töten (er ist schließlich auch ein Lebewesen), man soll vielmehr lernen, wie man auf dem Drachen reitet. Schlagen Sie die Schlange nicht tot, sondern geben Sie ihr ein Rückgrat, und sie wird Sie nicht mehr beißen, sondern gewinnbringend beraten.

Das Totschlagen des Großen Wurmes ist ein vermeintlicher Sieg des Ich-Bewußtseins, im besten Fall vernichten sie sich – wie Thor und die Midgardschlange – gegenseitig. Das Christentum liefert das Musterbeispiel für die vollkommen falsche Bewältigung des Schlangenproblems. Satan, weiche von mir, Wotan, weiche von mir, mache mich selig, Herr, und meinen Feind tot – all diese »frommen« Wünsche sind psychologisch gesehen schlichter Unsinn. Der beste Sieg ist der Sieg über sich selbst, über die allzu hochgestochenen Vorstellungen vom eigenen Ich. Die Erkenntnis, daß man sehr wohl üble Schattenseiten hat und daß man trotzdem mit diesen gewissenhaft umgehen und gerecht leben kann, ist der einzig wahre Weg zur Glückseligkeit. Wer sich dem Gral nähert, findet nur diesen Weg. Obzwar die Kirche niemals offen gegen den Gral aufgetreten ist, hat sie stets jegliches Bemühen zum Gral hin zu vernichten getrachtet. Ein Beispiel von vielen sind die Tempelritter. Diese vermochten in Baphomet auch die dunkle Seite Gottes zu erkennen und waren bemüht, eine Synthese von Sonne und Schatten zu erreichen. Die Antwort der Kirche lautete wieder einmal Totschlag und Scheiterhaufen.

Der Umgang der Götter und Helden der germanischen Mythologie mit den dunklen und bösen Mächten ist zwar auch nicht perfekt, doch allemal besser und vernünftiger als die darauffolgende christliche Einstellung. Wenn wir die elfte Rune SIG mit der Rune gleicher Quersumme, mit UR (UR = 2, SIG = 11 = 1 + 1 = 2), verbinden, erhalten wir SIG-UR, Sigurd (deutsch Siegfried), den Sonnen-Helden der Edda. Die Binderune SIG-UR oder UR-SIG können Sie auch als UR-RIT lesen. Sigurd ist der Ur-Ritter, das Urbild eines Ritters. Der germanische Sigurd ist im Wesen etwa mit dem griechisch-römischen Herakles-Herkules vergleichbar. Er heißt auch Jung-Sigurd, weil ihn zu früh ein tragischer Tod ereilt, doch was macht er zuvor? Auch Sigurd tötet den Drachen (Fafnir), doch er tut es nicht unnütz. Er ißt Fafnirs Herz (Siegfried badet in des Drachen Blut) und versucht so, das Wesen des Drachen sich selbst einzuverleiben. In der Folge versteht Sigurd (wie Franziskus) die Vogelsprache – was wir uns auch immer darunter vorstellen mögen. Weiterhin erweckt Sigurd die Walküre Sigdrifa (Siegfried erweckt Brunhild), die ihn in die uralte Runenweisheit einweiht:

»Bier bring ich dir Brünneneichbaum,
gemischt mit Stärke und stolzem Ruhm;
voll ist's von Sprüchen und Freudenrunen,
gutem Zauber und Glücksstäben.«

*Odin mit seinen Wölfen und Raben*

Drache und Schlange symbolisieren eine bestimmte Stufe im Schatten des Menschen, nicht aber seinen ganzen Schatten. Sie bilden sozusagen den Reptil-Schatten, den Anteil im Menschen, den er als Erbe der tierischen Kaltblüter in sich trägt. Dieser Anteil entspricht im menschlichen Körper dem Unterleib, im Kopf dem Stammhirn. Darüber hinaus gibt es jedoch andere Schichten des Schattens, die in der germanischen Symbolik durch andere Tiere dargestellt werden.

| | | | |
|---|---|---|---|
| Geist | Kopf | Großhirn | Rabe |
| Seele | Herz | Zwischenhirn | Wolf |
| Körper | Unterleib | Stammhirn | Schlange |

Während Thor und Sigurd sich mit der Schlange auseinanderzusetzen haben, bedeutet diese für Odin kein Problem. Der Göttervater muß mit dem *Wolf* fertig werden, und dies gelingt ihm nicht ganz, denn er wird in der Götterdämmerung durch den Wolf Fenrir getötet. Doch immerhin gelingt es ihm, Wölfe zu zähmen; Freki und Geri (der Heißhungrige und der Gierige) sind seine ständigen Begleiter und folgen ihm wie brave Haustiere. Der Wolf steht als Warmblütler entwicklungsmäßig höher als die Schlange, als wildes Tier verbreitet er jedoch heute noch überall Furcht und Schrecken. Er symbolisiert den gnadenlosen Angriff ohne Liebe und Erbarmen, der Wolf ist der *Schatten des Herzens,* den nur die Liebe auszugleichen und aufzuwiegen vermag. Ein positives Symboltier des Herzens ist der Adler (siehe AR-Rune), der ebenfalls zu Odin gehört. Beide, Wolf und Adler, leben im Herzen jedes Menschen und müssen ins Gleichgewicht gebracht und gehalten werden.
Odin wird auch Rabengott genannt. Zwei sprechende Raben, Hugin (Gedanke) und Munin (Gedächtnis), sitzen auf seinen Schultern und flüstern ihm ins Ohr. Morgens schickt Odin sie hinaus, abends kehren sie heim und berichten, was sie in der Welt gesehen und gehört haben. Obwohl Raben schwarz sind und als Unglücksvögel gelten, stellen sie hier kaum schattenhafte Aspekte dar. Das Denken ist ja auch der bewußte Bereich des Menschen. Immerhin warnen sie uns als geheimnisvolle Luftwesen davor, alles allzu voreilig mit unserem hochgelobten Denkvermögen erklären zu wollen.
Der Ritter, der Sonne und Schatten in seinem Wesen richtig zu vereinen vermag, hat sowohl die Schlange als auch sich selbst besiegt. Er ist ein Gralsritter. Der Gral kam vor langer Zeit von Atlantis nach Europa und wurde von den Kelten in Empfang genommen. Die Kelten zerbrachen unter der Übermacht der Römer, den Gral übergaben sie den Germanen. Dann besiegte sich das Römische Reich selbst, indem es mangels Lebenskraft unterging. Die germanischen Völker

übernahmen die Funktion des Kulturträgers und ebenso das römische Christentum. Dabei verloren sie ihre angestammte Religion, die Götter starben, Asgard zerfiel, und der Gral fiel auf die grüne Wiese.
Widar und Wali – die einzigen überlebenden Götter – fanden die »wundersamen goldnen Tafeln« im Gras und trugen sie weiter gen Osten. Wir haben den Gralsweg von Atlantis zu den Kelten, den Germanen und bis hin zu Asgard in Runen bereits verfolgt. Hier nun wird der Gral an die Völker der SIG-Rune – an die *Slawen* – übergeben und der Empfang in Runen dargestellt.

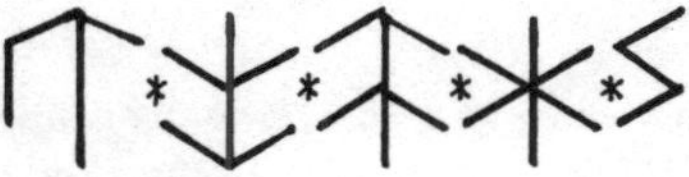

**Runen-Gral**

## 12. Die Rune TYR

## Der Speer

### Das Urteil

»Ein zwölftes kann ich, seh ich zittern im Wind
den Gehenkten am Holz:
so ritze ich und Runen färb ich,
daß der Recke reden kann
und vom Galgen geht.«

Wie Jesus Christus erweckt Odin-Hangatyr einen Toten. Natürlich können das nur Götter. Doch das Zauberlied zeigt, daß bei der richtigen Beherrschung der TYR-Rune (fast) nichts unmöglich ist.
Die Antwort des Orakels bedeutet ein *Ziel,* beziehungsweise die Kunst, dieses zu erreichen. Wo aber ist das Ziel? Am leichtesten werden Sie es finden, wenn Sie sich in ein Dachzimmer zurückziehen, wo der Geist der TYR-Rune waltet (siehe Kommentar), aber auch in gotischen Kathedralen können Sie es finden. Manchmal sogar beim Duschen. Sie sind am Scheideweg und können einen von drei Wegen wählen, der Ihr Ziel ist und Sie zum Sinn führt. Diese drei Wege sind der Weg zum Geist, der Weg zum Stoff und der Weg des Herzens. Wählen Sie einen dieser Wege. Im Dachzimmer sind Sie auf dem Weg der Vergeistigung, die gestürzte TYR-Rune zeigt den Weg in den Keller des Stoffes. Diesen Gegensatz von oben und unten finden Sie überall: im menschlichen Körper, im Haus und ebenso auf der Landkarte.

Der Doppelpfeil veranschaulicht die zwei entgegengesetzten Richtungen, die nach oben zum Geist hin bzw. nach unten in den Stoff führen. Um den dritten, schwierigen Weg des Herzens zu gehen, muß man an dieser Gegensatzspannung »sterben« und ein völlig neues Leben als Neugeborener beginnen – das ist der Sinn des Zauberliedes.

Tyr, der Gott selbst, wird zum Speer – der Weg ist das Ziel. Wenn der Mensch mit dem Weg eins ist, kann der Speer unmöglich das Ziel verfehlen. Wenn Sie auf diese Weise Ihr Ziel verfolgen, wird der Weg eines Tages unweigerlich zu Ihnen zurückführen. Der Speer kommt zu Tyr zurück, zu sich selbst zurück, und trifft sich selbst im Herzen, in der Mitte der TYR-Rune. Die zwei Pfeile fliegen auseinander und werden erneut miteinander verbunden, das Herzchakra wird geöffnet, das dritte Gefäß, und der Mensch lebt fortan in Liebe.
Zu Weihnachten wird Tyr wiedergeboren, darum ist diese Zeit für Zielsetzungen besonders geeignet. Gleich welches Ziel Sie wählen, verfolgen Sie den Weg wie der berühmte Zen-Bogenschütze. Der Weg wird Sie zum Ziel führen, das Ziel ist der Sinn, und dieser ist das Leben selbst. Wenn der eigene Weg als Speer ins eigene Herz trifft, erblüht im Herzen die Rose der Liebe.

**Der Kommentar**

TYR 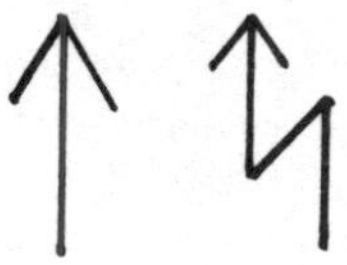 ZIU

Die Runen TYR und SIG sind eng miteinander verwandt, wie dies auch schon bei der Behandlung der SIG-Rune ersichtlich wurde. Beide symbolisieren u. a. den zielgerichteten Sonnenstrahl. Ziu ist der süddeutsche Name des nordischen Tyr, der Laut »z« (=»ts«) entstand aus »t« unter Zuhilfenahme von »s«.
Tyr (Teiwaz) war der älteste Himmelsgott der Germanen, der ursprüngliche Allvater, der erste männliche Gott, der sich mit einem eigenen Namen der Großen Mutter gegenüberstellte. Nach und nach wurde er in seiner universalen Bedeutung vom neuen Allvater Odin verdrängt. Tyr ist der alte König, der starb *und* durch Odin wiedergeboren wurde. Zuletzt galt Tyr als Odins Sohn.
Die germanische Götterlehre schweigt sich über Tyr gründlich aus, kaum etwas erfahren wir von seinem Wesen. Sein Schicksal ist durchaus mit dem des griechischen Kronos (Saturn) vergleichbar, der nach der Machtübernahme von Zeus (Jupiter) in den Hintergrund geriet. Tyr (wie Saturn) erscheint als verborgener, esoterischer Gott, dessen Wesen entschlüsselt werden muß. Hierzu leisten die Runen gute Dienste.

Es ist charakteristisch, daß der entthronte Gott in der zweiten Abteilung des FUDARK, nach dem arischen Sieg (AR-Rune), seinen Platz findet. Dadurch wird Tyr – ähnlich wie BAR – sozusagen arisch umgeformt. Der 12. Platz der TYR-Rune ist dennoch ein besonderer Platz. Die 12 (Zwölf- bzw. Sechseck) verweist auf den *Tierkreis* mit den zwölf Zeichen, der Tierkreis ist der *Tyr-Kreis.* Der Kreis (Zwölf- bzw. Sechseck) ist das ursprüngliche Symbol der Mutter, durch Tyr kommt es zu deren Spaltung und Differenzierung. Darum gehört der Kreis zu Tyr, genauso wie Tyr zur Mutter gehört.

1 2 3 4 5 6

Am Anfang ist Tyr die Eibe (2), die sich mit der Mutter vereinigt (1). Dann aber wird Tyr »kastriert«. Der phallische Tyr (3 = gestürzte TYR-Rune) geht verloren, die phallische Funktion geht an Ing (4 = ING-Rune) und Freyr (5 = FA-Rune) über. Tyr wird zum Himmelsgott (6 = TYR-Rune), später nur noch Kriegs-, Sieg-, Schwert- und Rechtsgott, und zuletzt gibt er selbst diese Funktionen an Odin ab.
Tyrs Bedeutung als Sieggott (»Siegrunen lerne, willst du Sieg haben ... und ruf zweimal zu Tyr!«) liegt im eingangs erwähnten Zusammenhang zwischen SIG- und TYR-Rune begründet. Die wesentlichste Eigenschaft der TYR-Rune ist jedoch die Tatsache, daß sie als *Pfeil* zielgerichtet ist. Der Pfeil des Tyr trifft stets ins *Ziel,* denn das Wort »Ziel« ist selbst ein TYR-Wort: wegen der Lautverschiebung gilt Ziel = Tiel = Tyr. Die zielsichere Beherrschung von Pfeil, Speer und Schwert macht Tyr zum Kriegs- und Schwertgott.
Der kriegerische Charakter des Pfeiles als Symbol ist offensichtlich. So machten zum Beispiel die ungarischen Faschisten (Pfeilkreuzer), die spanischen Falangisten (in Verbindung mit der BAR-Rune) und die deutschen Sozialisten (drei Pfeile) Pfeile zu ihren Symbolen.
Aber auch das Rechtswesen (Gerechtigkeit, Gericht, Richten) hat mit Ziel und *Richtung* zu tun. Wie wir bereits sahen (RIT-Rune), war das germanische Recht geometrisches, nach den acht Himmelsrichtungen ausgerichtetes, natürliches Recht. Dies erklärt die Bedeutung des richtungweisenden Tyr als Rechtsgott.
Sleipnir, das achtbeinige Pferd Odins, scheint die acht Richtungen der Windrose zu symbolisieren. Odin bindet Sleipnir am Weltenbaum Yggdrasil an, und Yggdrasil bedeutet wiederum »Renner des Ygg (Odin)«. Mit Hilfe der acht Windrichtungen kann man auf Erden richten und sich ausrichten, zur Orientierung am Himmel bedarf es

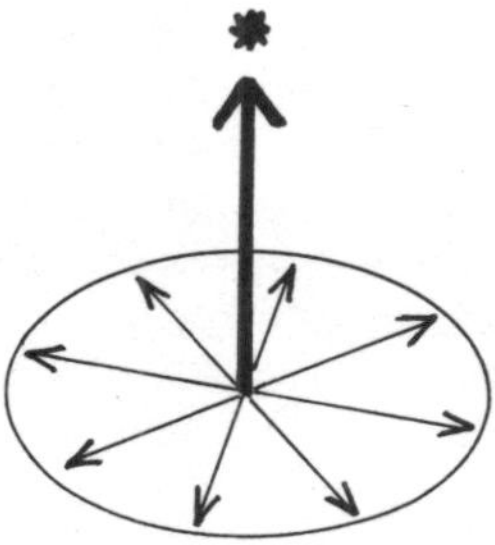

jedoch des Polarsterns, und der Name dieses *Leitsterns* lautet *Tyr.* Der in die Höhe ragende Weltenbaum richtet sich stets nach dem Polarstern Tyr. Wie dem auch sei, auch hier haben wir einen Hinweis auf die richtungweisende Funktion der TYR-Rune. Der alte Gott Tyr ist zwar abgesetzt und verdrängt, doch beim genauen Hinsehen kommt er immer wieder zum Vorschein.

Hangatyr, der hängende Tyr, ist der Name des an der Weltesche hängenden Odin. Das Zauberlied zur TYR-Rune beschreibt die Erwekkung eines Gehängten, diesen Zauber wendet Odin bei sich selbst

*Hangatyr*

an und erweckt so den alten (toten) Himmelsgott Tyr zum neuen Leben als Kriegsgott Tyr, der nun als sein Sohn gilt. Durch sein Hängeopfer vereinigt sich Odin mit seinen Ahnen, Vater und Sohn sind eins in ihm, er erlangt das alte Wissen von den Runen und trägt nun den alten Gott Tyr als *Speer* stets bei sich. Erst durch die »Einverleibung« des Tyr (Speer) beherrscht Odin alle Aspekte des Seins, auch die verborgenen, und wird zum Allvater.

| | | |
|---|---|---|
| Tyr | alter Himmelsgott | Eibe |
| Odin | Allvater | Esche |
| Tyr | Kriegsgott | Speer |

TYR ist also die Rune der Erneuerung des Alten, der Heilung des kranken Königs und der Auferstehung des toten Gottes. Der Tod Christi durch den Speer und seine Auferstehung ist ebenso ein Beispiel für dieses archetypische Motiv wie etwa auch der Tod und die Wiedergeburt des alten Königs in der Alchemie. Die Ahnenkette wird geschlossen, »ich und der Vater sind eins«, und die Welt kann erneuert werden, das wüste Land blüht auf. In der Gralslegende ist der alte Gralskönig krank und kann nur durch den auserwählten Helden geheilt werden. Dabei spielt der mystische Speer eine ganz besondere Rolle.

*Speerspitze von Kowel (ca. 200 n. Chr.)*

Die Speerspitze von Kowel trägt die Runeninschrift (von rechts nach links) TILARIDS. Dies ist offenbar der Name des Speers und kann etwa »Zielreiter« bedeuten (Til = Ziel, Rid = Reiter). Wir finden SIG- und TYR-Rune (als T-Kreuz) auf dem Lanzenblatt, und unter Anrufung des Kriegsgottes Tyr konnte der (wohl gotische) Reiter hoffen, daß sein Speer das Ziel trifft. Außerdem erinnert der Name Zielreiter an den vorhin erwähnten Zusammenhang von Odins Pferd, Weltenbaum und Polarstern. Wenn der Mensch ein Ziel hat, ist er einem Reiter mit Speer ähnlich. Wenn er Glück hat (und sein Speer gehorcht ihm), wird er sein Ziel erreichen und seine Umgebung verändern. Wenn der König aber den mystischen Speer besitzt, hat er die Weltachse (Weltenbaum) in der Hand, und er kann womöglich die Weltgeschichte verändern. Aus diesem Grund war Adolf Hitler so sehr auf die Gralslanze erpicht.

»Den Ger warf Odin ins Gegnerheer:
der erste Krieg kam in die Welt.«

Als der Ase Odin den Speer gegen die Wanen warf, eröffnete er damit den ersten Krieg der Welt. Im Jahre 955 eröffnete Kaiser Otto I. auf dem Lechfeld die Schlacht gegen die Ungarn nach einem ähnlichen Ritual: er verrichtete ein Gebet vor seiner Lanze und warf diese anschließend gegen die Reihen des Gegners. Der Speer spielt in der germanischen Symbolik eine überragende Rolle, bedeutet doch selbst der Name Germane »Speermann«.

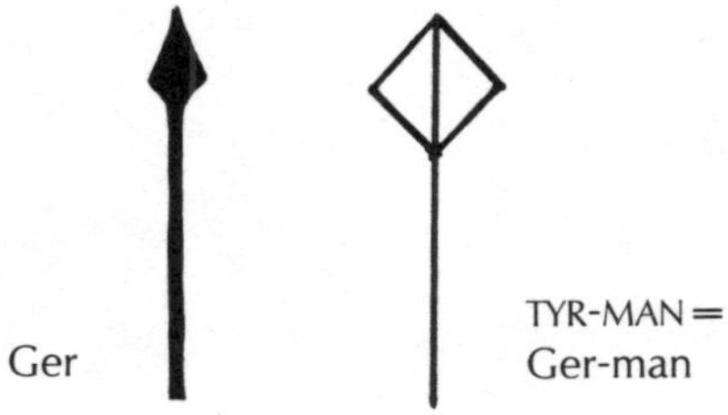


Die Binderune TYR-MAN stellt bildlich einen Speer dar, sie kann auch als Speermann oder Germane gelesen werden und ist gleichzeitig die Rune des Gottes Ing. Vereinigen wir nun auch noch Tyr und Odin in Runen, indem wir TYR für Tyr und HAGAL für Odin setzen. Die Binderune, die die Wiedergeburt des Tyr durch Odin bedeutet, führt uns zu Gralskönig und Gralsspeer:

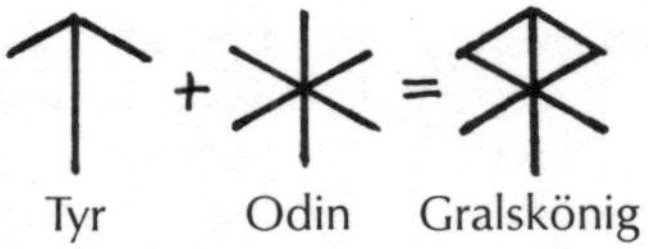


Als Schwertgott trägt Tyr das Schwert. Odin trägt aber Tyr selbst als Speer bei sich und als Hangatyr in sich. Tyr ist der esoterische Aspekt Odins, er ist der mystische Speer, die Weltachse, die den Allvater in seinen Taten ausrichtet.
Es gibt vier Insignien des Grals: Stein, Schwert, Speer und Gefäß. Sie kamen ursprünglich von Atlantis nach Irland und verteilten sich von dort überall in der Welt. Dabei haben sie sich vermehrt. So gibt es denn mehrere Gralsspeere; wie befassen uns hier mit der christlichen Lanze.
Altes Wissen längst vergangener Zeiten kann uns in verschiedenen Erscheinungsformen erreichen: als Sage und Legende, als Märchen und auch als Spiel. So hütet zum Beispiel das Schachspiel ein vollständiges System geheimer Philosphie, und ebenso finden wir in den gewöhnlichen Spielkarten Hinweise auf den Gral. Am deutlichsten tritt die verborgene Überlieferung bei den Tarot-Karten hervor.

Die vier Sätze des Tarot bilden die genauen Entsprechungen zu den vier Insignien des keltischen Grals:

| Tarot | Gral |
|---|---|
| Stab | Speer |
| Becher | Gefäß |
| Schwert | Schwert |
| Scheibe | Stein |

*Die vier Sätze des Tarot (Tarot von Court de Gebelin)*

Der römische Zenturio Gaius Cassius Longinus hatte ein schweres Augenleiden und konnte kaum sehen. Aus diesem Grund war er zum aktiven Kriegsdienst untauglich und wurde zu leichteren Aufgaben eingeteilt. Longinus versah seinen Dienst in Jerusalem und wurde zur Aufsicht der Hinrichtung von Jesus Christus auf die Schädelstätte befohlen. Als einige übereifrige Juden die Knochen des Gekreuzigten zerbrechen wollten, ritt Longinus in einem Akt des Mitleids auf Jesus zu und warf seinen Speer zwischen dessen vierte und fünfte Rippe, »und alsobald ging Blut und Wasser heraus«. Im selben Augenblick zerriß im Tempel der Vorhang vor dem Allerheiligsten von oben bis unten, die Bundeslade zerbrach, und Longinus gewann sein volles Augenlicht zurück.

Der Speer des Longinus ist der christliche Gralsspeer.* Wie man schon aus der Kreuzigungsszene erkennt, hat der Speer ambivalente Eigenschaften: er verwundet und heilt zugleich. Auch der alte Gralskönig wird vom Gralsspeer verwundet, und seine Krankheit kann nur durch denselben Speer geheilt werden. Der Gralsspeer ist also sowohl gut als auch böse, je nachdem, mit welcher Absicht sein Träger ihn verwendet. Nach Jerusalem ging die Lanze auf eine lange, abenteuerliche Reise. Sie verschwand, um dann wieder aufzutauchen, und immer wieder besaßen sie berühmte Menschen, so z.B. Karl der Große, Otto der Große, Kaiser Barbarossa und das Haus Habsburg. Nach dem Ersten Weltkrieg gelangte der Gralsspeer ins

* Die faszinierende Geschichte des Gralsspeers wird von Trevor Ravenscroft in seinem Buch: »Der Speer des Schicksals« beschrieben.

Museum in Wien, wo ihn Adolf Hitler sah. Er wollte ihn unbedingt haben, und er bekam ihn tatsächlich mit dem Anschluß Österreichs an Deutschland. Heute liegt der Speer erneut im Museum in Wien und kann dort besichtigt werden.
Die Besitzer des Gralsspeers haben in das Schicksal der Menschheit eingegriffen und die Weltgeschichte verändert, weil sie jeweils für kurze Zeit mit der TYR-Rune die Weltachse und damit das Erdenschicksal in den Händen hatten. Das ist zwar ein machtvoller, jedoch nur ein äußerlicher Aspekt. Wenn wir die TYR-Rune verinnerlichen und dabei vom Großen zum Kleinen voranschreiten, so finden wir die Rune in jedem (anständigen) Haus:

Die TYR-Rune weist auf den Polarstern und bildet zugleich das gesamte Himmelsdach. Ein Haus ist eine kleine Welt, die ebenfalls von der TYR-Rune überdacht wird. Hier zeigt sie nicht mehr auf den Nordstern, doch stets nach oben und ermöglicht so die geistige Orientierung der Hausbewohner. Leicht erkennt man, daß Häuser mit flachen Dächern nur flache Gesinnung fördern können. Bei den Naturvölkern diente der mittlere tragende Pfeiler des Hauses oder Zeltes gleichzeitig als Altar, manchmal wählte man sogar einen lebenden Baum als Tragepfeiler und baute das Haus um den Baum herum. Nur so kann Tyr und mit ihm die Gerechtigkeit ins Haus einziehen.
Schließlich finden wir die TYR-Rune in uns selbst. Wie schon bei der IS-Rune beschrieben, kann der Mensch die Weltachse verinnerlichen. Dann finden wir den inneren Polarstern als Scheitelchakra in uns, wir sind wie die Erde ausgerichtet und mit ihr eins, leben wie der Polarstern von der Erdumdrehung unabhängig im Tierkreis, beschirmt vom gestirnten Himmel.
»Fürchte den Tod nicht, er kann dich nicht töten« (Guido von List). Die TYR-Rune versinnbildlicht die Geisteskraft, die Welt wird von »oben« angeschaut, und der Geist kann selbst den körperlichen Tod überwinden. In der christlichen Symbolik ist TYR der *auferstandene* Christus, er hat den Erdenweg unter *»Dach und Fach«* (TYR) gebracht und fährt nun als Geistwesen in den Himmel, wo er weiterlebt. In der

germanischen Mythologie wird dasselbe als die Wiedergeburt des Odin-Hangatyr beschrieben. Die TYR-Kraft kann in jedem Haus und unter jedem Dach »verfacht« werden, man denke nur an das Fachwerk und an die gotischen Dome. In solchen Gebäuden lebt der Geist. Der moderne Mensch aber lebt im flachen Haus, und weil er »in« ist und mit dem »New Age« gehen will, legt er Rasierklingen unter kleine Pyramiden aus Pappe und staunt über »Pyramid-power«.
In der germanischen Dreieinigkeit von Tyr, Odin und Thor ist Tyr die geistig-esoterische Seite des all-einigen Odin, während Thor dessen weltliche, nach außen gekehrte Seite darstellt. Tyr und Thor, die zwei Söhne Odins, sind *Tür* und *Tor* zur einen Wahrheit. Sie sind die zwei Schlüssel zur Erkenntnis der Einheit.

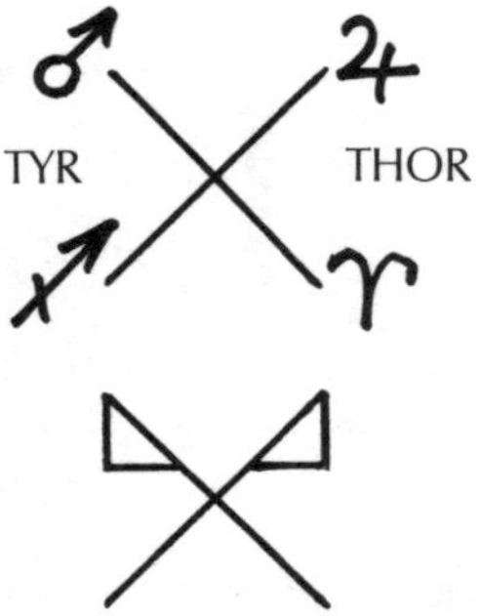


*Die zwei Schlüssel, die Tür und Tor öffnen*

Astrologisch gesprochen entspricht Thor »Jupiter in Widder« (siehe DORN-Rune). Tyr hingegen ist »Mars in Schütze«, denn als Kriegsgott entspricht Tyr dem Mars (sein Tag ist Dienstag = Zius-Tag), als Speer-, Pfeil- und Blitz-Gott hat er jedoch ebenso jupiterische (Schütze) Eigenschaften. Die Pfeile in den Zeichen von Mars und Schütze bestätigen ebenfalls ihre Zugehörigkeit zu Tyr.
Die Runen von Tyr und Thor sind TYR und DORN, die Quersumme beider Runen-Zahlen ist 3 (12 = 1 + 2 = 3). Das alte Symbol der zwei gekreuzten Pferdeköpfe sieht man noch als Windbrett an manchem Bauernhaus (in der Stadt als Zeichen der bäuerlich orientierten Raiffeisen-Banken), es ist eine Kombination der TYR- und DORN-Rune und steht für den germanisch-heidnischen Glauben. Aber auch im Wappen des Papstes erscheint dasselbe Symbol als die zwei Schlüssel zu »Tür und Tor der Erkenntnis des Himmelreiches«. Da haben sich wohl heidnische Götter insgeheim in den Vatikan eingeschlichen. Vielleicht waren dabei irgendwelche arianische Goten mit ihren heidnisch-arischen Vorstellungen von Gott am Werk.

Wir bauen weiter an der Gralsburg in Runen. Das breite Tor ist für viele sichtbar, es ist mit dem Hammer Thors zu öffnen. Der Torweg führt zur schmalen Tür, die nur mit Tyrs Speer zu öffnen ist. Wir wenden und binden DORN ▷ (das ergibt DAG ⋈), stürzen und binden TYR ↕, setzen das Ganze zusammen, und die Gralsburg der Runen erstrahlt.

# 13. Die Rune BAR

## Die Mutter

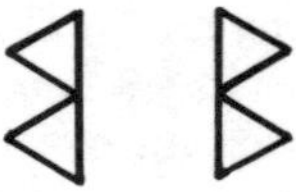

### Das Urteil

»Ein dreizehntes kann ich, wenn eines Degens Sohn
mit Wasser ich weihen soll:
nicht wird er fallen, wenn ins Feld er zieht,
ihn erschlägt kein Schwert.«

Mit der BAR-Rune haben Sie das mächtige Urbild der Großen Mutter als Antwort auf Ihre Frage erhalten. Wie immer, ist die Antwort des Orakels vielschichtig, und Sie müssen sie auf Ihre konkrete Frage beziehen. Es ist durchaus möglich, daß Ihre eigene Mutter gemeint ist, oder aber Sie selbst in Ihren mütterlichen Eigenschaften. Wenn die Frage sich auf einen anderen Menschen bezieht, verbindet die Antwort diesen Menschen mit dem Bild der Mutter. Etwa auf die Frage: »Wie ist meine wahre Beziehung zu meiner Frau?« bescheinigt Ihnen das Orakel (psychologisch gesprochen) eine Mutterbindung.
Bar und bloß von Hab und Gut kommt der Mensch auf die Welt, und ebenso wird er diese durch das Tor des Todes verlassen. Das Kind genießt die uneingeschränkte und unvergleichbare Mutterliebe, die dem Erwachsenen nicht mehr zusteht. Beharrt man aber trotzdem darauf, so kann die Mutter böse werden und sich als »fressende« Mutter von ihrer destruktiven Seite her zeigen. Dies gilt nicht nur für die persönliche Mutter, sondern für das Mütterliche schlechthin. Vieles kann das mütterliche Prinzip vertreten: eine Familie, ein Haus, eine Firma, eine Stadt, ein Land oder sogar die Erde selbst. Prüfen Sie Ihre Lage sorgfältig und sehr genau. Denn entweder stehen Sie unter dem segensreichen Schutz der guten Mutter, oder aber – wenn Ihre Erwartungen an die Mutter nicht mehr angebracht sind – Sie laufen Gefahr, von der bösen Mutter angegriffen zu werden. Letztere will nichts anderes als Sie aufzufordern, dem mütterlichen Bereich zu entwachsen und weiterzukommen.
Sie werden die Mutter am besten verstehen, wenn Sie selbst zur Mutter werden. Das kann durchaus die Geburt eines leiblichen Kindes bedeuten, muß es aber nicht, zumal wenn Sie ein Mann sind. Man kann auch durch die Geburt von »geistigen« Kindern, die dann sehr wohl stoffliche Form annehmen, zur Mutter werden. Auf die Möglichkeit einer solcher Geburt und auf die davorliegende Zeit der Empfängnis und Schwangerschaft will das Orakel aufmerksam

machen, etwas Neues will geboren werden – Sie haben eine »bedeutungsschwangere« Frage gestellt. Suchen Sie in aller Ruhe diese Bedeutung, denn sie will Ihr Leben erweitern.
Die BAR-Rune drängt Sie keineswegs zur Eile, eine Geburt braucht ihre Zeit. Zur Empfängnis muß man sich öffnen, entspannen Sie sich und öffnen Sie Ihren Geist. Die Körperstellung der BAR-Rune (siehe Anhang) kann Ihnen dabei gute Dienste leisten. Vielleicht haben Sie aber bereits empfangen, nur wissen Sie es noch nicht. Nehmen Sie dann gelassen die Schwierigkeiten und Launen der Schwangerschaft auf sich, warten und hoffen Sie. Die Zeit der Schwangerschaft ist äußerst wertvoll, Sie stehen dabei im unmittelbaren Kontakt mit der Mutter Erde. Wenn die Stunde der Geburt gekommen ist, so haben Sie keine Angst. Vertrauen Sie der Mutter und lassen Sie den Dingen ihren Lauf. Nach der Geburt werden Sie feststellen, daß Sie reicher geworden sind.

**Der Kommentar**

»Gebärrunen brauche, willst zur Geburt du helfen,
lösen das Kind von der Kreißenden!
Auf die Hand soll man sie graben und um die Glieder sie spannen,
bei den Disen Gedeihn erflehn.«

Während die TYR-Rune den weiten Bogen zwischen der alten atlantischen Zeit und der jüngeren Zeit der Arier spannt, befinden wir uns mit der BAR-Rune dazwischen, in der Zeit des Übergangs. Wie der alte Himmelsgott Tyr, wurde auch die noch ältere Muttergöttin arisch »umgeformt« und steht nun als BAR in der zweiten Abteilung des FUDARK. Spätestens bei der BAR-Rune stellt sich die Frage nach der Beziehung der Geschlechter im Spiegel der Runen, denn obwohl die Mutter eine gebärende Frau ist, können mitunter auch Männer Mütter werden.
Entgegen der weitverbreiteten Ansicht gibt es keine einzige nur weibliche oder nur männliche Rune, jede Rune ist grundsätzlich zweigeschlechtlich. Zwar ist die linke Seite des Runenfeldes (Runenmandala, Garten) mehr weiblich und die rechte Seite mehr männlich, doch daraus kann man noch keine Schlüsse im Hinblick auf das Geschlecht einer Rune ziehen. Jede Rune kann ebensogut als Wenderune geschrieben werden, und das Problem der Wenderunen ist ja gerade der Ausgleich zwischen den Geschlechtern. Natürlich überwiegt bei vielen Runen der männliche, bei wenigen anderen

der weibliche Charakter – wie dies vor allem die Namen der Runen zeigen –, so daß man schon von »männlich« oder »weiblich« reden kann. Doch darf man nie vergessen, daß das andere Geschlecht stets ebenfalls vorhanden ist. Der männlich-weibliche Gegensatz ist keine Angelegenheit der Runen, vielmehr der persönlichen Einstellung bzw. der geschichtlichen Entwicklung der Machtverteilung zwischen Mann und Frau. Infolge des arischen Sieges der Männer steht die weibliche BAR-Rune auf dem unglücklichen (oder glücklichen?) 13. Platz der Runenreihe.
Das ursprüngliche Runenzeichen der Mutter ist das leere Sechseck (bzw. Raute, leerer Kreis usw.), es ist das offensichtliche Zeichen des Mutterschoßes. Bei den Thule-Runen übernimmt die Rune UR die Rolle der Mutter, die Vaterrolle fällt TYR zu. Die *Urbarmachung* Europas nach der atlantischen Katastrophe erfordert neue Menschen, die alte Mutter UR verwandelt sich in die neue Mutter BAR, und *Birken* breiten sich überall aus. Gleich zwei neue Väter stehen der Mutter zur Seite, in Runen gesprochen sind es FA ᚠ und AS ᚨ. Die Zweiheit zeigt stets psychologische Unsicherheit an, in jener alten Zeit ist das weibliche Prinzip noch mächtiger.

Lulu URBAR Barbara

Die Entwicklung des männlichen Prinzips haben wir bereits an anderer Stelle behandelt. Es ist dies die Entwicklung vom namenlosen Phallus über Tyr und Ing-Freyr bis hin zu Odin, der als Hangatyr den Kreis schließt und die männliche Überlegenheit begründet. Das Geschlecht der HAGAL-Rune versinnbildlicht diesen letzten arischen Stand der siegreichen Männer. Die Entwicklung des weiblichen Prinzips wird in Verbindung mit der BAR-Rune verständlich. Die ewige Große Mutter erscheint in der atlantischen Zeit in Runen geschrieben als »Lulu«. Diese Binderune enthält die drei Thule-Runen TYR ↑, UR ᚢ und LAF ᛚ und kann auch als ULT-TUL oder Ultima Thule (also Atlantis und dann Island) gelesen werden. Lulu ist die große Göttin von Atlantis, ihr Fest ist die Wintersonnenwende (Weihnacht), das Jul-Fest also, wie es die Lesart IUL (IS, UR, LAF) ihrer Rune zeigt. Dieses Fest haben wir auch als das des Tyr erkannt, so daß wir in Weihnachten ein uraltes Fest aus Atlantis (Thule) erblicken können. Lulu ist mächtig. Ebenso wie ihre Rune *umhüllt* sie das männliche Prinzip (IS |), der Mann von Atlantis ist *Sohn* der Großen Mutter.
URBAR symbolisiert den Übergang von Atlantis nach Europa, die Ver-

wandlung der Ur-Mutter Lulu aus Thule in Barbara, die Königin der Barbaren, die Wandlung des Weltenbaumes Eibe in die Birke Für die Atlanter waren die Europäer Barbaren, so wie für die Griechen die Nicht-Griechen, für die Römer die Germanen Barbaren waren, und so wie für die heutigen Amerikaner die Russen wohl Barbaren sind. Die abschätzige Bedeutung des Wortes ist völlig fehl am Platz, man vergißt dabei nur allzugern, daß eine fortgeschrittene Zivilisation sich stets bereits im Niedergang befindet und daß es gerade die Barbaren sind, die die Entwicklung weitertragen werden. Die Zukunft gehört immer den Barbaren, denn sie haben noch unverbrauchte Lebenskraft, während die zivilisierten Völker allmählich einer untätigen Beschaulichkeit verfallen. Diese Entwicklung kann langfristig nicht einmal durch blutige Kriege aufgehalten werden, zu welchen Kulturen kurz vor ihrem Untergang stets mit Vorliebe geneigt sind. Solche Kriege beschleunigen lediglich die ohnehin unaufhaltsame Entwicklung.
Der Untergang von Atlantis und die Urbarmachung Europas erfolgten vor mehr als 10 000 Jahren, und es ist wohl kein Wunder, daß wir nicht allzu viele Belege aus dieser Zeit finden können. Eine der faszinierendsten Seiten der Runen ist es ja gerade, daß sie in urferne Zeiten zurückreichen. Sichtbare Zeichen aus dieser »Gründerzeit« Europas sind die Steine, die die Megalithkultur hinterlassen hat (Stonehenge in England, Carnac in Frankreich usw.). Die mythologische Spur nach Atlantis führt zur grünen Insel Irland. In irländischen Sagen wird von einem atlantischen Volk, Tuatha De Danann, berichtet, dessen Oberhaupt Dagda hieß. Dagda besaß einen magischen Kessel, der niemals leer wurde – in ihm haben wir somit die allererste Überlieferung von einem Gralskönig. Dagda können wir als Sohn der Großen Mutter Barbara erkennen und in Runen darstellen, sein unerschöpflicher Kessel ist die befruchtete Mutter Erde selbst.

BARBAR
Barbara

DAG
Dagda

Grals-
kessel

Betrachtet man die BAR-Rune unvoreingenommen und mit etwas Fantasie, so kann man dabei allerhand Weibliches entdecken. Die Rune stellt die weiblichen *Brüste* dar, aber auch – in aufrechter Stellung und seitlich gesehen – den Schattenriß einer schwangeren Frau mit den zwei Wölbungen des *Bauches* und des *Busens*. Archaische

Darstellungen der Großen Mutter (wie etwa die bekannte »Venus von Willendorf«) drücken den mütterlichen Charakter der BAR-Rune sehr treffend aus. Schoß, Bauch und Brüste der fruchtbaren Frau und Mutter sind mächtige »Waffen«, die die Ehrfurcht (die ja auch eine Furcht ist) der Männer hervorrufen und die zentrale Stellung der Frau in jenen alten Zeiten erklären. Die aufrechte Stellung der BAR-Rune entspricht der geachteten (8) Stellung der Mutter, sie zeigt weiterhin, daß eine natürliche Geburt (BAR) durchaus im Stehen (bzw. in der Hocke) erfolgen kann, wie sie heute noch bei den Naturvölkern der Fall ist. Dasselbe gilt für den Sexualakt.

Mit dem Sieg der Männer wurden jedoch die Frau und die BAR-Rune umgelegt. Dabei war die Christianisierung Europas lediglich der letzte, dafür aber der gründlichste Abschnitt einer langen Entwicklung. Legen Sie die BAR-Rune um, wie Bonifacius die heilige Eiche der Germanen umgelegt hatte, und Sie sehen sogleich, woraus die »Erniedrigung« der Frau besteht. Die umgelegte BAR-Rune zeigt jetzt (wiederum bei genügender Fantasie) die gebärende Frau in der heutigen »klinischen« Stellung, beziehungsweise die empfangende Frau in der heute üblichen »Missionarsstellung«. Während bei der aufrechten BAR-Rune das Herz (zwischen Bauch und Busen) im Zentrum der Rune steht, liegt nun bei der gelegten BAR-Rune der empfangende bzw. gebärende weibliche Schoß zwischen den geknickt aufgestellten Beinen einer liegenden Frau im Mittelpunkt. Die gelegte BAR-Rune lenkt die Aufmerksamkeit auf die *Geburt,* auf einen der wesentlichsten Aspekte der Mutter BAR.

*BAR gebärt die Sonne*

BAR BAR SOL – Zwischen zwei grünen Hügeln geht gegen Osten die Sonne auf, der Tag (DAG) bricht an, Barbara gebärt Dagda. Das Motiv der aufgehenden Sonne zwischen zwei Bergen ist in Kinderzeichnungen* oft zu finden, ebenfalls in Wappen (oft auch als drei Berge mit einem Kreuz auf dem mittleren Berg o. ä.). Es handelt sich um das archetypische Motiv der BAR-Rune, das eine Geburt darstellt, ganz gleich, was im gegebenen Fall geboren wird.

* Vgl. Abbildung »BAR gebärt die Sonne«.

Bei der Geburt eines Kindes haben wir die BAR-Rune als *Gebärmutter,* die eigentlich eine Bär-Mutter, eine BAR-Mutter ist. BAR ist der *Born,* aus dem das Wasser des Lebens fließt, und so ist die heidnische Wassertaufe des Zauberliedes (wie auch die christliche Taufe) ein würdiges Ritual der BAR-Rune, das dem Neugeborenen Schutz verheißt. Der Schutz der Taufe besteht in der Hauptsache in der *Namensgebung* – der Namenlose ist in Gefahr –, weshalb es durchaus sinnvoll ist, wenn die Eltern schon vor der Geburt des Kindes sich Gedanken über den künftigen Namen des Kindes machen. Was Sie benennen können, darüber erlangen Sie eine gewisse Macht – dies gilt ganz allgemein – und ebenso schützt der Name den Neugeborenen machtvoll vor unerwünschten fremden Einwirkungen. Diese Tatsache war in früheren Zeiten wesentlich mehr als heute bekannt.
Wie zu jeder Rune, lassen sich auch zur BAR-Rune eine ganze Menge BAR-Begriffe finden, von denen wir hier nur einige kurz behandeln können. Lassen Sie sich jedoch von den Beispielen inspirieren, und suchen Sie weitere Begriffe; auf solche Weise werden Sie der BAR- und anderen Runen immer näherkommen.
Hier nun einige BAR-Wörter: Geburt, Gebärmutter, Bär, Born, Beere, Brunnen, Barde, Barke, Brunst, Brust, Busen, Bahre, Berg, bergen, Burg, geborgen, Grube, Grab usw.
Von der Wiege bis zur Bahre finden wir BAR: Das Kind verläßt den geschützten Bereich der Gebärmutter und wird geboren. Nun ist seine ganze Aufmerksamkeit auf die Brüste der Mutter gerichtet (hoffentlich ist es kein Flaschenkind!), das zufriedene Baby betrachtet die Welt aus einer einfachen Perspektive: vor ihm zwei Berge – die prallen Brüste der Mutter – sonst nichts. Das Flaschenkind hingegen bekommt jetzt schon die ersten Nachteile der Zivilisation zu spüren.* Im Laufe des Lebens verläßt das Kind die sichere Geborgenheit der Mutter. Der erwachsene Mensch wird selbst zu BAR, er wird etliches gebären und bergen, bis ihn schließlich mit dem Tod die Mutter Erde bergend zu sich nimmt. So beginnt das Leben und endet es mit dem Tod in BAR.
Dieser endgültige Aspekt der BAR-Rune, der die Gegensätze von Beginn und Ende, Geburt und Tod in sich vereinigt, wird aus den BAR-Wörtern Berg und Grab verständlich. Liest man diese Wörter (oder auch das Paar Burg – Grube) einmal vorwärts und einmal rückwärts, so erhellen sie die zwei Seiten der einen Rune BAR:

Berg, bergen, barg – BAR – Grab
Burg – BAR – grub, graben, Grube

* Allerdings existieren wissenschaftliche Untersuchungen, die in der Muttermilch mehr Giftstoffe als in der Flaschenmilch ausmachen und aus gesundheitlichen Gründen letzterer den Vorzug geben.

Der Mensch verläßt die schützende *Burg* der Mutter, die ihn *barg,* zieht als *Barde* durch die Welt, bis ihn der Tod ins *Grab* holt, in die *Grube,* die ebenfalls die Mutter für ihn *grub.* All das ist BAR, und nun krächzt ein schwarzer Rabe im weißen Schnee.
Wenn man eine Grube gräbt, muß man nicht unbedingt hineinfallen. Auf jeden Fall aber entsteht beim Graben neben der Grube ganz automatisch ein Berg aus der ausgeschaufelten Erde. Umgekehrt kann man einen Berg nur abtragen, wenn dafür eine entsprechende Grube zur Verfügung steht. Auch hier sehen wir die Rune BAR am Werk:

*Berg und Grube*

Zum Schluß bleibt noch die wichtige Frage, wie ein Mann Mutter werden kann. Diese Frage ist auch für Frauen wichtig, denn die Geburt eines oder mehrerer leiblicher Kinder reicht oftmals nicht aus, um die Qualität der BAR-Rune im eigenen Leben zu erfahren. Außerdem ist es nicht die Aufgabe jeder Frau, leibliche Kinder zu gebären. Die Lösung liegt offenbar in der Geburt von geistigen Kindern (»Wes Geistes Kind?«), und den Weg hierzu weist die quersummengleiche AS-Rune (13 = 1 + 3 = 4). Eine Bedeutung von AS ist *Mund,* und der Mund ist der Schoß des Kopfes, durch den die Sprache (AS) geboren wird. Das Gehirn ist eine Gebärmutter (BAR), es wird vom Geist befruchtet, und die Ideen, die hieraus geboren werden, sind Kopfgeburten und die geistigen Kinder des Menschen. Diese Kinder können ausgesprochen oder sonstwie ins Leben gerufen werden; nur auf diese Weise kann ein Mann Mutter werden und hat das Recht, den Namen Barbara zu tragen (falls er den weiblichen Namen scheut, kann er sich auch Barbarossa nennen).

# 14. Die Rune LAF

## Das Leben

### Das Urteil

»Ein vierzehntes kann ich, soll ich dem Volk der Menschen
die Himmlischen herzählen:
von Asen und Alben weiß ich alle Kunde;
kein Witzloser weiß davon.«

Wie der Fluß zwischen Quelle und Meer, verläuft das Leben zwischen Geburt und Tod. Je nach Beschaffenheit des Flußbettes stürmt das Wasser in rasender Eile dahin – vielleicht muß es plötzlich einen Wasserfall überwinden – oder ergeht sich in der gemächlichen Ruhe des breiten Stromes in der Ebene. So auch das Leben.
Eine wichtige Bedeutung der LAF-Rune ist *Wasser.* Das Orakel möchte Sie auffordern, das Wesen des Wassers zu begreifen. Gehen Sie also an einen Fluß oder einen See, und überlegen Sie sich, wie Ihr Leben verläuft.
Das Wasser fließt. Die Hindernisse auf seinem Weg überwindet es nicht durch gewaltsamen Kampf oder aggressives Angehen, sondern durch geschmeidige Anpassung und sanftes Umgehen. Gerade dadurch gelingt es dem Fluß, langsam das Flußbett zu formen. Weil das Wasser diesen Umgang mit den Gegebenheiten schon längst erkannt hat, plätschert der Fluß vergnügt, und seine Wellen lachen. Sobald Sie die Vorgehweise des Wassers verstanden haben, werden Sie ebenfalls vergnügt sein und vor Lachen brüllen wie ein *Löwe,* dem Symboltier des freien Lebens und eine weitere Bedeutung der LAF-Rune.
Allerdings haben Sie zur befriedigenden Gestaltung Ihres Lebenslaufes nicht soviel Zeit, wie der Fluß zur geduldigen Gestaltung seines Laufes sie hat. Die LAF-Rune gibt Ihnen den Hinweis, daß Sie vielleicht gerade jetzt gewisse Veränderungen vornehmen sollten, die dann langfristig ihre Früchte tragen werden. Begeben Sie sich in die Höhe und betrachten Sie den Fluß von einer Warte aus, die längere Abschnitte zu überblicken erlaubt. Vergegenwärtigen Sie sich Ihr bisheriges Leben und versuchen Sie den Lauf Ihrer *Biographie* zu erkennen. Vielleicht können Sie eine noch bevorstehende, lange und mühsame Kurve abkürzen, indem Sie einen Kanal bauen. Vielleicht wäre auch der Bau eines Staudammes mit Stausee sehr nützlich, um Energie für die Bewältigung späterer Aufgaben zu sammeln. Oder

Sie stellen fest, daß Ihr Leben in rasender Eile dahinfließt, obwohl das Flußbett einen ruhigen und beschaulichen Lauf erlauben würde. Oder gerade umgekehrt. Mit einem Satz: Die LAF-Rune fordert Sie auf – wenn nötig –, eine *Flußregulierung* Ihres Lebenslaufes vorzunehmen. Denn der Lauf des Lebens ist wie der Lauf des Wassers.
Das Leben ist Leib, Liebe und Licht in einem. Oben lacht die Sonne. Ihr Licht, das sich in unseren Augen widerspiegelt, ermöglicht erst das Leben. Das obere Licht wird unten von der Erde verschluckt und gefangengenommen, der Leib wird belebt: das Leben ist im Leib eingeschlossenes Licht. Der Leib kann ohne Licht genausowenig leben, wie man ohne Leib das Licht nicht erblicken kann. Wenn Leib und Licht sich in der Mitte treffen, erblüht im Herzen die Liebe, und das Leben fließt in Frieden dahin.

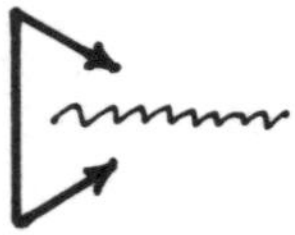

**Der Kommentar**

Auf die BAR-Rune folgt LAF, die Mutter gebärt das Leben. Die LAF-Rune ist im FUDARK die dritte Thule-Rune, und wenn wir die Mutter BAR durch die Urmutter UR ersetzen, haben wir alle drei Thule-Runen nebeneinander stehen: TYR, UR und LAF. Allein diese drei Runen bilden das atlantische Erbe, und wir haben sie bereits verschiedentlich zur Erhellung des versunkenen Nebelreiches benutzt. Mit Hilfe der LAF-Rune lassen sich diese faszinierenden atlantischen Recherchen noch mehr erweitern.

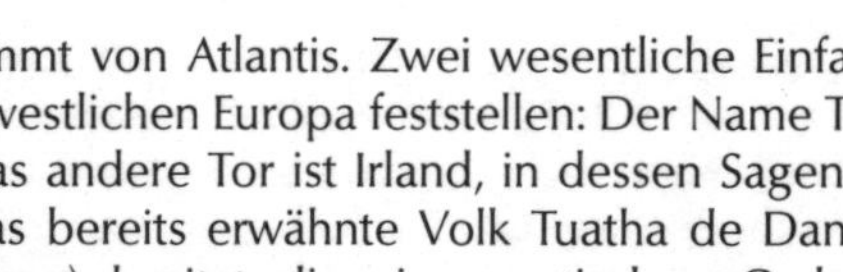

Thule-Atlantis

Der Gral kommt von Atlantis. Zwei wesentliche Einfallstore lassen sich im nordwestlichen Europa feststellen: Der Name Thule verweist auf Island, das andere Tor ist Irland, in dessen Sagenwelt der Gral auftaucht. Das bereits erwähnte Volk Tuatha de Danann in Irland (siehe BAR-Rune) besitzt die vier mystischen Gralsgegenstände: Stein, Speer, Schwert und Gefäß. Speer und Schwert bedeuten den männlichen Aspekt des Grals, bei den Thule-Runen finden wir sie als TYR dargestellt. Der weibliche Aspekt des Grals ist das Gefäß (Kessel, Kelch). Dieses erscheint zuletzt als ODIL-Rune, läßt sich jedoch über

BAR bis hin zur UR-Rune zurückverfolgen. Unter den Thule-Runen ist UR der weibliche Gral, der Urbrunnen und Urborn allen Lebens, das Urgefäß. Die gestürzte UR-Rune versinnbildlicht deutlich den Gefäß-Charakter (wie auch der Buchstabe U).
In diesem Zusammenhang können wir also TYR als männlich, UR als weiblich ansehen und von der dritten Thule-Rune LAF erwarten, daß sie ausgleichend-neutralen Charakter aufweist. Dann hätten wir eine »Dreieinigkeit« von Thule-Runen, die in ihrem Namen den atlantischen Gral selbst trägt. Dem ist in der Tat so. Die allgemeine Bedeutung der LAF-Rune (Leben, Leib, Liebe, Licht usw.) ist weder weiblich noch männlich, sie ist über den Gegensatz der Geschlechter eindeutig erhaben. In bezug auf den Gral finden wir in LAF den Stein – die dritte Erscheinungsform des Grals –, wenn wir etwas genauer hinsehen.

*Ein FAL-Gott aus Griechenland*

Wir müssen dazu die LAF-Rune stürzen und ihren Namen umgekehrt lesen. Dann haben wir FAL, das ist aber der namenlose Phallos. Überall in der Welt stehen FAL-Steine, in Westeuropa werden sie als Menhire bezeichnet. Sie sind zwar phallisch, jedoch keineswegs nur männlich, denn der namenlose Phallos ist lediglich ein Zubehör der Großen Mutter. Die gestürzte LAF-Rune, FAL also, betont das Sex-Chakra und stellt die elementare, sexuelle Lebenskraft dar. Sie ist Teil der FA-Rune, bei dieser kommt aber das Herz (KAN) hinzu, zur Sexualkraft kommt die Liebe.

Der Gralsstein, den die Tuatha aus Atlantis nach Irland brachten, heißt Lia Fail, Stone of FAL, Coronation Stone. Auf diesem wurden die irischen Könige gekrönt, und er bestätigte die Rechtmäßigkeit der Krönung durch Dröhnen. Auch die heutigen Könige von England werden noch auf diesem Stein gekrönt, denn er befindet sich jetzt im englischen Königssessel. Ob der Stone of FAL heute noch dröhnt, ist mir nicht bekannt.
Eine Sturzrune mit dem umgedrehten Namen der Rune zu belegen, ist kein allgemeingültiges Verfahren. Wir haben es bei LAF-FAL nur angewendet, um die sexuelle Bedeutung hervorzukehren, denn diese ist bei den Thule-Runen in der normalen Position nicht ersichtlich. Die Sexualität wird bei den Runen durch die unteren Seitenäste (Sex-Chakra) dargestellt. Im FUDARK gibt es nur zwei Runen, die solche Seitenäste aufweisen, es sind dies FA und BAR, Vater und Mutter besitzen die durch die Sexualität symbolisierte Lebenskraft. FA und BAR gehören zu Freyrs Geschlecht, der Hirschkönig und die Große Muttersau besitzen die Sexualkraft, die den Thule-Runen entzogen ist. Das ist durchaus verständlich, denn die Thule-Runen sind eine ältere Generation, sie wurden durch Freyrs Geschlecht entmachtet, die Lebenskraft wurde ihnen entzogen, die Thule-Runen sind symbolisch kastriert. Wenn man jedoch die Thule-Runen stürzt, ist die Sexualität sofort wieder vorhanden. Tyr, der Himmelsgott, wird gestürzt zu Tyr, dem Fruchtbarkeitsgott, dem Vorgänger des Freyr. UR, die Himmelsmutter, wird gestürzt zu UR, dem irdischen Muttergefäß, dessen Funktion später von BAR übernommen wurde. LAF schließlich wird gestürzt zu FAL, zum namenlosen Phallos, der zuletzt als IS (Hagals Geschlecht) dargestellt wird. Diese etwas mühsamen Sturzübungen sind archäologische Runen-Arbeit. Sie dienen der Aufhellung von uralten Zusammenhängen und der Ehrenrettung sowie Vervollständigung der atlantischen Thule-Runen.
Denken Sie an das Zauberlied der LAF-Rune (S. 175): Will man die Zusammenhänge um die geheimnisvollen Himmlischen erhellen, so benötigt man Witz dazu. Darum wollen wir eine letzte Sturzübung mit der LAF-Rune vornehmen: Gestürztes Leben ist der Tod. FAL ist also auch der Tod, wodurch der enge Zusammenhang von Tod und Sex einmal mehr bestätigt wird. Die LAF-Rune stellt aber auch eine *Sense* dar, ein wesentliches Attribut des Todes. Der Tod, Herr über das Leben, reitet nun vergnügt mit der LAF-Sense in der Hand dahin, um diejenigen zu besuchen, deren Stunde geschlagen hat.
Nun aber stellen wir die LAF-Rune wieder auf die Füße und schauen zu, was sie uns sonst noch zu erzählen hat. Eine alte Bedeutung von LAF ist *Lauch*. Der Lauch ist eine ganz besondere Pflanze, er kommt (wie auch die Eibe) aus Atlantis und hat kultische Bedeutung. Nach

*Der Tod hat das Leben*

der Edda hat der Lauch entgiftende, reinigende Wirkung: »Den Becher soll man segnen und vor Bösem sich schirmen, werfen Lauch in den Labetrank ...« Das wird verständlich, wenn man bedenkt, daß der Lauch als LAF-Pflanze *Leben* und *Licht* in sich trägt. Wo Licht ist, da ist *Erleuchtung;* der Lauch *läutert* und *erleuchtet,* wie dies durch den Adelstitel *Erlaucht* köstlich bestätigt wird. Lauch ist ein königliches Gemüse, er wirkt wahrscheinlich auf die *Leber,* die ein LAF-Organ und – wie der Name schon sagt – Sitz des Lebens ist. Freilich muß dieser Tatbestand aus heutiger Sicht erst wissenschaftlich bestätigt werden, was hier nicht unsere Aufgabe sein kann.
Eine weitere atlantische Pflanze ist die *Mistel.* Auch sie ist eine LAF-Pflanze, stellt aber als Gegenpol zum Lauch das dunkle Licht dar. Kelten und Germanen glaubten, daß sie von oben aus dem Himmel auf die Bäume, vor allem auf die Eiche und Esche falle. Dort wurde sie von den Druiden zur Wintersonnenwende, dem atlantischen Fest des dunklen Lichtes, zeremoniell geschnitten. Die Verwendung der Mistel zu Weihnachten ist heute noch verbreitet. Die Heilwirkung der Mistel wurde von der anthroposophischen Medizin, besser gesagt von Rudolf Steiner erkannt. Die Anthroposophen verwenden die Pflanze als homöopathisches Mittel gegen Krebs in der logischen Erkenntnis der Tatsache, daß der Krebs durch die chaotische Wucherung der dunklen Kräfte entsteht. Will die wissenschaftliche Medizin den Krebs erfolgreich bekämpfen, so muß sie erkennen, daß diese Krankheit durch das verlorene Gleichgewicht der Lichtkräfte in Mensch und Kultur begründet wird. Das ist dann allerdings nicht mehr primär ein medizinisches Problem.
In der germanischen Götterlehre ist die Mistel mit *Loki* verbunden. Baldur, der lichte Sohn der Muttergöttin und des Allvaters, kann durch nichts, außer den unscheinbaren Mistelzweig verletzt werden. Prompt wird er auf Betreiben des dunklen Loki vom blinden Höd mit einem Mistelzweig – den Höd als Pfeil benutzt – durchbohrt. Der Hell-Dunkel-Gegensatz zwischen Baldur und Loki ist wie der Krebs ein ungelöstes Problem des Gleichgewichts der Lichtkräf-

te. Man hätte lieber Baldur homöopathisch mit Mistel behandeln oder ihn wenigstens mit dem Mistelzweig streicheln müssen, statt ihn zu erschießen. Baldur und Loki sind ganz einfach zu extrem und können nicht miteinander in Frieden leben, obwohl sie beide vom selben Stamm herkommen: beide sind Lichtkinder, Götter von LAF. Auch das nachfolgende Christentum konnte das Problem nicht lösen, dort finden wird denselben scharfen und unversöhnlichen Gegensatz zwischen Jesus und Luzifer. Und wie gesagt, mit dem Krebs laborieren wir heute noch (und nicht nur damit) am selben Dilemma.

Der dunkle Loki ist ein Feuergott, er ist nur dunkel, weil er im Schatten steht. Baldur ist ein Lichtgott, Loki aber ist wie Luzifer ein *Lichtbringer.* Wie der griechische Licht- und Kulturbringer Prometheus, hat es auch Loki an der *Leber.* Im Rahmen einer homöopathischen Behandlung würde man Loki etwas *Lauch,* Baldur aber etwas Mistel verabreichen müssen. Das wäre dann im Sinne der LAF-Rune ein gewisser Beitrag zur Aussöhnung des bestehenden Gegensatzes der hellen und dunklen, der guten und bösen Kräfte, ein Schritt zur Lösung dieses Erzproblems der Menschheit.

Loki ist wie jeder Lichtbringer ein gefallener Gott. Wie in der Vorstellung der alten Germanen die Mistel vom Himmel fällt, ebenso der Kulturbringer, um der Menschheit Licht zu bringen. Dabei gerät er selbst in den Schatten und wird von den Menschen als der Böse erlebt. In Wahrheit handelt es sich um ein notwendiges Opfer, ob es nun freiwillig oder unfreiwillig geschieht. Diese Aufgabe fällt dem 13. Asen, Loki, zu, wie auch der Verrat an Jesus dem 13. Jünger Judas zufällt. Ohne Loki hätten wir genausowenig Licht, wie wir ohne Judas keinen erlösenden Christus hätten. Loki, Judas und alle Teufel haben auch ihre guten Seiten – das ist ein Gralsgeheimnis, woran auf die Dauer kein Weg vorbeiführt. Schwärzen Sie ein bißchen den allzu hellen Gott und erhellen Sie ein wenig den schwärzesten Teufel, und Sie sind auf dem Weg zur Wahrheit!

Das Wirken des Lichtbringers und der LAF-Rune können Sie in freier Natur sehen, wenn Sie einmal bei bewölktem Himmel spazierengehen. Sobald ein Sonnenstrahl ein Loch in der Wolkendecke findet, fällt das Sonnenlicht von oben schräg nach unten – man sieht geradezu den einzelnen Strahl – und beleuchtet unten die trübe Welt. Sobald die Wolkendecke sich schließt, ist der Lichtbringer verloren.

Am eigenen Leib können Sie LAF erleben, wenn Sie sich gerade hinstellen, mit dem Zeigefinger bei gestrecktem Arm schräg nach unten zeigen und dabei den Punkt auf dem Boden anvisieren, auf den Ihr Finger zeigt. Noch besser ist es, Sie stehen dabei auf einem Stuhl. Stellen Sie sich nun vor, da unten laufen kleine Wesen herum, die Schwierigkeiten haben. Es ist möglich, daß Sie Mitleid mit diesen Wesen empfinden, ihnen helfen möchten und zu diesem Zweck zu ihnen nach unten steigen, um den winzigen Wesen zu zeigen, wie man z.B. Feuer macht . . .

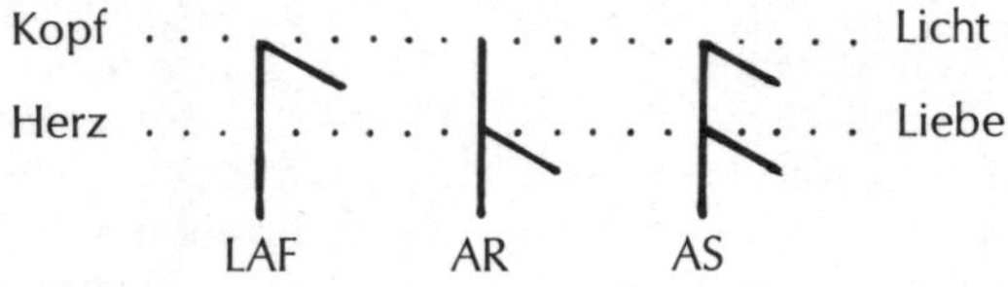


Loki ist ein Ase, LAF ist Teil der AS-Rune. Die Asen sind involutionäre Götter, ihr Anliegen ist der Abstieg, die Hilfe und das Opfer nach unten. Wenn dies jedoch nur aus dem Kopf (LAF) und ohne Beteiligung des Herzens (AR) geschieht, so ergeht es dem Lichtbringer wie dem Prometheus: der Adler (AR) kommt und frißt seine Leber (LAF). Hilfe sollte nicht nur aus dem Kopf, sondern unbedingt auch aus dem Herzen kommen. Das gilt für jede Hilfe und jedes Opfer, selbst für die Entwicklungshilfe für die Dritte Welt.

| | | |
|---|---|---|
| Geist | Licht | |
| Seele | Liebe | } Leben |
| Körper | Leib | |

Der involutionäre Aspekt der LAF-Rune bedeutet »Opfer des Kopfes«. Doch der Mensch kann keinen Geist opfern, denn der Geist gehört ihm nicht. Er sollte vielmehr jene übertrieben verstandesmäßige Einstellung zum Leben opfern, die oftmals die Liebe im Herzen verdunkelt. Dann erst erfährt er das wahre Wesen des Geistes, und das ist nicht der Verstand, sondern reines Licht. Die LAF-Rune ist *Leben,* im *Leib* eingeschlossenes *Licht.* Wer dieses Licht ins Herz zu tragen vermag, lebt fortan in *Liebe.*

Der Ritter (RIT = 5) kennt das Geheimnis des Lebens in Liebe (LAF = 14 = 1 + 4 = 5), denn er geht den Weg des Herzens. Als Loki ihn eines Tages am Wegrand traf und nach dem rechten Weg fragte, zog der Ritter sein Schwert, ritzte einige Runen in die Erde und schlug Loki zum Ritter.

## 15. Die Rune MAN

## Der Mensch

### Das Urteil

»Ich kann dies als fünfzehntes, das vor Dellings Tor
Thjodrörir ertönen ließ:
er sang Kraft den Asen, den Alben Gewinn,
Weisheit Walvater.«

Die MAN-Rune stellt im wesentlichen den Menschen oberhalb der Gürtellinie dar. Nehmen Sie die Körperstellung der Rune ein (siehe Anhang), und Sie werden sehr schnell mit der Kraft von MAN in Verbindung treten können. Die Intonation hilft dabei erheblich. Wenn Sie zuerst die IS- und anschließend die MAN-Rune körperlich einstellen und gleichzeitig intonieren, so werden Sie selbst zum lebendigen Symbol IS-MAN. Dies bedeutet: Ich (bin ein) Mensch – und genau dies ist auch die Antwort des Orakels auf Ihre Frage.
Je nach der gestellten Frage müssen Sie die Antwort deuten, doch stets sind dabei der Mensch, die Menschlichkeit und eine menschliche Einstellung im allgemeinen und im speziellen gemeint. Sie sind ein Mensch, doch der andere ist zweifellos auch einer. Die menschliche Beziehung zwischen zwei oder mehreren Menschen entsteht gerade dadurch, daß alle Beteiligten sich dieser Tatsache bewußt werden und sich gegenseitig entsprechend behandeln.
Der Mensch hat sich im Laufe seiner Entwicklung aufgerichtet. Nicht, weil das Gras um ihn herum zu hoch war, um auf allen vieren sehen zu können, sondern weil er von oben einen Ruf empfing. Die MAN-Rune zeigt die Empfangsmechanismen des Menschen, sie sind gleichzeitig die Einrichtungen, die den Menschen vom Tier unterscheiden und ihn zu dem machen, was er ist und sein sollte. Es sind dies die *Hände* und der *Kopf.* Diese kosmische Empfangsstation funktioniert heute noch wie eh und je, und Sie können mit ihrer Hilfe mit dem Geist des Alls in Kommunikation treten.
Befragen Sie den Kosmos, und gehen Sie dann in Hinblick auf Ihre Frage im Sinne der MAN-Rune vor: *mental* (MAN als Kopf) und *manuell* (MAN als Hand). Klären Sie Ihre Frage (oder Ihr Problem) zunächst mit dem Verstand (sanskrit *manas*), prüfen Sie die Lage möglichst objektiv und unter Ausschaltung emotionaler Störungen. Die Körperstellung der MAN-Rune beschert bei geschlossenen Augen oft visuelle Wahrnehmungen, die Ihnen eine Antwort in bildhafter Form

liefern. Schreiten Sie sodann zu dem zweiten Aspekt der MAN-Rune, zur Anwendung Ihrer Hände, indem Sie *handeln.* Die menschlichen Hände besitzen verschiedene wesentliche Funktionen. Sie können mit Ihren Händen etwas in Empfang nehmen, Sie können aber auch etwas (z. B. das Empfangene) weitergeben. Die Hände können arbeiten oder spielen, sie können aber auch segnen und beten. All diese Aspekte können in Ihrem Fall wichtig sein; prüfen, wählen und handeln Sie dann entsprechend!
Die MAN-Rune mahnt zur Bescheidenheit, denn die »Krone der Schöpfung« bleibt im Vergleich zu Erde und Kosmos immer ein kleines, empfangendes Wesen. Doch eben diese Einsicht ist ja die Quelle der Menschlichkeit. Vergessen Sie nicht, was die MAN-Rune zeigt: Der Weg vom Kopf zu den Händen führt über das Herz.

## Der Kommentar

Die Triade der 13., 14. und 15. Rune (BAR, LAF und MAN) hat mit dem Leben zu tun. BAR ist die Mutter, der Born des Lebens. LAF bedeutet das Leben in seinem allgemeinen Aspekt, und mit MAN nimmt das Leben speziell menschliche Form an.
Mit MAN wird das männliche (und mit der folgenden Rune YR das weibliche) Prinzip verbunden. Dies ist eine grundsätzliche *falsche* Ansicht, der (fast) alle Runenforscher verfallen und die wir hier erbarmungslos revidieren müssen.
Am Anfang war allemal das Ei, dann das Huhn und erst dann der Mann. Das weibliche Prinzip ist älter. Im Laufe einer langen Entwicklung gelang es den Männern, sich zu emanzipieren, doch sie blieben nicht dabei. Nach und nach wurde das Männliche als erstes Prinzip hingestellt, seit mindestens 4000 Jahren ist jede Geschichtsschreibung, Philosophie und Religion einseitig männlich »verfälscht«. Und ebenso die Sprache.
MAN und YR sind arische Runen aus Hagals Geschlecht, sie drücken bereits männliche Verhältnisse aus. Betrachtet man sie oberflächlich, so wäre demnach nur der Mann ein Mensch (MAN) und die Frau eben keiner. Die YR-Rune ist der arische Nachfolger der EIBE-Rune (gemeingermanische Rune), woraus sich das Wort Weib (W-Eibe) herleiten läßt. Immerhin ist dies eine Bestätigung für das höhere Alter des weiblichen Prinzips, denn die Eibe ist der uralte Lebensbaum aus Atlantis. Doch was ist ein Weib? Ist es etwa eine Pflanze (Eibe) oder doch schon ein Tier? (Manche Männer nennen die Frauen

»Tierle«.) Das Wort Frau stammt von Freyja-Frigg ab (siehe FA-Rune), aus der vorarischen Zeit, als die »Frau Herrin« (Freyja) noch dem Mann (Freyr, Herr) ebenbürtig, wenn nicht diesem überlegen war. Die Sprache ist vollständig männlich unterwandert. *Man er*klärt die Weltlage, und die Frau kocht zu Hause die Suppe. Deshalb sprechen Frauenrechtlerinnen so: »Heute sollte frau auf die Selbstsiekenntnis großen Wert legen . . .« – was natürlich unsinnig ist. Manche versuchen auch statt »man« »sie/er« oder »mensch« zu sagen und zu schreiben, doch die Sprache kann man nicht gewaltsam verändern. Der einzige Sinn solcher Übungen kann nur sein, Aufmerksamkeit für und Nachdenken über bestehende Verhältnisse zu wekken und zu bewirken – und das ist auch schon eine ganze Menge.
Obwohl das Wort man und die Rune MAN männlich belegt sind, sind sie keineswegs nur männlich. Schon die Gestalt der MAN-Rune zeigt eine Ausgeglichenheit zwischen der linken und rechten, der weiblichen und männlichen Seite. Name und Bedeutung überzeugen dann vollends von der Zweigeschlechtlichkeit von MAN.

MAN
↙ ↘
Ma Mann

MAN bedeutet sowohl Ma und Mama als auch Mann. Nur hat der Mann der Ma ein »n« geklaut und sich selbst angehängt. Die ursprüngliche Bedeutung von MAN ist Mensch, das heutige Wort Mensch hat sich aus MAN über »Mannisko« und »Mennisko« entwikkelt. Die »Vermännlichung« des ursprünglichen Menschen MAN begann in arischer Zeit, als MAN als Gottes *Sohn* erklärt wurde. Tacitus schreibt in »Germania«:
»Die Germanen preisen in uralten Liedern, der einzigen Art von geschichtlicher Überlieferung, die es bei ihnen gibt, den erdentsprossenen Gott Tuisto. Ihm weisen sie einen Sohn Mannus als den Urahn und Stammesvater ihres Volkes zu.«
Tuisto bedeutet etwa »Zwitter«. Der Name Tuisto verweist wie auch Teiwaz, Tyr oder auch Tuatha auf die Thule-Runen und ist atlantischen Ursprungs. Der zweigeschlechtliche Gott ist Sohn und zugleich Gatte der Großen Mutter Erde. Tuistos Sohn *Mannus* hingegen ist bereits ein männlicher Gott der arischen Indogermanen, den die Inder als *Manu* kennen, die Indianer aber als *Manitu.*
*Mani,* der personifizierte *Mond* der germanischen Götterlehre, ist ein Mann, weshalb wohl auch der männliche Artikel des Mondes erhalten blieb. Die Sonne (Sol, Sunna) ist hingegen eine Frau. Auch

diese Tatsache beweist den ursprünglichen Vorrang des weiblichen Prinzips, denn der Mond verkörpert nur eine zweitrangige, reflektierende Kraft, während die Sonne die ursprüngliche Macht des Lichtes darstellt. Mani ist also ein männlicher Aspekt der MAN-Rune, wohl kaum aber die *Monatsblutung* der Frau, die durch Monat und Mond ebenfalls mit MAN zusammenhängt. Die *Menstruation* ist ein Geheimnis der Ma-Mutter, der Mann wird dabei naturgemäß ausgeschlossen. Zumindest war das früher so – heute werden die letzten intimen Geheimnisse der Geschlechter im Namen der Aufklärung gewaltsam abgerissen, was letztlich mehr Nach- als Vorteile mit sich bringt.

Der Mann im Mond

MAN ist also Ma und Mann in einem. Der männliche Versuch, die weibliche Bedeutung der MAN-Rune zu verdrängen, ist psychologisch gesehen verständlich, denn das weibliche Prinzip ist letzten Endes stets mächtiger, und die Männer mußten sich wehren, wenn sie schon die Macht in Anspruch nahmen. Während die Frau nämlich sich als Mutter mit der Großen Mutter Erde identifizieren kann, bleibt der Mann immer – ganz gleich wieviel Macht er an sich reißt – ein bißchen *Sohn* – ein Sohn der Erde. Die Erde *hat* den Mann, die Frau aber *ist* (wenigstens zum Teil) die Erde selbst. Dieser Tatbestand wird durch den rätselhaften »Mann im Mond« poetisch ausgedrückt. Der Menschensohn ist stets Sohn der Mutter, wie Jesus der Sohn der Maria (Ma) war. Zwar haben die Männer den Vater im Himmel als Gegenpol zur Erde erkannt, doch nur wenige Gottessöhne sind wie Christus und andere Erwachte je auf dieser Erde gewandelt.
Leicht erkennt man in der MAN-Rune einen Menschen mit gegen den Himmel erhobenen Händen. Es ist eine uralte Gebetsstellung, ob man nun die aufgehende Sonne begrüßt, den Segen des Himmelsgottes erfleht oder einfach auf *Manna* wartet. Nehmen Sie diese Stellung ein, und Sie werden sofort ein leichtes Vibrieren in den Handflächen verspüren. Das Jucken in der Hand ist – wie man sagt – ein Zeichen dafür, daß man etwas bekommen wird (aber auch dafür, daß man etwas geben, also weitergeben sollte). In der Tat sind diese Stellen in den Handflächen Kontaktstellen zur kosmischen Energie,

»Steckdosen« zum Himmelsreich. Hier (und auch durch den Kopf) kann der Mensch von oben empfangen und so mit dem Vater im Himmel in Verbindung treten. Somit können wir die MAN-Rune als eine Antennenstation zum Himmel erkennen, die in der Hauptsache auf Empfang eingestellt ist. Das ist auch der Grund, warum der gekreuzigte Jesus Christus in der Stellung der MAN-Rune dargestellt wird, und weiterhin, weshalb seine Handflächen die Wunden der Nagelung tragen, obwohl diese sicherlich in den Handgelenken erfolgt war. Bei vielen Darstellungen (z. B. bei Wegkreuzen) sind Kreuz und Gekreuzigter überdacht. Dabei dient das Dach weniger als Wetterschutz, vielmehr kommt hierdurch die TYR-Rune zum Ausdruck. Erstens bedeutet TYR, daß Jesus Christus seinen Auftrag unter »Dach und Fach« gebracht hatte: »Es ist vollbracht.« Darüber hinaus bedeutet TYR als Ergänzung zu MAN gewissermaßen den »Sender« in den Himmel, so daß wir in der Kreuzigung den symbolischen Ausdruck einer »Kommunikationsstation« zwischen Himmel und Erde vor uns haben.

MAN-TYR am Kreuz

MAN-TYR oder TYR-MAN bedeutet auch GER-MAN. Die auf diese Weise in Runen hergeleitete Kreuzigung führt zur germanischen Variante des Christus, zu KRIST. Die Vorstellung vom gehängten Gott ist zentrales Thema der germanischen Götterlehre (siehe dazu die Runen HAGAL und TYR). Mit MAN erscheint nun der *Menschensohn,* der durch die Kreuzigung sich mit Krist-Hangatyr vereinigt und so zum Gottessohn wird. Man erkennt, daß die vom Süden her nach Europa einströmende jüdisch-römische Gotteslehre den Germanen keineswegs ganz fremd war. Sonst wäre wohl eine Christianisierung auch kaum möglich gewesen.

Krist Hangatyr Menschensohn

Die Heimat der Menschen ist Mittelerde oder Midgard, der mittlere Teil des Gartens. Die MAN-Rune betont Mittelerde und darüber hinaus den oberen Teil des Gartens bis Asgard hin. Damit ist klar, daß MAN und YR nicht den männlich-weiblichen Gegensatz, sondern den

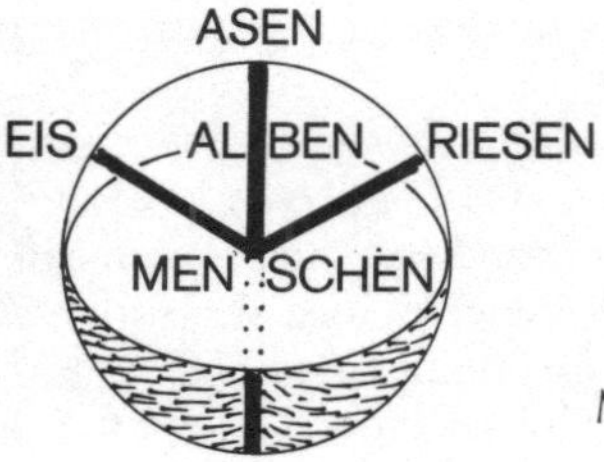


Mittelerde

von oben und unten darstellen. Viele Bewohner bevölkern den oberen Teil des Gartens.
Das Zauberlied erzählt von Delling und Thjodrörir, sie sind Zwerge. Delling ist der »Morgentau«, zusammen mit Nott (Nacht) erzeugt er Dag, den Tag. Dellings Tor ist der Eingang in seine unterirdische Felshöhle, »vor Dellings Tor« die poetische Umschreibung (Kenning) für das Tageslicht. Mit dem Zauberlied betreten wir das Tageslicht der Oberwelt und befinden uns in der Mitte von Mittelerde. Vor uns ragt majestätisch der Weltenbaum empor. Die MAN-Rune bildet die *Krone* der Weltesche, sie zeigt weiterhin die drei Wege, die in drei Richtungen des oberen Reiches führen.
Die Welt entstand aus Eis und Feuer. Das erste Lebewesen ist der Eisriese Ymir, der (wie auch Mimir) YR und MAN in seinem Namen trägt. So wie die Welt entstand, kann sie auch nur durch das ständige Zusammenwirken des (nördlichen) Eises und des (südlichen) Feuers bestehen. Das Eis eines steten Winters würde die Erde ebenso gefrieren, wie ein andauernder Sommer sie verbrennen würde. Nur die behutsame Vermengung von Feuer und Eis ermöglicht das Leben. Aus der anfänglichen Existenz des Eisriesen Ymir im Norden und der feurigen Kuh Audhumla im Süden hat sich die Welt entwickelt. Götter, Menschen und alle Wesen stammen von ihnen ab.
Zu den Urzeiten, »da Ymir hauste«, gab es noch keine Menschen. Nur das ältere Geschlecht der Riesen bevölkerte die Erde, und die Riesen waren in der Tat sehr groß. So groß, daß sie anfänglich gar nicht merkten, wie sich die kleinen Wesen unter ihren Füßen immer mehr vermehrten. Diese Winzlinge hatten große Angst vor den Riesen, doch sie hatten in den Asen auch mächtige Beschützer, die ihre Entwicklung wohlwollend verfolgten. Eines Tages dann dämmerte es den Riesen, und sie hatten erkannt: ihre Zeit war abgelaufen. Von nun an sind die Menschen das führende Geschlecht auf Erden und sie bewohnen Mittelerde. Der Lauf der Zeit läßt sich nicht aufhalten. Das Vermächtnis der Riesen an die Menschen ist die zu beherzigende Warnung: »Achtet auf die kleinen Wesen unter euren Füßen,

denn vielleicht werden sie eines Tages die Erde beherrschen, und ihr müßt dann gehen.«
Wehmütig zogen sich die Riesen zurück. Viele starben, die anderen vermehrten sich kaum mehr und wanderten gen Osten an die Randgebiete der Welt, wo sie heute noch vereinzelt wohnen. Einige von ihnen wurden auch immer kleiner, sie schrumpften, bis sie ihre Körper nicht mehr als Last empfanden und fliegen konnten. Diese Riesen, jetzt kleine, geflügelte Wesen, lebten fortan als Alben (Alfen, Elfen) oberhalb von Mittelerde in der Luft.
Gerade die Alben, diese rätselhaften Bewohner eines Zwischenreiches von Asgard und Mitgard, können uns eine wesentliche Bedeutung der MAN-Rune verständlich machen. Sie könnten durchaus eine mögliche, künftige Entwicklung der Menschheit aufzeigen, denn sie haben sich entwickelt, indem sie sich *vergeistigt* haben. Unter diesem Aspekt ist MAN die Rune der evolutionären *Entwicklung* des Menschen, einer Entwicklung, die voller Gefahren, trotzdem aber möglich und erwünscht ist. Der Mensch, Kind der Mutter Erde, kann sich zum Vater im Himmel hin entwickeln, wenn er den Weg des Geistes betritt. Wesen, die diesen Weg nicht gehen wollen oder können, werden wie die Riesen oder auch die Dinosaurier an den Rand der Existenz gedrängt und sterben aus.
Vergeistigung ist notwendig, sie darf jedoch auch nicht einseitig übertrieben werden. Erzwungene und sterile Entwicklungen wie etwa die »Abtötung der fleischlichen Begierden« schneiden nur die vitalen, wäßrig-feurigen Wurzeln ab und lassen den Menschen wie Eis gefrieren und zu einer gefühllosen Larve werden. Die richtige Entwicklung des Menschen (MAN) ist eine Kunst und erfordert Können (KAN ᚴ = 6). Wer sie beherrscht, ist ein KAN-MAN (15 = 1 + 5 = 6), ein Könner. Ein solcher Mensch entdeckt, daß das Leben ein freier Tanz ist, ob nun Tango oder KAN-KAN (Cancan).
Die Hierarchie der Reiche im Garten hat auch ihre Entsprechung in der christlichen Terminologie. Weiterhin finden wir sie im menschlichen Körper. All diese Aspekte können gewinnbringend verfolgt werden; wir wollen sie zum Schluß in bezug auf die MAN-Rune in Erinnerung rufen:

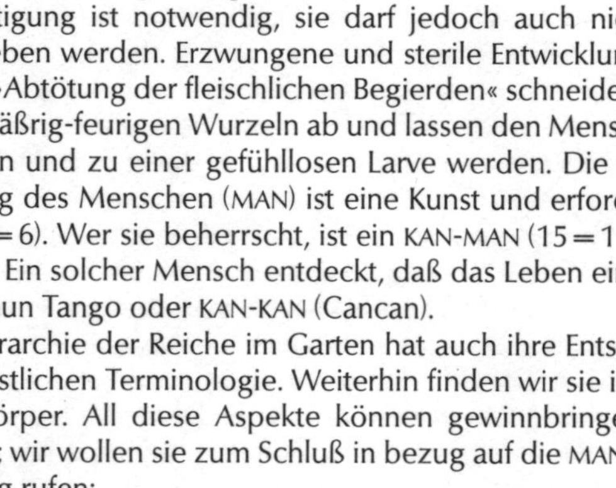

# 16. Die Rune YR

## Die Verführung

ᛦ

### Das Urteil

»Ein sechzehntes kann ich, wenn von besonnener Maid
ich Liebe und Lust begehr:
dem weißarmigen Weib wend ich den Sinn
und wandle den Willen ihr.«

Wenn Sie tatsächlich im Sinn haben sollten, jemanden zu verführen (ob es sich dabei um eine Frau oder einen Mann handelt, ist gleichgültig), so sind dafür Lage und Zeit in der Tat günstig. Die Antwort des Orakels stellt das Gelingen Ihres Vorhabens in Aussicht, und ich wünsche Ihnen viel Vergnügen! Vielleicht könnten Sie sogar einem Dritten Hörner aufsetzen, besser gesagt ein Elchgeweih, wie es die gemeingermanische Bedeutung der YR-Rune andeutet. Seien Sie jedoch auf der Hut, denn das Orakel ist ein Schelm. Es könnte nämlich ebensogut sein, daß Sie verführt werden, und am Ende werden noch gar Ihnen die Hörner aufgesetzt!
Solche konkrete Deutung erreicht nur eine oberflächliche Schicht der Antwort, die aber trotzdem unbedingt zu beachten ist. Letztlich ist das ganze Leben ein Symbol, und äußere Ereignisse sind Widerspiegelungen seelischer und geistiger Vorgänge. Schürfen Sie tiefer, und Sie werden sich mit dem Phänomen der Verführung in einem ganz allgemeinen Sinn konfrontiert sehen. Die Verführung hat tausend Gesichter, bei ihrem Spiel können Sie sowohl die aktive Rolle des Verführers als auch die passive des Verführten spielen. Ihre Aufgabe ist es nun, die Gesetzmäßigkeiten der Verführung zu erkennen. Dann können Sie nicht mehr verführt werden und werden auch keine Lust verspüren, andere zu verführen, denn Sie haben die innere Führung gefunden und können diese als verantwortlicher Führer in Ihrem persönlichen Bereich auch anderen vermitteln.
Der einzige Weg, um die Mechanismen der Verführung kennenzulernen, ist, sich selbst bei klarem Bewußtsein verführen zu lassen. Lassen Sie sich verführen, und halten Sie dabei die Augen offen! Jede Verführung kommt letzten Endes von der oder durch die *Erde,* ganz gleich welche Form die Verlockungen im gegebenen Fall auch annehmen. Nehmen Sie den Ruf auf, es ist der Lockruf der Erde. Lassen Sie sich fallen, steigen Sie hinab, tauchen Sie hinein in die Dunkelheit, doch richten Sie dabei Ihre Augen nach oben zum Licht hin.

Folgen Sie dem Ruf der Erde und tun Sie, was sie von Ihnen will, doch schauen Sie dabei ganz genau hin und sehen Sie zu, was Sie tun. Denn kein Mensch kann verführt werden, ganz gleich, was er auch tut, wenn er weiß, was er tut. Wenn Ihnen dieser Weg zu gefährlich erscheint, können Sie ihn natürlich meiden. Doch dann laufen Sie Gefahr, Opfer der Verführung zu werden. Und Opfer tragen Schuld – trotz der heute modischen gegenteiligen Auffassung.
Die YR-Rune stellt den Menschen unterhalb der Gürtellinie dar. Um mit YR eins zu werden, müssen Sie sich *erden.* Dabei leistet die Körperstellung (und Intonation) der Rune gute Dienste. Wenn Sie ein Yogi sind, können Sie es mit dem Kopfstand versuchen. Ansonsten ist die körperliche Einstellung wie im Anhang beschrieben zu empfehlen. Wenn Sie mit der Erde eins sind, kann Ihnen nichts Böses mehr passieren.

**Der Kommentar**

Die Worte des Zauberliedes könnten aus dem Mund der biblischen Schlange stammen, hat sie doch die Kunst beherrscht, Eva zu verführen. Auch Odin, der ja der Sänger der Zauberlieder ist, verführte Gunnlöd in Schlangengestalt, um von ihr den begehrten Skaldenmet zu bekommen. Die YR-Rune symbolisiert die Verführung, jedoch nicht nur im engen erotischen, sondern in einem ganz allgemeinen Sinn.
YR entsteht durch den Sturz der vorangegangenen Rune MAN, der nach oben zum Geist hin strebende Mensch (MAN) wird durch YR verführt und auf den Kopf gestellt. Im Verlauf des FUDARK stellt die YR-Rune die letzte und unbedingt notwendige Prüfung dar, bevor sich der Ritter auf seiner Suche der Gralsburg (ODIL) nähern darf.

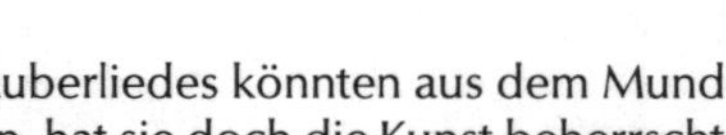

Bewußtsein Sein Dasein

Bei der Behandlung der MAN-Rune haben wir gesehen, daß MAN genausowenig eine ausschließlich männliche, wie YR eine nur weibliche Rune ist. Somit ist jede Behauptung, YR als die »Rune des Weibes« abzustempeln, schlicht falsch, wenn auch aus der heute herrschenden männlichen Sicht der Welt verständlich. MAN und YR versinnbildlichen nicht den ergänzenden Gegensatz zwischen Mann und Frau, sondern den zwischen Ober- und Unterwelt. Und wer wollte schon behaupten, daß es in der Hölle mehr Frauen als Männer gibt?

| YR | MAN |
|---|---|
| unten | oben |
| dunkel | hell |
| Nacht | Tag |
| Stoff | Geist |

Auch die gängige Bezeichnung von YR und MAN als Todes- und Lebensrune ist nicht ganz korrekt, obwohl dies dem Wesen der zwei Runen schon recht nahekommt. Immerhin stirbt der Stoff, wenn der Geist ihn verläßt, und dieser kann vielleicht auch ohne Stoff weiterleben. Es ist halt schwer, die eine Wirklichkeit durch eine einfache Teilung als Polarität zu beschreiben, denn die so erhaltenen Gegensätze sind dermaßen allgemein, daß sie genausogut ausgetauscht werden könnten. Auf jeden Fall hat die YR-Rune mit dem *irdischen Dasein* des Menschen zu tun, im Gegensatz zur MAN-Rune, die ihn als mit Bewußtsein begabtes geistiges Wesen beschreibt.

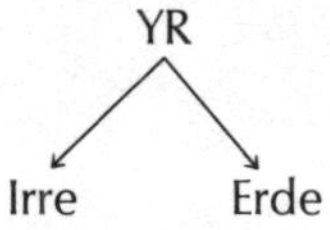


»Irren ist menschlich« besagt eine Redewendung. Im Sinne der YR-Rune ist *irren* nicht nur menschlich, sondern schlechthin *irdisch,* denn »irren«, »irden«, »erden«, »Irre«, »Irde« und »Erde« gehören alle zur Kategorie der YR-Wörter. Weiterhin ist YR mir AR-verwandt (YR ᛦ = AR ⊣ + AR ⊢ oder AR-AR), beide sind arische Runen, die in den Gottesnamen Er, Ir und Ar zum Ausdruck gelangen. Demgegenüber verweisen die Wurzeln El, Il und Al auf atlantisches Erbe, wie überhaupt die Verschiebung von »l« nach »r« den atlantisch-arischen Übergang bedeutet. Diese Lautverschiebung gibt Anlaß zu Witzeleien über die Sprache der Chinesen, die sie offensichtlich nicht im gleichen Maße wie die Arier vollzogen haben. Mit der YR-Rune haben wir Thule-Atlantis längst verlassen und befinden uns im *Irrgarten der Arier.*

Das *Labyrinth* ist ein treffendes Bild für die YR-Rune. Es symbolisiert das irdische Leben mit seinen unvermeidlichen Irr- und Umwegen, Schwierigkeiten, Täuschungen, Illusionen und Prüfungen. Die an sich geordnete Welt erscheint als planloser Irrgarten, worin der

*William Blake: Gott schafft das Universum*

Mensch zum scheinbar hoffnungslosen Leben verdammt ist. Die einzige Hoffnung besteht in der leisen Gewißheit, daß in der Mitte des Gartens doch noch das Licht leuchtet.

Die Vertreibung aus dem Paradies als Folge der Verführung durch die Schlange ist die Entlassung des Menschen in die irdische und *verwirrende* Welt der YR-Rune. Hinausgestoßen aus dem lichten Zentrum, befindet sich der Mensch von nun an im Irrgarten des irdischen Daseins, der Weg führt unweigerlich nach unten, hinein in die Welt des Stoffes. Und doch ist dieser Weg absolut unumgänglich. Es ist der einzige und notwendige Umweg, der durch das Unten doch noch nach oben führen kann. Denn wären wir nicht aus dem Paradies vertrieben worden, hätten wir auch kein Interesse daran, je dorthin zurückzukehren – und das Leben bliebe völlig sinnlos.

Der YR-Weg begann nicht erst mit der Verführung und Vertreibung, sondern bereits mit der *Schöpfung,* wie das auf dem beigefügten Bild von William Blake prächtig dargestellt wird. YR ist eine involutionäre Rune (Äste abwärts), und Involution ist Schöpfung. Der Abstieg des Geistes in den Stoff, die Verstofflichung oder Materialisation, ist

Schöpfung, und ebenso gilt, daß jede Schöpfung stets eine *Verführung* war, ist und sein wird. In der schwarzweißen christlichen Lehre hat freilich Gott die Rolle des Führers übernommen, während er die des Verführers dem Teufel überließ. In Wahrheit jedoch ist der Teufel lediglich die linke Hand Gottes, und jede Schöpfung bleibt ein Experiment und ein Wagnis mit der vagen Hoffnung, daß sie letzten Endes erfolgreich verlaufen wird, indem sie an Erfahrung gereift zu sich selbst zurückfindet. Mit anderen Worten: auch Götter sind der YR-Rune unterworfen und können sich irren, sobald sie sich ins Gefilde des Stoffes begeben. Erst recht der Mensch und also auch der Papst, obwohl dies von der katholischen Kirche aus praktischen Gründen bestritten wird.
Daß diese letzte Bemerkung keine Boshaftigkeit, sondern eine praktische Anwendung der YR-Rune ist, werden wir sogleich sehen. Die MAN-Rune (S. 186) stellt den gekreuzigten Jesus dar. Auch Petrus, der erste Papst, wurde gekreuzigt, jedoch mit dem Kopf nach unten. Kopfunter deshalb, weil Petrus dadurch seine Unterwürfigkeit Jesus Christus gegenüber zum Ausdruck bringen wollte. Das mag schon sein. Wenn wir jedoch das Bild des kopfunter gekreuzigten Petrus betrachten, haben wir ein Bild der YR-Rune vor den Augen.

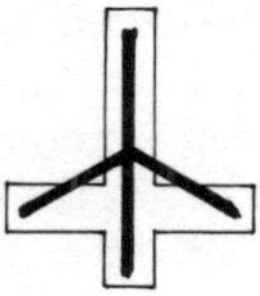

Petrus am Kreuz

In Runen gesehen, hat Petrus mit seinem Tod für all seine Nachfolger und damit schlechthin für den Weg der Kirche ein unübersehbares Zeichen gesetzt. Er bekannte sich und verpflichtete seine Kirche zum YR-Weg mit all den damit verbundenen Vor- und Nachteilen. Daß dieser Weg notwendig ist, kann nicht genug betont werden. Seine Gefahr besteht aber darin, daß die Unterscheidung zwischen verantwortlicher Führung und verantwortungsloser Verführung sehr schwer zu meistern ist. Solange die Kirche die unfehlbare Führung in Anspruch nimmt, wird sie ihre Gläubigen unweigerlich auf eine unverantwortliche Weise verführen. Darüber hinaus bleibt sie selbst stets verführbar, wie dies im Laufe ihrer Geschichte durch Könige und Politiker zur Genüge vorexerziert wurde. Nur das stete Bewußtsein der Fehlbarkeit leistet Gewähr für eine möglichst verantwortliche Führung, und hiervon will die Kirche bis heute nicht viel wissen. Der Hunger nach Macht hat sie verwirrt, auf den Irrweg geleitet und hält sie im Irrgarten gefangen. Je mehr sie sich windet, desto stärker wird sie in den unzähligen Fangarmen des Labyrinths verstrickt.

Doch nicht nur der Kirche ergeht es so, ihr Fehlverhalten ist lediglich ein Musterbeispiel für die Gefahren der YR-Rune. Nicht nur der Vatikan betreibt Waffengeschäfte, auch Krebsforschungsfirmen* investieren ihr Geld in die Tabakindustrie. Wir alle befinden uns notgedrungen auf dem YR-Weg und müssen höllisch aufpassen, damit die dunkle Macht des Stoffes uns nicht endgültig ergreift und daß wir doch noch das freie Licht erblicken.

Gegen Atomwaffen

Will man den Verführungskünsten des Teufels erfolgreich widerstehen, so darf man auf keinen Fall seine Existenz leugnen; ja nicht einmal ihm aus dem Wege gehen. In diesem Fall würde man ihn nämlich gar nicht erkennen, zumal er bekanntlich stets im Schafpelz erscheint. Man muß schon seine Methoden in aller Sorgfalt studieren, um ihn mit seinen eigenen Waffen schlagen zu können. Es gibt viele Teufel, und nur wer das Wesen der YR-Rune verstanden hat, kann ihrer Verführung widerstehen. Aus diesem Grund ist es durchaus sinnvoll, daß die Atomwaffengegner die YR-Rune (wohl unbewußt) als ihr Zeichen gewählt haben, um den wahnsinnig gewordenen Atom-Teufel in seinem Irrsinn etwas zu dämpfen. Denn zu viele Menschen sind schon diesem Teufel auf den Leim gegangen und entwerfen gescheite Theorien, um den bodenlosen Irrsinn der Atomwaffen zu erklären und zu rechtfertigen. Wer solchen Beteuerungen glaubt, wird nicht selig, sondern eher verpulverisiert, und das ist beileibe keine Vergeistigung. Nur der irre Teufel lacht sich ins Fäustchen . . .

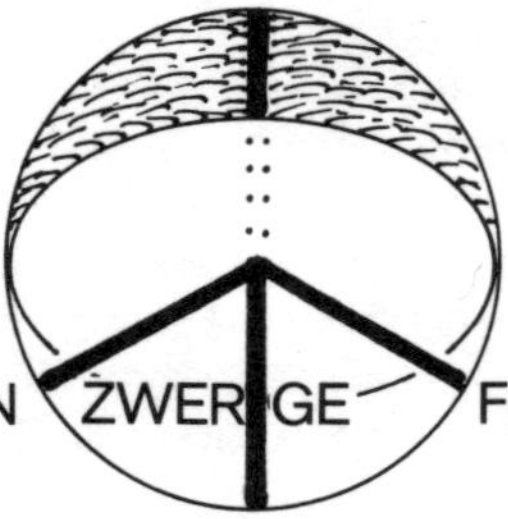


In der Erde

* Laut Bericht der Tagespresse über eine diesbezügliche Untersuchung.

Der Abstieg in die Unterwelt bleibt auf die Dauer keinem Menschen und selbst Göttern nicht erspart. Der Wahrheitssucher muß den Weg nach unten sogar noch früher als andere antreten, denn er will schließlich zum Licht, und der einzige Weg dorthin führt durch die Dunkelheit. Jesus Christus fährt zwischen Kreuzigung und Himmelfahrt in die Hölle, um Adam und Eva sowie alle anderen Menschen von dort zu erlösen. Der germanische Lichtgott Baldur kommt in die Hel und muß dort bis zur Entstehung einer neuen Welt nach der Götterdämmerung verbleiben. Hermod (wie Hermes-Merkurius ein Götterbote) reitet neun Nächte lang über den Helweg zur Hel, um Baldur zu suchen. Auch der alte Held Odin* reitet zur Hel und läßt Baldurs Träume von der Wölwa (Seherin) deuten. Die zu YR quersummengleiche HAGAL-Rune (16 = 1 + 6 = 7) zeigt, daß der Gang in die Erde selbst für Götter (HAGAL) unumgänglich ist, der Weg nach unten ist Vorbedingung der Erhöhung. Die YR-Rune aber zeigt die Architektur der Unterwelt.

Ein dunkler Tunnel am Fuße der Weltesche führt in die Erde. Gleich danach warten Zwerge oder auch Tiere auf den Reisenden, die ihm als Führer in der Unterwelt äußerst hilfreich, ja unentbehrlich sein können. Zwerge sind alte Wesen, sie wurden noch vor den Menschen von den Göttern erschaffen. Das scheue, kleine Volk war sozusagen der erste Versuch beim Schöpfungsexperiment, es konnte jedoch den Weg der Bewußtwerdung nicht antreten, denn Zwerge sind allzusehr an die Erde gebunden, um je fliegen zu lernen.

Vor uns erstreckt sich die ausladende, dreifache *Wurzel* der Weltesche. Links, gen Westen, wohnen die Wanen und tummeln sich in wonnetrunkenem Wahn im warmen Wasser. Auch andere Wasser-Wesen sind noch dort. Rechts, gen Süden, ist das Reich des Feuers, dort nehmen Feuerriesen und Salamander täglich ein Feuerbad in den Flammen und ergötzen sich dabei, ohne sich auch nur im geringsten zu verbrennen. Ganz unten aber haust Hel und wartet auf frische Leichen und auch Nidhögg, der unentwegt an der Wurzel des Weltenbaumes nagt.

In diese gefährlichen Reiche einzutauchen ist die Pflicht jedes schöpferischen Menschen, das heißt, wenn er als Mitschöpfer dieser Welt involutionär tätig werden will. Er wird das wilde Tier (oder den

* Der Zauberer Gandalf in Tolkiens »Der Herr der Ringe« trägt Züge, die sehr stark an Odin erinnern. Er ist wie Odin ein graubärtiger Wanderer mit weitem Mantel und breitem Hut. Neben weiteren Gemeinsamkeiten teilen sie auch die Erfahrung der Reise in die Unterwelt. Von seiner Reise kehrt Gandalf gewandelt auf die Erde zurück, die vormals graue Gestalt ist nun weiß geworden. Aufschlußreich ist die Tatsache, daß Gandalfs Freunde ihn nach seiner Rückkehr nicht sofort erkennen, sondern für einen Feind halten. Gandalf hat also in der Unterwelt Züge seiner Gegner angenommen, ein Tatbestand, der in der psychologischen Sprache als Integration des Schattens anzusprechen ist.

Zwerg) auch in seinem eigenen Bauch finden, und er muß diesen Helfer zähmen. Nur so darf er sich dem Wasserreich der Triebe nähern, die ihn sonst wie ein Strudel in den Wahnsinn treiben. So vorbereitet können den Wanderer selbst die feurigsten Emotionen nicht mehr gegen seinen Willen bewegen (Motion), er wird dem Tod in die Augen schauen können, und mit einem ganz bißchen Glück wird er nach neun Nächten erneut das Tageslicht der Sonne als Gewandelter erblicken. Er hat den Mittelpunkt des Irrgartens erreicht, und dort ist er nun heiter und still . . .

## 17. Die Rune EH

## Das Gesetz

### Das Urteil

»Ein siebzehntes kann ich, daß mich selten flieht
die mädchenhafte Maid:
dieser Lieder wirst du, Loddfafnir,
lange bar bleiben,
ist dir's heilsam auch, hörst du sie,
nützlich, vernimmst du sie,
frommend, befolgst du sie.«

Wollen Sie heiraten? Dem steht nach Ansicht des Orakels nichts im Wege. Oder ist etwa Ihre Ehe in Not? Dann sollten Sie zusätzlich auch noch die NOT-Rune studieren, was übrigens auch sonst zu empfehlen ist, denn EH und NOT hängen untrennbar zusammen. Auf der konkreten Ebene der Ausdeutung müssen Sie auf jeden Fall die Einrichtung der Ehe berücksichtigen (gleich, ob es sich dabei um eine durch Trauschein erworbene »zahme« oder eine »wilde« Ehe handelt), und wenn Ihre Frage irgendwie auf diesen Themenkreis abzielt, so sollten Sie hier unbedingt weiterbohren.
Im allgemeinen Sinne handelt es sich bei der EH-Rune um Aufdekken und Begreifen von verborgenen Gesetzmäßigkeiten, und das ist nicht einfach. Darum warnt der Sänger des Zauberliedes, der alte Held Odin, den Zauberlehrling Loddfafnir (der Name kann etwa »Feuerdrache« bedeuten) vor voreiligen Schlüssen. Nur das wahre Verständnis des ehernen Gesetzes macht wirklich »ehefähig« im ganz allgemeinen Sinne.
Was soll nun wirklich verheiratet werden? Die EH-Rune verbindet in Richtung des Aufstieges den linken unteren mit dem rechten oberen Bereich (die Wanen mit den Riesen). Hier fällt tatsächlich das weibliche Prinzip (links) mit dem dunklen Stoff (unten) zusammen, und sie möchten zum männlich-geistigen Bereich (rechts oben) aufsteigen. Das ist das Bild von Destillation (Alchemie) und Sublimation (Psychologie); der Stoff will erlöst und vergeistigt werden.
Konkreter ausgedrückt: Sie müssen verstehen, daß der träge Stoff durch geistige Gesetze bewegt wird. Gelingt Ihnen das wirklich, werden Sie die große Befreiung erleben und erhalten große Macht. Sie können zum Beispiel Krankheiten heilen, indem Sie die geistigen Hintergründe der Krankheit verändern und damit den kranken Kör-

per erlösen. Sie können Ihr ganzes Leben verändern, indem Sie die unnötigen Fesseln einer materialistischen Lebenseinstellung abwerfen und einen freien Aufstieg nach Geistesgesetz beginnen. Wenn Sie auf dem richtigen Weg sind, werden sich die materiellen Bedingungen des täglichen Lebens von selbst einstellen, und – haben Sie keine Angst – Sie werden nicht verhungern. Das ist EH: die Verheiratung von Stoff und Geist.
Um das Gesetz zu finden, reichen die Fähigkeiten des Verstandes nicht aus. Wenn Sie ein Germane aus der Zeit des Tacitus wären, könnte ich Ihnen die behutsame Ausdeutung des Lebens von Pferden (EHU) empfehlen. Heute aber kann ich nur sagen: werden Sie Zeichendeuter! Versuchen Sie die Gegebenheiten des täglichen Lebens zu deuten, denn in jeder Kleinigkeit kann man letzten Endes das höchste geistige Gesetz erkennen. Einmal erkannt, sollte das Gesetz auch wirklich befolgt werden, sonst fängt alles von vorne an. Wenn nötig, befragen Sie das Orakel noch einmal.

**Der Kommentar**

Immer wieder geht die Sonne auf – das ist ein *ewiges, ehernes Gesetz,* das von *jeher,* seit *eh* und *je* besteht. Das Licht der Sonne vertreibt die Nacht jeden Tag aufs neue, und weil dies schon immer so war, ist uns diese Tatsache *eh* klar. An dem Tag, an dem die Sonne für mich nicht mehr aufgeht, bin ich wahrscheinlich schon tot; und wenn sie für uns alle nicht mehr aufgeht – etwa infolge einer kosmischen Katastrophe – so sind wir alle und mit uns die Erde in großer *Not.*
Wir sehen, wie die Sprache selbst die Bedeutung der EH-Rune verrät.
Den engen Zusammenhang zwischen EH- und NOT-Rune haben wir bereits behandelt (siehe NOT). Ihre Verbindung wird auch dadurch bestätigt, daß sie im FUDARK quersummengleich stehen ($17 = 1 + 7 = 8$). EH und NOT, Gesetz und Not, sind lediglich zwei Seiten einer höher stehenden Einheit, sie sind letztlich identisch:

Das Gesetz ist die Not: EH IS NOT
Die Not ist das Gesetz: NOT IS EH

Das Gesetz wohnt der Not inne und entsteht aus ihr. Wenn die Not drängt und also die Zeit gekommen ist, werden die Gesetze, die von jeher der Not innewohnen, entdeckt. Die plötzliche Entdeckung eines naturwissenschaftlichen Gesetzes etwa ist kein Zufall, es geschieht vielmehr unter dem Zwang der Zeit. Solange die Rechtsprechung auf ehernen Gesetzen beruhte, konnte man vom Naturrecht sprechen, und auch heute werden noch hie und da Gesetze dann richtig erkannt und eingeführt, wenn die Not drängt. Willkürliche Gesetzgebung hingegen, die zwar gewissen Interessen und damit subjektiver, nicht aber objektiver Not dient, bleibt nie von Bestand. Nur das eherne Gesetz ist von Dauer, alle anderen werden stets geändert.

Der Sinn des Gesetzes ist es ja, die Not zu wenden, wie auch die gewendete NOT-Rune die EH-Rune ergibt: Das eherne Gesetz ist *notwendig* und *notwendend.* Das willkürliche Gesetz aber ist zerbrechlich und vermehrt nur die Not.

Abstieg Stein Aufstieg

Eine eindeutige Unterscheidung zwischen NOT- und EH-Rune ist nur möglich, wenn wir die *Richtung* (Schriftrichtung) der Runen beachten. NOT ist der Abstieg, sie führt hinunter in die dunkle Nacht des irdischen Stoffes. Bei der Betrachtung der vorangegangenen YR-Rune (Nr. 16) haben wir uns in dieser Unterwelt aufgehalten. Im Irrgarten der stofflichen Realität steht alles unter Zwang, denn die Steine sind hart, und die Erde zieht uns zwingend hinunter. Irdische Realität ist immer mit Not verbunden, diese erwischt uns einmal mehr, dann wieder weniger und in letzter Konsequenz stets als Tod.

Der schräg nach unten führende Balg-Strich der NOT-Rune markiert den Abstieg. Wie ein *Balg* umhüllt uns der Stoff und verdeckt das Sonnenlicht des Geistes, und wir fragen mitunter verzweifelt, wo da noch die Freiheit bleibt. Frei ist nur der Geist im Menschen. Sobald der Wahrheitssucher im Mittelpunkt des Irrgartens angekommen ist, wird er ins überirdische Licht der geistigen Wirklichkeit eingetaucht. Der Balg fällt ihm vom Leib, *bar und bloß* aller Illusionen steht er da und erkennt:

»Not ist nichts – das ist das Gesetz«

Als der Wahrheitssucher Sokrates dies erkannt hatte, sprach er: »Beim Hunde!« Der schräg nach oben führende Bar-Strich der EH-Rune zeigt den Weg zum Aufstieg. Wenn der nackte Wanderer wie ein Neugeborener diesen Weg betritt, weiß er, daß nicht alles, was hart erscheint, auch wirklich drücken muß. Er sieht die geistige Wirk-

lichkeit hinter der stofflichen Realität und kennt nun neben dem Zwang des Schicksals auch die Freiheit des Geistes. Er ist auf dem besten Weg, frei zu werden. EH!
Die Fähigkeit des Menschen zur *Freiheit* ist selbstverständlich beschränkt – das dialektische Verhältnis von Freiheit und Zwang wird immer bleiben –, doch sie ist trotzdem zweifellos vorhanden. Wenn wir sie leugnen, degradieren wir uns zu Tieren und berauben uns der Möglichkeit, je Engel zu werden. Viele Menschen reagieren allergisch auf die christliche Symbolik, weil gewisse kirchliche Lehren ihnen die Freude daran vergällt haben. Andere wiederum betrachten die christliche Lehre als heilige Kuh und mögen nicht unbefangen davon sprechen. Dasselbe gilt aus anderen Gründen für germanische Symbolik und Götterlehre. Der Schreiber hat als Mongole diesbezüglich keine Probleme und betrachtet diese Dinge ziemlich locker.

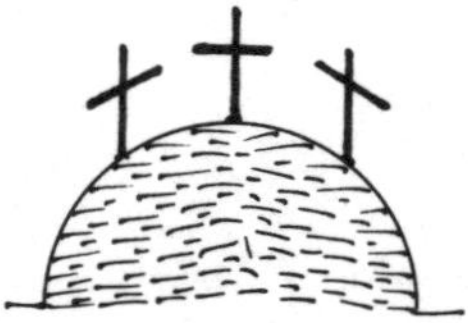

Kalvarienberg

Die EH-Rune führt nach oben zum Geist hin, der allein die Not bis hin zum Tod zu überwinden vermag. Im menschlichen Körper ist der Kopf das wichtigste Einfallstor des Geistes, der Kopf kann als kosmische Kommunikationsstation funktionieren (siehe MAN-Rune). Nun haben wir in der Symbolik des Kalvarienberges, der ein »Schädelberg« ist, eine »Nahaufnahme« des Kopfes mit seiner Antennenstation. Jesus Christus (Scheitelchakra) ist absolut frei, er hat selbst den Tod überlebt. Die zwei schrägen Kreuze der Schächer symbolisieren EH und NOT. Der linke Schächer ist NOT, er glaubt nicht an die geistige Wirklichkeit und muß den Abstieg wählen. Sein Tod ist die Krönung seiner Not, er verbleibt in YR, im Irrgarten des Stoffes. Der rechte Schächer hingegen hat die Relativität der stofflichen Realität durchschaut, er wählt den Aufstieg, wird erlöst durch EH und geht mit Jesus in die geistige Welt der MAN-Rune ein. Diese Wahl hat jedermann jederzeit.
Die Kenntnis des Gesetzes (und nicht die Arbeit) macht frei. Doch die Ausnahme bestätigt die Regel, das Gesetz bleibt in seiner letzten Konsequenz unerforschlich und ein Geheimnis, ein Arkanum: AR + KAN = EH. Der fähigste (KAN) der Adler (AR) mag selbst das letzte Geheimnis erspähen, wir aber bleiben stets auf dem Weg dorthin, und der Weg selbst wird zum Gesetz.
Die EH-Rune ist dermaßen geheimnisvoll, daß sie es bis heute ge-

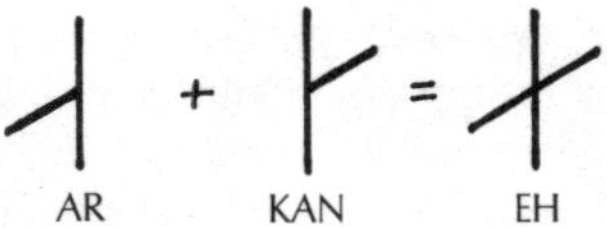


schafft hat, sich der wissenschaftlichen Runenforschung zu entziehen. Diese leugnet einfach ihre Existenz und läßt die Runenreihe der Wikinger mit der 16. Rune enden. Die YR-Rune als Krönung des FUDARK bedeutet allerdings das hoffnungslose Verharren im Irrgarten des Stoffes, bedingt durch das respektvolle Anhalten an den Grenzen der Realität. Wer an diesen Grenzen rüttelt, kann kein Wissenschaftler mehr sein, so meint man es heute noch. Wer hinübergeht, ist ein Künstler oder ein gläubiger Mensch. In der Tat ist das Geheimnis des Gesetzes mit dem Geheimnis des Glaubens vergleichbar, wobei der Glaube keineswegs das Wissen auszuschließen braucht. An die Wirklichkeit des Geistes kann man glauben, man weiß aber auch um sie, sobald man sie erfahren hat.
Die wissenschaftliche Runenforschung kennt EH nur im Rahmen der gemeingermanischen Runenreihe als EHU- oder EHWAZ-Rune, deren Bedeutung »Pferd« ist. Sie ahnt jedoch nicht, daß sie mit der Pferde-Rune bereits geistig-religiösen Boden betreten hat und sich auf diesem Umweg doch schon dem unwissenschaftlichen Geheimnis des Gesetzes nähert.

*Ehu, das Pferd*

Recht und Gesetz (Thora) sind für die Juden nicht vom Glauben zu trennen. Dasselbe gilt für das germanische Recht und Gesetz (Rita); Recht und Rat sind göttlichen Ursprungs, wie wir es bei der Behandlung der RIT-Rune gesehen haben. Auch »Roß« ist ein RIT-Wort, und also steht das Roß in enger Verbindung mit Rita und Rechtsdingen. So gesehen ist es nicht mehr weiter verwunderlich, daß die Germanen das Geheimnis des Gesetzes (EH) mit Hilfe von heiligen *Pferden* (EHU) zu erforschen wußten:
»Eine besondere Eigenart des germanischen Volkes ist es jedoch,

auch Witterung und Weisung von Rossen prüfend zu erforschen. Die Tiere werden auf Kosten des Stammes in den bereits erwähnten Hainen und Lichtungen gehalten, weißglänzend und durch keinerlei irdischen Dienst entweiht. Der Priester und der König oder das staatliche Oberhaupt gehen neben den Rossen her, die an einen heiligen Wagen geschirrt sind, und beobachten ihr Wiehern und Schnauben. Kein Vorzeichen genießt größeres Vertrauen, nicht nur in den breiten Schichten der Gemeinfreien: selbst bei den Vornehmen und Priestern; diese halten sich nämlich für Diener der Götter, von den Rossen meinen sie, sie wüßten um den Willen der Götter.« (Tacitus)

Eine ganz konkrete Verwirklichung der EH-Rune ist die Einrichtung der *Ehe* zwischen Mann und Frau. Besser gesagt, die EH-Rune zeigt, was die Ehe eigentlich sein sollte, nämlich heiliges und ehernes Gesetz. Daß dies heute nicht der Fall ist, ist kein Geheimnis. Die Ehe ist in Not, manche behaupten, sie hat bereits die höchste Not erreicht, indem sie schon tot ist. Doch das wurde auch schon von Gott behauptet.

Tatsache ist, daß wir mit der Ehe, mit anderen Gesetzen und überhaupt mit der EH-Rune große Schwierigkeiten haben. Gesetzgeber führen eifrig Gesetze ein, um sie nächstes Jahr wieder abzuschaffen. Gerichte fällen Urteile, damit die nächste Instanz sie wieder aufheben kann. Im »fortschrittlichen« Westen heiraten manche Menschen fünfmal im Leben und schmachten im Alter einsam dahin. Eine materialistische Wissenschaft erforscht den Stoff vom Atom bis zum Weltall äußerst erfolgreich und übersieht dabei die elementarsten geistigen Gesetzmäßigkeiten. Uns geht es wie dem Zauberlehrling Loddfafnir im Zauberlied, wir hören das Gesetz, verstehen es aber nicht, geschweige denn, daß wir es befolgen. EH ist zweifellos in NOT. Die Not wird weiterhin steigen, bis sie endgültig das Gesetz bricht. Dann wird EH in neuer Form auferstehen, und das neue Gesetz wird die unerträglich gewordene Not wenden. Das ist offensichtlich der notwendige Gang der Geschichte.

Zum Trost wollen wir noch einmal dem Römer Tacitus zuhören, der Zeiten schildert, in denen die Germanen eine bessere Beziehung zu EH im allgemeinen und zur Einrichtung der Ehe im besonderen hatten. Nachdem er von den freizügigen Bekleidungsgewohnheiten der germanischen Damen berichtet hat, setzt er folgendermaßen fort:

»Trotzdem hat man bei ihnen von der Ehe eine strenge Auffassung, und es gibt keine Seite ihres sittlichen Lebens, die man mehr rühmen könnte. Denn sie sind fast allein von allen fremden Völkern mit einer einzigen Frau zufrieden; nur sehr wenige bilden eine Ausnahme, die sich indessen nicht aus Sinnlichkeit, sondern wegen ihrer adligen Stellung mehrfach mit Heiratsanträgen umwerben lassen.«

Und weiter:

»So leben die Frauen in wohlbehüteter Keuschheit, ohne durch die Verlockungen von Schauspielen oder die Reizungen von Gelagen verdorben zu werden. Geheimen Briefwechsel kennen die Männer sowenig wie die Frauen. So zahlreich die Menschen in diesem Volke sind, so vereinzelt kommt es zu einem Ehebruch.« »So bekommen sie einen Gatten, wie sie ja auch einen Körper und ein Leben empfangen haben, damit kein Gedanke über seinen Tod hinaus in ihnen aufkeimt, kein Verlangen diesen Zeitpunkt überdaure, damit sie gleichsam nicht ihren Mann, sondern die Ehe (als den Weg zur Mutterschaft) lieben.«

So war es einst und so ist es heute nicht mehr. Und wiederum ganz anders wird es sein, wenn wir EH in neuer Form erkennen und befolgen können. Es wird notwendig und so sicher kommen, wie die Sonne EH jeden Tag aufgeht.

# 18. Die Rune ODIL

ᛟ

# Der Gral

## Das Urteil

»Ein achtzehntes kann ich, das ich allen hehle,
sei's Mutter oder Maid –
das beste ist immer, was nur einer weiß;
das sei mein letztes Lied –,
außer der einen, die im Arm mich hält
oder deren Bruder ich bin.«

Sie haben mit der ODIL-Rune das Große Los, den Joker unter den Runen gezogen – das Orakel möchte Ihnen gratulieren!
Es ist unmöglich, den Gral genau zu definieren, er hat tausend Gesichter. Im Kommentar finden Sie verschiedene seiner Aspekte beschrieben. Nehmen Sie sich Zeit und lesen Sie den Kommentar in aller Ruhe, denn der Gral ist unter anderem die *Ruhe* selbst.
Als seelischer Zustand bedeutet der Gral einfach *Glück,* »Saelde« – wie es die mittelalterlichen Gralsritter nannten –, das ist Seligkeit, Glückseligkeit, das Glück der Seele. Im Hinblick auf Ihre konkrete Frage verspricht Ihnen die Antwort des Orakels dieses Glück, eine glückliche Hand und gutes Gelingen.
Sie sind auf jeden Fall in der Nähe des Grals (oder der Gral in Ihrer Nähe), das Orakel kann allerdings nicht wissen, ob Sie ihn auch sehen. Das Problem der Gralssuche ist nicht das Finden des glücklichen Ortes – denn der Gral ist so gut wie überall –, sondern das richtige Erkennen der gegebenen Umstände und das Einswerden mit dem glückseligen Zustand. Ob Sie den Gral gefunden haben, werden Sie daran erkennen, daß Sie sich in »Saelde« *befinden.*
Mit Ihrer Frage haben Sie *wirklich* einen Lebensbereich angesprochen, der Sie sehr schnell in die Seligkeit führen kann. Nutzen Sie diese Chance und gehen Sie nicht daran vorbei! Sonst bleiben Ihnen nur die Sehnsucht und die Qual einer verpaßten Möglichkeit.
Es handelt sich um eine wichtige Angelegenheit oder um eine entscheidende Phase Ihres Lebens. Nehmen Sie sich also Zeit. Machen Sie Urlaub oder nehmen Sie sich wenigstens einen freien Tag, veranstalten Sie einen privaten Feiertag, feiern Sie, aber in aller Stille. Schauen Sie. Schauen Sie alles ganz genau an, nicht mit dem Kopf, sondern mit den einfältigen Augen eines unschuldigen und unwissenden Kindes. Betrachten Sie Ihre Frage und alles, was damit zu-

sammenhängt, ganz unvoreingenommen und ohne Vorurteile. Denken Sie nicht dabei. Betrachten Sie die Lage so lange, bis Sie selbst »trächtig« werden, und mit einem bißchen Glück – werden Sie sehen.

**Der Kommentar**

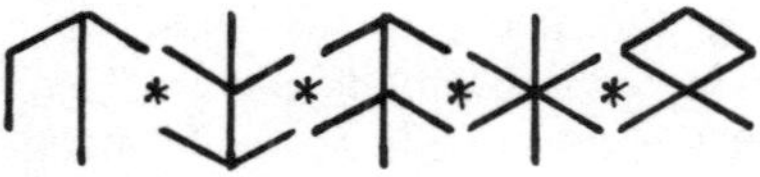

Der Gralsweg in Runen hat sein vorläufiges Ende gefunden. Aus Thule-Atlantis gelangte der Gral zu den Megalith-Leuten des frühen und jugendlichen Europas, dann zu den Kelten und den Germanen, wurde einige Male in der Luft herumgewirbelt und fiel ins Gras, wurde wieder aufgelesen, bis er schließlich bei den heute noch jugendlichen slawischen Völkern gelandet ist. Der Gral sucht immer die Jugend – während die Alten ihn verzweifelt zu bewahren suchen und auf keinen Fall hergeben möchten –, denn er ist eine *Möglichkeit,* die erst im Laufe der Zeit zur Wirklichkeit werden kann – falls man sie nicht einfach übersieht. Das Alter ist mit der gegebenen Wirklichkeit konfrontiert und stöhnt – mitunter recht theatralisch – unter deren drückender Last. Die Jugend hingegen ist mutig und aufgeschlossen, dafür aber ziemlich unerfahren und leider oft auch zu dumm. Dieses aus dem persönlichen Bereich zur Genüge bekannte Problem der Generationen gilt ebensogut für die Menschheit. So muß der Gral wandern und warten, bis irgendwo auf der Erde Erfahrung und Mut zusammentreffen, daß aus der Möglichkeit Wirklichkeit werde. Gelingt dies nicht, geht der Gral wieder einmal weiter, und wer weiß wohin . . .
Der hier aufgezeigte Gralsweg verläuft von West nach Ost. Der Weg ist »geheim« und also kaum bekannt. Selbstverständlich verläuft er nicht so einfach, wie es diese grobe Skizze vermittelt, hierdurch wird nur die generelle Richtung deutlich. Auf etwas feinere Entwicklungsströme werden wir noch zu sprechen kommen. Jetzt ist die Feststellung wesentlich, daß der Gral eine Angelegenheit *Europas* ist Das wird für die absehbare Zukunft auch so bleiben, obzwar Europa auf der heutigen politischen Bühne so gut wie nichts zu sagen hat Will

man das Wesen des Grals begreifen, muß man Geopolitik, Geosoziologie usw. treiben – alles verpönte Wissenschaften. Tatsache ist, daß die heutigen Machtverhältnisse der Welt auf eine unnatürliche Weise verschoben sind, durch extreme Polarisierung aus dem Gleichgewicht gerieten, und daß sie dadurch die organischen Zusammenhänge der Erde verdecken und erheblich stören. Amerika ist eine machtvolle Auslagerung des Westens, so wie die Sowjetunion eine des Ostens ist. Wie verlorene Söhne ihre Heimat oder Katzen den heißen Brei umkreisen sie Europa, das als machtloses schwarzes Loch im unseligen Dornröschenschlaf vor sich hinschlummert, und belagern es mit Kernwaffen zwecks »Verteidigung« und »Abschrekkung«. Hoffentlich gelingt es ihnen bald, sich selbst dermaßen abzuschrecken, daß sie ihre Raketen packen und verschwinden. Wenn Amerikaner und Russen sich unbedingt umbringen wollen, so sollen sie gefälligst den begonnenen Kreis der Spaltung um den Erdball schließen und sich über Alaska und Sibirien oder im Stillen Ozean bekämpfen. Noch besser lassen sie es ganz!
Dem Gral ist es nämlich völlig gleichgültig, ob man ihn findet oder nicht. Noch ist er in Europa, doch wenn hier nur noch Ruinen stehen werden, geht er vielleicht ganz woandershin, und das wäre wirklich schade. Was aber ist dieser Gral?

»Das war ein Ding, das hieß der Gral,
irdschen Segens vollster Strahl.« (Parzival)

Der Gral ist ein Ding der Tausend Gesichter und Einer Wahrheit. Er ist nicht nur in der Geographie Europas zu finden, wie es die vorangegangene Einleitung vermuten ließe. Wie schon bisher, wollen wir uns ihm mit Hilfe der Runen nähern, denn von Runen ist in diesem Buch die Rede, und deren achtzehnte ist eben der Gral.
Die gemeingermanische Bedeutung der ODIL-Rune ist Heimat, unbeweglicher Besitz, Erbgut. Als 18. Rune der Wikinger-Reihe schließt sie mit dieser Bedeutung den Kreis, den die erste Rune FA mit ihrer Bedeutung (Vieh, beweglicher Besitz) eröffnet hat. Das Vieh findet den Weg in den Stall, der Gralssucher den Weg zur Gralsburg, der Gral selbst seine Heimat, und Ruhe kehrt ein in Land und Haus.
Oft sieht man an den Giebeln von Fachwerkhäusern die ODIL-Rune. Sie symbolisiert die Heimkehr und die Befriedung; der Auftrag ist er-

ledigt, das Tagewerk getan, alles kehrt heim. Das Dach des Hauses und das Dach der ODIL-Rune bedeuten dasselbe: es ist vollbracht, die Früchte der Arbeit sind unter Dach und Fach gebracht. Der Gral ist die *Ruhe.* Der Gral ist aber auch der volle und unerschöpfliche Speicher (vgl. Gral als Kessel), der den Bewohnern des Hauses behagliche Geborgenheit und Sicherheit bietet. Der Gral ist die *Heimat.* Haus und Heimat können deshalb das Gefühl der Geborgenheit vermitteln, weil sie schützen und bergen. Sie sind in übergeordnetem Sinne Gefäße und – wenn die Speicher voll sind – nährende Gefäße. Der Gral ist also ein *Gefäß.*
Ein schützendes und nährendes Gefäß kommt schon paradiesischen Vorstellungen recht nahe. So etwas muß erst verdient, mit sehr viel Glück gefunden oder mit sehr viel Arbeit aufgebaut werden. Das Haus muß gebaut, der Speicher gefüllt werden. Selbst das Paradies auf Erden wäre zweifellos möglich, wenn die Menschheit sich die Mühe machen würde, tüchtig daran zu arbeiten.

SS ODIL SS

Die ODIL-Rune besteht aus zwei SIG-Runen, aus diesen kann also ein Gral gebaut werden. SIG-SIG oder SS kann verschiedenes bedeuten, z. B. zwei Schlangen. Um aus zwei Schlangen einen Gral zu bauen, bedarf es allerdings großer Kunst. Hitler bemühte sich zwar um den Gral, indem er in den Pyrenäen danach graben ließ, doch seine SS war ein schwarzer Gral und sein Reich wurde zur schwarzen Heimat vieler Toter. Um aus SS den Gral zu bauen, muß man eine SIG-Rune wenden und dann SS zu ODIL binden. Das bedeutet u. a., daß in ODIL die linke (weibliche) und rechte (männliche) Seite des Runenfeldes ausgeglichen ist. Osten (rechts) und Westen (links) sind Verbündete geworden. Die praktische Bedeutung dieser strukturellen Überlegungen für die Zukunft Europas liegt auf der Hand: Den Gral haben jetzt die Slawen, sie wissen es aber noch nicht, denn sie haben ihn noch nicht gefunden. Er wird erst gefunden werden können, wenn der Friede zwischen Ost und West hergestellt werden kann. Dann erst können die zwei Schlangen richtig verbunden und aus Europa ein Gralsgefäß (ODIL) werden.

US Europa SU

Durch gekonnte Verbindung der zwei Schlangen könnte sogar der Weltfriede erreicht werden. Die Vereinigten Staaten (US) und die Sowjetunion (SU) sind im Wesen identisch, jedoch seitenverkehrt, wie es die Runen zeigen. Sie gebärden sich wie zwei tollwütige Drachentöter (US und SU sind in Runen auch als Sigurd lesbar), dabei liegt zwischen ihnen nur Europa, das eher eine Kuh als ein Drache ist. Die Schlüsselposition Europas bei möglichen Friedensbemühungen liegt wiederum klar auf der Hand: Sobald Europa (diese Kuh) aus seinem Dornröschenschlaf erwacht, sich auf seine Selbständigkeit und eigene Stärke besinnt und ein paar Mal als Stier kräftig brüllt, werden schon die Großmächte den Stier zwischen sich als potentiellen Freund erkennen. Der Stier in der Mitte könnte die östliche und die westliche Schlange miteinander verbinden:

Der Stier als Friedensstifter

Es ist wirklich schade, daß Politiker nichts von Runen verstehen. Die Begegnung von US und SU wäre ja so einfach. Wie Sie auf der Runenzeichnung sehen, würden sich zwei Ritter (RIT-Runen) begegnen, sich freundlich die Hände reichen, wodurch zwischen ihnen ein friedliches Europa fröhlich lachen könnte. Europa könnte dann ein Gralsreich des Friedens werden, und die zwei Schlangen wären gar keine bösen Schlangen mehr, sondern zusammen der Heilige Geist, denn SS ist auch Spiritus Sanctus. Da all dies jedoch nur der fromme Traum eines Runenschreibers bleibt, wollen wir lieber andere Aspekte des Grals erforschen.

Die Gralslegenden sind äußerst umfangreich und vielschichtig, wir können hier keineswegs eine systematische Einführung anstreben. Schon allein die Erscheinungsformen des Grals als Gefäß sind zahlreich. Von Dagda, dem König der Tuatha aus Atlantis, haben wir bereits gehört. Sein Kessel ist das älteste Gralsgefäß, das bereits die typische Eigenschaft besitzt, alle unentwegt ernähren zu können, ohne dabei leer zu werden. Die letzte Variante dieser Gralseigenschaft haben wir in der wunderbaren Fisch- und Brotvermehrung des Jesus Christus. Welche Nahrung spendet der Gral? Auch das ist sehr verschieden. Nach der christlichen Fassung von Robert de Boron (»Die Geschichte des Heiligen Gral«) heißt der Gralskönig *Fischerkönig.* Dieser Name ist eine offensichtliche Anspielung auf Jesus Christus, der als Herr des Fische-Zeitalters ebenfalls ein Fischerkönig ist. Wie Jesus die fünftausend mit zwei Fischen sättigt, so nährt der Gralskönig all seine Gefährten mit einem einzigen Fisch aus dem Gral. Wir legen die ODIL-Rune um und betrachten diesen wunderbaren Gralsfisch, der alle jederzeit zu sättigen vermag.

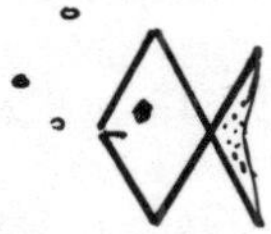

Der Gral als Fisch

Der Fisch ist ein christliches Symbol für Jesus Christus (Ichthys). Die Speisung mit dem Fisch ist demnach mit der Kommunion gleichwertig. Doch nicht jedermann ißt gern Fisch. Außerdem ist die christliche Fassung der Gralslegende nicht die erste, sondern die letzte Variante. Anderen Berichten zufolge speist der Gral jeden mit seiner Lieblingsspeise. Die Ritter des Königs Arthur sitzen um den runden Tisch, der Gral geht im Saal um. Ohne Bestellungen aufgeben zu müssen oder auch nur an irgendwelche Speisen zu denken, bekommt jeder Ritter vom Gral sein Lieblingsgericht auf dem Teller serviert.

Gewöhnlich versteht man unter dem christlichen Gral das Gefäß, in dem Joseph von Arimathia das *Blut* Christi aufgefangen hatte. Ein christlicher Name des Grals lautet Sangreal, der sowohl den Heiligen Gral (San-Greal) als auch das königliche Blut (Sang-Real) bedeuten kann. Diesen Gralskelch finden wir in der römischen Messe wieder, der Priester trinkt daraus das Blut des Gottessohnes. Blut ist Leben und Träger der Seele, wer es trinkt, nimmt diese in sich auf. In früheren Zeiten war das Bluttrinken nicht so verpönt, wie es heute der Fall ist. Man kann das Ritual der christlichen Messe durchaus in dem Sinne verstehen, daß hierdurch frühere kannibalistische Sitten sublimiert oder vergeistigt werden sollen.

Der Gral als Wiege . . .

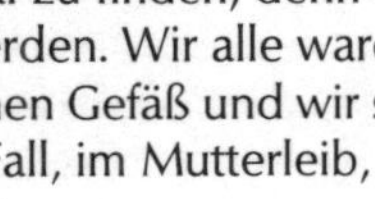

. . . und als Sarg

Der Gral ist kein bestimmtes Gefäß, sondern das Gefäß an sich. Das Problem ist nicht, den Gral zu finden, denn er ist überall. Schwierig ist nur, mit ihm eins zu werden. Wir alle waren einmal eins mit dem Gral, wir waren im göttlichen Gefäß und wir selbst waren das Gefäß. Das war im Paradies der Fall, im Mutterleib, oft noch in der Wiege,

manchmal auch, wenn wir nach getaner Arbeit in die Geborgenheit des Heimes zurückkehren, wo uns unsere Lieblingsspeise erwartet. Legen Sie sich in einer warmen Sommernacht auf eine duftende Wiese und schauen Sie die funkelnde Pracht der Sterne am weiten Himmelszelt. Wenn Sie nicht gerade von irgendwelchen (unnötigen) Sorgen belästigt werden, wird es Ihnen sehr bald prächtig gehen, und Sie werden sich fühlen wie in Abrahams Schoß. Nun sind Sie im Gral. Sie haben keinen Hunger und keine Sorgen. Keinen Durst und keine Pflichten. Keine Wünsche und nichts im Sinn. Sie sind gar nicht mehr. Die Erde ist es, die Sie bettet, der Himmel ist es, der Sie schirmt. Sie sind heimgekehrt.
Wenn man den Gral erst als Sarg findet, hat man zwar endlich seine Ruhe, doch nicht mehr allzuviel vom Leben. Die größte Kunst ist, schon in diesem Leben ins Paradies zurückzufinden, und deshalb suchen viele Menschen den Gral. Das Paradies kann für jeden von uns ein anderes Gesicht haben, der Gral erscheint jedem Sucher in anderer Form. Als erstes muß jedoch der Gralssucher das ihm gemäße Gralsgefäß finden, um dann daran in aller Sorgfalt weiterbauen zu können. Aus diesem Grund wollen wir weitere Aspekte des Grals als Gefäß untersuchen.
Die Erde ist ein Gral; wer das erfahren hat, ist im wahrsten Sinne des Wortes ein Weltbürger, auch wenn er als Einsiedler im Wald lebt. Europa könnte ein Gral werden, doch da ist noch viel zu tun. Das Heim kann ein Gral sein – eine vor allem im Schwabenland weitverbreitete Ansicht. Und der menschliche Körper selbst ist ein dreifaches Gralsgefäß.

Freyjas Schoß

Als der Große Balu-Balu, Häuptling der sagenhaften Wosamada-Neger, einmal gefragt wurde, wo denn die Wahrheit liege, antwortete er, ohne dabei mit den Wimpern zu zucken: »Zwischen den Beinen einer Frau.«
Die gestürzte ODIL-Rune stellt den Menschen als Gralsgefäß auf der leiblichen Ebene dar. Wir können in der Rune den Gehörnten erkennen, ob er nun ein Stier, der Hirschkönig oder der Verführer selbst ist, aber auch den einladenden Schoß der Liebesgöttin. Hier wird das Leben gezeugt, empfangen, ausgetragen und geboren, hier ist die Quelle des Lebens und das unerschöpfliche Füllhorn, zu dem man sich in der Wonne der sexuellen Vereinigung immer wieder gerne wendet. Hier erblickt der Große Balu-Balu den Gral, und diesen Aspekt zu leugnen wäre ein genauso großer Fehler, wie ihn aus-

schließlich vor Augen zu haben. Der Unterleib des Menschen nimmt teil an der Erde, und nur durch die Erde kann die Form entstehen. Wie soll sich der Geist entfalten, wenn der Körper blockiert und so die Verbindung zur Erde gestört ist? Jede Vergeistigung ist eitel Wahn, solange der Unterleib schmachtet, und der Gral rückt in weite Ferne.

Das Becken ist das untere Gralsgefäß, hier liegt das Geheimnis des natürlichen Menschen. Der Gralssucher kann erst weiter, nachdem er die Ansprüche des Großen Balu-Balu befriedigt hat, die zugleich die Ansprüche der Mutter Erde sind. Der Körper ist ein Tempel, der aber auch einen Keller hat. Mag der Pfarrer von der Kanzel herunter die erhabensten Wahrheiten predigen, sie werden nichts nützen, wenn der Keller voller Unrat ist. Der Gralssucher räumt den Keller auf und steigt erst dann auf die Empore.

Odins Haupt

Auf dem Berg stand Odin, »trug auf dem Haupt den Helm; da sprach Mimirs Mund wahres Weisheitswort und redete Runenkunde«. Odin trägt nicht nur als heruntergekommener Wotan den Schlapphut, er besitzt auch einen prächtigen goldenen Helm. Mimirs Mund spricht aus seinem einbalsamierten Schädel, denn nur dieser dient nach seinem Tod Odin als Ratgeber: »Odin murmelt mit Mimirs Haupt.« Die Köpfe der Riesen Ymir und Mimir spielen in der Götterlehre eine große Rolle, dunkle Geheimnisse ranken insbesondere um Mimirs Haupt.

Haupt und Helm finden wir durch die ODIL-Rune versinnbildlicht, sie symbolisiert das obere Gralsgefäß im Menschen, den Kopf. Das Gehirn ist die obere Gebärmutter. Wir erschaffen keine Ideen, sondern empfangen sie vom Geist. Dann gehen wir mit ihnen schwanger, brüten über sie, bis wir sie als faßbare Gedanken ausgebrütet haben. Dazu muß man die Regeln des Denkens beherrschen und sich auch genügend Zeit lassen, denn jede Schwangerschaft braucht ihre Zeit. Große Denker sind stets schwanger, aus diesem Grund sind sie so launisch.

Freyjas Schoß und Odins Haupt müssen zur Einheit verschmelzen, damit daraus ein ganzer Mensch werden kann. Ohne Geist ist der Stoff sinnlos, ohne Stoff bleibt der Geist absolut wirkungslos. Freyjas Schoß ist heiß wie ein Vulkan, Odins Haupt ist kalt wie das Eis im Nordmeer. Ihre Vereinigung ist die Liebe. Wer das feurige Leben mit dem eiskalten Wissen zu vereinen vermag, dessen Herz öffnet sich zum dritten Gralsgefäß, zum Gral der Liebe.

Mit der neunten Rune IS muß der Gralssucher sein Ich finden, mit der achtzehnten ODIL muß er sein Ich wieder aufgeben, damit er (ob Mann oder Frau) zum Gefäß werden kann. Die quersummengleichen Runen IS und ODIL (18 = 1 + 8 = 9) ergeben zusammen den Gralskönig, einen Menschen, der den Stab (I) und das Gefäß (O) in sich vereinigt hat.
Das dritte Gralsgefäß ist das Herz und zugleich der ganze Mensch. Der König der Gralslegenden wird durch den Speer verletzt, seine Wunde kann nur durch denselben Speer geheilt werden. Odin wird am Baum hängend mit dem Speer geritzt und erlangt dadurch das Runenwissen. Jesus Christus wird am Kreuz mit dem Speer verletzt (oder getötet), doch genau diese Tat ermöglicht seine spätere Auferstehung. All diese Bilder und auch die gesamte christliche Herzmystik werden durch die Rune des Gralskönigs dargestellt: Der Mensch (oder Gott) ist sowohl ein Gefäß (O) als auch ein Stab (I), sowohl ein begrenztes Ich (I) als auch das umfassende All (O). Werden Gefäß und Stab vereinigt, so ist der Mensch eins mit dem All und aus seinem Herzen fließt die Liebe.
Mit der Vereinigung von Gefäß und Stab sind das weibliche (O) und männliche (I) Prinzip ebenfalls vereinigt. Das können wir auch auf andere Weise ersehen: Die Rune des Gralskönigs kann auch als RIT-RIT gelesen werden. Der Gralsritter schaut nach links (weibliche Seite), er schaut nach rechts (männliche Seite), und er weiß nicht mehr, ob er Mann oder Frau ist. Er ist beides und Gralskönig.

# »Das war ein Ding, das hieß der Gral«

Gralskönig Gralsspeer GIBUR

Wir können die Rune des Gralskönigs auch in die Runen TYR und GIBUR zerlegen. Dann wird der Gralsspeer sichtbar und die Rune GIBUR, die wir nun besprechen wollen.

In anderen Runenbüchern, die die achtzehnteilige FUDARK-Reihe behandeln, werden Sie nicht ODIL, sondern GIBUR* an letzter Stelle finden. Ich habe im wesentlichen aus zwei Gründen ODIL gesetzt. Erstens enthält die ODIL-Rune ohnehin GIBUR und damit deren Bedeutung. Darüber hinaus – und das ist der zweite Grund – soll ODIL eine gewisse Wiedergutmachung des durch die Arier verdrängten weiblichen Prinzips darstellen. Sie ist eine Rune, die neben BAR augenscheinlich das Weibliche in den Vordergrund stellt. Phallische Symbole gibt es im FUDARK genug, ein bißchen Ausgleich ist hier nur gerecht.

Die gemeingermanische Bedeutung der GIBUR-Rune ist Geschenk, Gabe. Sie kann durch verschiedene Zeichen dargestellt werden. Die einfachste Form ist das Malkreuz, auch das »andere Kreuz« oder Andreaskreuz genannt, weil Andreas an ein solches Kreuz gebunden wurde. Weitere Formen sind halbe und ganze (rechts- oder linksläufige) Hakenkreuze.

Auch die GIBUR-Rune steht für den Gral. Hitler wählte sie in der Form des linksgerichteten Hakenkreuzes, und nur Gott (oder der Teufel) weiß, was er sich dabei gedacht hatte. Auf jeden Fall brachte er durch sein Quasi-Germanentum auch die Runen in Mißkredit. Dennoch wäre es seit bald einem halben Jahrhundert an der Zeit, sich

* Die GIBUR-Rune entspricht der 19. Rune (gebo) der gemeingermanischen Reihe. Im Armanen-System von Guido von List steht sie am 18. Platz, in der Wikinger-Reihe kommt sie nicht selbständig, sondern nur als Teil der ODIL-Rune vor.

GIBUR ODIL

ODIL bringt GIBUR unter »Dach und Fach«
oder
Der Gral ist heimgekehrt

Verschiedene Zeichen für GIBUR

gefühlsfrei und unvoreingenommen erneut den Runen zu nähern, denn wer es nicht vermag, steht immer noch im Schatten des Magier-Diktators.

Nach Wolfram von Eschenbach (Parzival) ist der Gral ein *Stein* namens »lapsit exillis«. Der rätselhafte Name kann sehr verschieden gedeutet werden, zum Beispiel als »lapis ex coelis«, das ist »Himmelsstein«. In der Tat berichtet Wolfgang, daß der Gral zuerst vom heidnischen Astrologen Flegetanis am Himmel gesehen und erkannt worden sei:

»Flegetanis, der Heid', erkannte,
Wenn er den Blick zum Himmel wandte,
Geheimnisvolle Kunde.
Er sprach mit scheuem Munde
Davon: Ein Ding wird Gral genannt;
Im Gestirn geschrieben fand
Er den Namen wie es hieß.«

Die astrologischen Bezüge des Grals sind zahlreich und einleuchtend; ich habe sie in meinem Buch »Astrologie der Wandlung« dargestellt. Die Sage berichtet, daß der Himmelsstein ein Smaragd aus der Krone oder von der Stirn Luzifers sei, den er bei seinem Himmelssturz verloren hat. Der Stein ist auf die Erde gefallen, wurde von getreuen Engeln des Luzifer gefunden und mit viel Liebe in Form eines Kelches geschnitten, welcher dann der spätere Gralskelch wird. Dieser Aspekt des Grals rückt die dunklen Mächte in den Vordergrund der Betrachtung.

Eine andere Lesart von »lapsit exillis« ist »lapis elixir«, das ist der alchemistische Stein der Weisen. »Parzival« ist voller alchemistischer Symbolik, so daß auch diese Deutung durchaus gerechtfertigt ist. Der Stein der Weisen ist identisch mit der Quintessenz, dem »fünften Wesen«, das alle Gegensätze in sich vereinigt. Damit sind wir bei der GIBUR-Rune angekommen.

*». . . außer der einen, die im Arm mich hält . . .«*

Die wichtigste Bedeutung der GIBUR-Rune liegt darin, daß sie die Möglichkeit der *dynamischen Vereinigung* aller Gegensätze aufzeigt. Am Anfang gibt es gar keine Gegensätze, alles verharrt in der (unbewußten) Einheit. Eine einfache Unterscheidung der ursprünglichen Einheit ergibt ein Gegensatzpaar, wir können zum Beispiel nach dem Geschlecht des Menschen zwischen Frau und Mann unterscheiden. Wenn wir durch eine weitere Teilung die Welt nach den Lichtverhältnissen in eine helle und eine dunkle Hälfte trennen, haben wir zwei Gegensatzpaare, die durch die vierfache Trennung bereits das Runenfeld in seiner einfachsten Form aufspannen:

hell

weiblich — männlich

dunkel

Diese durch das gerade Kreuz symbolisierte vierfache Weltentrennung ist statisch und stabil. Der Gralssucher kann das Kreuz nicht bewegen, selbst wenn er die Gegensätze und die Notwendigkeit ihrer Vereinigung erkennt, kann er das Kreuz nur tragen. Das ist eine

passive Einstellung, und genau das ist ja auch die christliche Empfehlung: Füge dich, trage dein Kreuz und bete. Oder wie man heute sagt: Bezahl deine Steuern und halt 's Maul.
Um das eine (gerade) Kreuz in Bewegung zu setzen, braucht man das andere (schräge) Kreuz, die GIBUR-Rune. Das Hakenkreuz zum Beispiel stellt augenfällig eine drehende Bewegung dar, es symbolisiert ein drehendes Rad, das oft als Sonnenrad interpretiert wird. Alle Formen der GIBUR-Rune verkörpern diese Bewegung, und so kann die Rune durch die Drehung die starren Gegensätze ineinander überführen, wodurch sie miteinander vereinigt werden.

Die Bezeichnung »schwarzer Mann« bedeutet im Diagramm keineswegs einen Neger, vielmehr die dunklen Aspekte des männlichen Prinzips in der menschlichen Seele, unabhängig davon, ob der betreffende Mensch ein Weißer, ein Schwarzer, ein Gelber oder ein Roter ist, und auch unabhängig davon, ob er ein Mann oder eine Frau ist. Alle Menschen tragen diesen schwarzen Mann in sich, bei vielen kommt er zum Beispiel dann zum Vorschein, wenn sie (unabhängig von der Hautfarbe) »blau« sind. Dann grölt und tobt er und kann in seiner Raserei die Möbel und einiges mehr zerschlagen. Der schwarze Mann ist ein Tier und ein Teufel, wir können ihn als den »King Kong in uns« bezeichnen. Wie die GIBUR-Rune zeigt, muß King Kong mit der weißen Frau verheiratet werden, die wiederum die hellen Aspekte des weiblichen Prinzips in uns, den weiblichen Engel und die Heilige darstellt.
Das Zauberlied zur ODIL-Rune deutet zweierlei an: Erstens sind die letzten Geheimnisse – und Gralsgeheimnisse sind solche – jedermanns Privatsache. Zweitens die Tatsache, daß der größte Zauber Mann und Frau zusammen wesentlich leichter gelingt als dem einzelnen Menschen. Diese Ansicht ist auch dem Alchemisten bekannt: zum Großen Werk muß er zusammen mit seiner Frau schreiten. Und schließlich liegt hier auch das Geheimnis der Ehe verborgen (vgl. dazu die EH-Rune).
Allein fällt die Vereinigung einer vierfach getrennten Wirklichkeit sehr schwer. Der Gralssucher muß sich nämlich mit dem Bösen abgeben, und wenn er dabei allein ist, verfällt er diesem nur allzu leicht. Das alchemistische Paar kann hingegen wie folgt vorgehen: Der Mann kann in die schwerste Raserei fallen und alle Teufel leibhaftig kennenlernen – und das ist zum Großen Werk notwendig –

*»... als allein vor ihr, die mich umarmt ...«*

solange die Frau stark genug ist, durch ihre Liebe und Güte Ausgleich zu verschaffen. Die Unschuld der weißen Frau entwaffnet den wildesten King Kong und erweckt sogar die Menschlichkeit in der Bestie. Die Frau kann den schwärzesten Einflüsterungen und Verführungen der Schlange leichten Herzens nachgeben und selbst zum blutsaugenden Vampir werden, wenn der Mann als strahlender Engel unerschütterlich am Weg zum Licht festhält. Der Schlange wird die Lust an der Verführung vergehen, und sie wird sich sogar bekehren lassen. Mann und Frau können dann die Rollen tauschen, um auch die Tiefen des anderen Geschlechtes ausloten zu können. Auf diese Weise werden sie gemeinsam das Böse und die dunklen Seiten der Wirklichkeit kennenlernen – ein unvermeidlicher Vorgang für jeden Gralssucher –, sie werden die Teufel des Schattenreiches nicht mehr verdrängen, nicht mehr auf andere projizieren, sondern bei sich selbst erkennen – und erlösen. Die GIBUR-Rune weist den Weg zum Gral, ihre Empfehlung ist ein Geschenk – nehmen Sie es an!

Kehren wir zum Ausgangspunkt des Kapitels, zu den Betrachtungen über den Gralsweg in Europa zurück. Am besten nehmen Sie jetzt einen Atlas und schlagen darin eine Karte Europas auf, denn wir wollen ein wenig auf geographische Gralssuche gehen.

Zwecks Orientierung müssen wir zunächst Europa abgrenzen und »kreuzigen«. Die westliche Grenze soll entlang dem 20. westlichen (Island), die östliche entlang dem 40. östlichen Längengrad (Moskau) verlaufen. Zwar ist die geographische Grenze im Osten der Ural, doch die unverhältnismäßige Größe Rußlands erfordert diese Korrektur. Im Norden soll die Grenze der 70., im Süden der 30. nördliche Breitengrad sein, in diesen Höhen liegen etwa Hammerfest bzw. Jerusalem. Afrikas Mittelmeerküste gehört zwar nicht geographisch, wohl aber kulturell zu Europa. Das Zentrum oder das Herz dieses Europas liegt in Mitteldeutschland, im Schnittpunkt des 10. Längen- und 50. Breitengrades, das ist in der Nähe von Würzburg. Hier setzen wir das gerade Kreuz an.

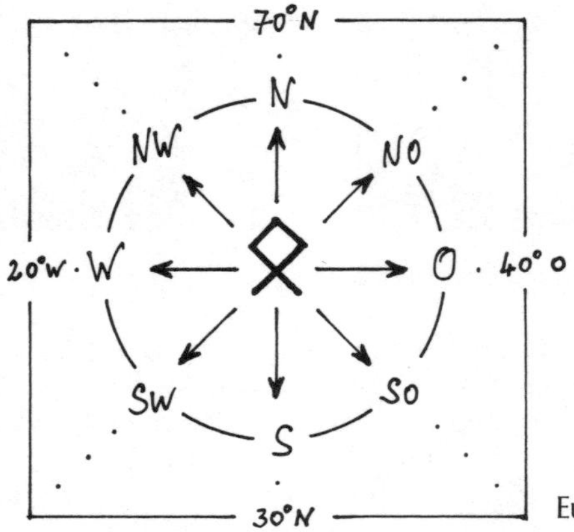


Europa

Wenn Sie nun alles, was Sie über Runen wissen (Runenfeld, Mandala, Göttergarten, Himmelsrichtungen, körperliche Entsprechungen usw.), auf Europa anwenden, werden Sie zu vielen neuen, lehrreichen und amüsanten Einsichten gelangen, und Sie sind dabei auf dem besten Weg, ein europäischer Gralssucher zu werden. Es wird lange dauern, bis die Politiker Europa vereinigen können – falls sie es je schaffen –, aber jeder kann für sich schon einmal persönliche Vorarbeit leisten.

Der Kopf Europas ist Skandinavien (wohl deshalb verteilt man dort den Nobelpreis), der Unterleib ist Italien: Kühler Kopf und warme Füße, der Kreislauf Europas funktioniert noch gut. Die germanische Götterburg Asgard ist im Norden zu suchen, am besten in der Gegend von Südskandinavien mit Dänemark (Jütland). Von hier aus gingen die Nordmänner (frühe Germanen, Wikinger, Normannen) immer wieder auf große Wanderungen und Reisen, sie stellten dabei die Nord-Süd-Verbindung in Europa (IS-Rune) her und erreichten im Süden selbst Utgard, den unteren Garten, der in der Gegend von Sizilien und Karthago (Tunesien) zu finden ist. Midgard liegt in der Mitte, und in Deutschland bildet der Main die Grenze zwischen Nord und Süd. Entlang der Nord-Süd-Achse gibt es in Europa keine

Europa

Island
Europäisches
Nordmeer
Lappland
Kola
Schweden
Finnland
Vereinigtes
Königreich
(Großbritannien)
Irland
Nordsee
Estland
Lettland
Litauen
Weißrußland
Union der Sozialistischen Sowjetrepubliken
DDR
BRD
Belgien
Polen
Tschechoslowakei
Österreich
Ungarn
Rumänien
Frankreich
Schweiz
Jugoslawien
Bulgarien
Albanien
Griechen-
land
Türkei
Italien
Spanien
Portugal
Balearen
Korsika
Sardinien
Sizilien
Malta
Kreta
Zypern
Libanon
Schwarzes Meer
Tyrrhen. Meer
Ionisches Meer
Adriatisches M.
Mittelmeer
Algerien
Marokko
Tunesien
C Staaten
Maßstab 1 : 20 000 000

ernsthaften Probleme, außer daß die Nordländer den Südländern Faulheit, diese dafür jenen Langeweile vorwerfen.
Ernsthafte Probleme werden sichtbar, wenn wir die West-Ost-Linie verfolgen. Die Schwerpunkte der drei großen Völkergruppen der Romanen, Germanen und Slawen sind von West nach Ost verteilt. Im Westen finden wir die Romanen mit den restlichen Kelten, sie sind die Wanen unserer Götterlehre, in der Mitte befinden sich überwiegend Germanen (die Asen), und im Osten schließlich sind die Slawen, die mythologisch durch Widar und Wali, aber auch durch die Riesen vertreten sind, weshalb sie wohl auch solch riesiges Land beanspruchen.
Zur Zeit des Römischen Reiches und der Christianisierung Europas war der Rhein die Grenze zwischen West und Ost. Westlich davon saßen die Römer bzw. später die Franken und sahen sich den östlichen germanischen Barbaren bzw. heidnischen Sachsen gegenüber. Manche militanten Franzosen betrachten sich heute noch als Erben des Römischen Christenreiches und möchten mit aller Gewalt das Abendland vor den bösen Russen retten. Die Grenze, die sie bei ihren strategischen Überlegungen ziehen, ist nach wie vor der Rhein.
Doch den Rhein hat bereits Karl der Große erfolgreich überschritten und die Sachsen zu Christen gemacht. Die tatsächliche Grenze nach den heutigen politischen Verhältnissen ist der »Eiserne Vorhang« zwischen West- und Ostdeutschland, die den 10. Längengrad entlang verläuft. Mit der DDR befinden sich dabei Germanen unter slawischer Kontrolle, so wie etwa noch vor hundert Jahren slawische Völker unter germanischer Kontrolle durch die österreichische Monarchie standen.
Europa ist eine geographische Mausefalle. Seine ursprüngliche Urbarmachung durch die Atlanter verlief von West nach Ost (und von Nord nach Süd), und im Osten war genug Platz vorhanden. Doch schon seit 4000 Jahren kommt der Drang der Völkerwanderungen überwiegend aus dem Osten (und dem Norden), und die jeweils Einheimischen werden buchstäblich ins Meer gedrängt. Überleben können sie nur, wenn sie wie die Kelten in Britannien oder die Wandalen in Afrika neues Land jenseits des Meeres finden.
Das ist in groben Zügen das (gerade) Kreuz Europas, und soweit es in Unbeweglichkeit erstarrt, kann es nur durch das (schräge) Gralskreuz in Bewegung gebracht werden. Das gerade Kreuz zerlegt Europa in vier Viertel, das schräge Kreuz weist auf diese vier Viertel hin.
Im Nordwesten ist das Reich des Nebels und des Eises, vertreten durch England und Island. Hier ist das Einfallstor von Atlantis, in die-

sem Bereich, und nicht weiter draußen im Atlantischen Ozean, ist das untergegangene Land zu orten. Im Südwesten finden wir das Wasserreich der Wanen, im Südosten das Reich des Feuers, und im Nordosten wohnen die Riesen. Letztere sind zugleich die neuen »Barbaren« – dies ist als Kompliment und nicht als Beleidigung zu verstehen –, sie haben das Erbe der Kelten und Germanen übernommen. Das erkennt man an der einfachen Tatsache, daß sie sowohl die Sichel des Druiden (Wanen) als auch den Hammer Thors (Asen) in ihrem Wappen führen.

*Und was macht der Gral?*

Der christliche Gralskelch wurde von Joseph von Arimathia und seinen Mitstreitern aus Jerusalem nach Britannien gebracht. Damit wurde die Südost-Nordwest-Achse vor 2000 Jahren wieder einmal aktiviert. Dieser Weg, der durch Donau und Rhein gut vorgezeichnet ist, ist sowohl auf dem Festland als auch per Schiff über das Mittelmeer gut befahrbar. Hier erfolgte die Ausbreitung des Christentums von Jerusalem nach Rom, sie bekam dann Hilfe vom anderen Ende der Achse durch iro-schottische Mönche. Hier zogen die Kreuzfahrer dahin, hier kamen die Türken als Eroberer und fahren heute als Gastarbeiter zu Weihnachten zum Familienbesuch nach Hause. Die Verbindung funktioniert heute nach wie vor ganz gut. Verdächtig ist nur, daß auf beiden Enden der Achse, nämlich in Irland und um Israel, ständig Unruhe und Krieg herrschen.
Wolfram von Eschenbach beschreibt einen anderen Gral. Dieser taucht in Toledo (Spanien) auf, wo Kyot aus der Provence (Frankreich) eine Schrift des heidnischen Astrologen Flegetanis findet. Hier sehen wir einen Gralsweg, der aus Spanien über die Pyrenäen (wo viele eine Gralsburg vermuten) und Südfrankreich zu Wolfram nach Deutschland führt. Damit ist die Südwest-Nordost-Achse Europas eingestellt.
Dieser Weg ist nicht so problemlos wie der vorhin beschriebene.* Hier sollten die Wanen (Südwest) mit den Riesen (Nordost) eine Verbindung eingehen, doch jene haben schon dem Riesen Mimir den Kopf abgeschlagen. Nur der Wane Freyr war so frei, eine Riesin zu heiraten. Die westliche Strecke des Weges funktioniert ganz gut, hier fahren die Touristen nach Spanien, und auch die östliche Verbindung mag für sich gut sein, doch wieviel Spanier verbringen

* Beispiele für eine gelungene Verbindung sind die Wandalen, die aus Schlesien nach Afrika zogen, die Goten (vom Osten nach Spanien), die Juden (von Polen bis Spanien – einfach überall) und bis zur Errichtung des Eisernen Vorhangs auch das fahrende Volk der Zigeuner.

schon ihren Urlaub in Rußland und umgekehrt? Der »Eiserne Vorhang« stoppt den Kontakt und macht die Achse tot.
Soll aber Europa je ein Gralsgefäß des Friedens werden, so müssen alle Richtungen wie die Blutbahnen eines Menschen frei sein. Die andauernden Schwierigkeiten etwa in Polen sind medizinisch gesehen Warnzeichen eines möglichen Infarkts. Die Aufgabe heute ist nicht, die ohnehin intakten Beziehungen noch mehr zu stärken, sondern die nicht vorhandenen herzustellen. Der Gral ist schon im Osten, seine Wurzeln werden stets im Westen verbleiben (nämlich letzten Endes in Atlantis). Sobald man erkennt, daß es sich hierbei um eine einzige gemeinsame Pflanze handelt, kann Europa als Gral erblühen. Vorher nicht.
Nach diesen kurzen Betrachtungen ist die zentrale Rolle Deutschlands bei der Mitarbeit für ein künftiges Europa leicht einsehbar. Deutschland ist das Herz und muß daher nach allen Richtungen frei sein. Die Öffnung nach Osten bei gleichzeitiger Beibehaltung der Verbindungen nach Westen wäre die dringendste Aufgabe. Die beste langfristige Lösung wäre selbstredend ein neutrales Deutschland, denn dem Herzen ist es gleich, ob das Blut links oder rechts fließt, ob es den Kopf oder die Füße belebt. Das Ersatzherz Schweiz kann nur für friedliche Bankkonten, nicht aber für einen europäischen Frieden garantieren.

»Herr, so steht es um den Gral!«

# »Weißt du zu ritzen? Weißt du zu raten?«

# Weiteres über das Orakel

Jede Frage an das Orakel ist wie der fragende Mensch etwas Einmaliges, und ebenso einmalig ist die Antwort des Orakels auf die gestellte Frage. Darum ist es unmöglich, eine systematische Anleitung für die Deutung zu geben. Schon die einzelne Rune, erst recht aber jede Kombination von mehreren Runen, schillert in tausendfacher Vielfalt und hält dennoch eine einmalige Antwort bereit – wenn man sie lesen kann. Sie müssen die *Art* (und Ars) der Runendeutung erlernen, dann sind Sie ein *Rater,* verstehen die »Vogelsprache«, und die Runen werden ganz von selbst zu Ihnen sprechen.

Falls nicht bereits ein Runenkenner, sind Sie ein Abc-Schütze in Runen, besser gesagt ein FUD-Schütze. Beginnen Sie also ganz einfach mit der Betrachtung von *einzelnen* Runen, denn erst die gute Kenntnis jeder einzelnen Rune ermöglicht eine befriedigende Kombination. Wenn Sie dann kombinieren, tun Sie es mit nur *drei* Runen. Am Anfang sollten Sie auf die Deutung von Sturz- und Wenderunen ebenfalls verzichten, diese stellen feinere Aspekte der Antwort dar, die – wie auch die Kombination von fünf Runen – den Anfänger nur verwirren. Befragen Sie also das Orakel wie beschrieben, drehen und wenden Sie aber dann die Sturz- und Wenderunen, so daß die drei Runensteine anschließend in der normalen Stellung vor Ihnen liegen.*

Dort liegt nun die Antwort dreifach aufgespalten. Die dreifache Antwort stammt von den drei Nornen, von Urd, Werdandi und Skuld, sie nimmt Bezug auf Vergangenheit, Gegenwart und Zukunft. Trotzdem gehören alle drei Runen zusammen zu Ihrer Gegenwart, denn »hier und jetzt« haben Sie gefragt, und das Orakel hat geantwortet.

Die erste Rune (Urd) stellt den Teil Ihrer gegenwärtigen Lage dar, der durch die Vergangenheit bedingt ist. Hier sind Sie insofern vorbestimmt, daß Sie an der Vergangenheit nichts mehr ändern können.

* Hierzu reicht auch eine vereinfachte Form des Orakels: Legen Sie die Runensteine verdeckt vor sich hin. Mischen Sie sie. Wählen Sie dann nacheinander die drei »richtigen« Steine und legen sie aufgedeckt und aufrecht von links nach rechts nebeneinander.

Dieser Aspekt ist gegeben, das ist Ihr Erbe, mit dem Sie nun hauszuhalten haben. Eben deshalb ist es ja so wichtig, diesen Aspekt ganz genau zu erkennen. Denn wenn Sie Ihre Wurzeln kennen, werden Sie leichter sehen können, wohin Ihre Zukunft wächst. Darüber hinaus können Sie gleichsam gärtnerisch tätig werden und durch Eingreifen dem Wachstum eine bestimmte Richtung geben.
Die zweite Rune (Werdandi) zeigt die reine Gegenwart, die Lage, wie sie wirklich *ist. Wirklich* bedeutet vor allem, daß Sie hier *wirksam* eingreifen können, denn jetzt sind Sie frei, falls nicht die Angst Sie daran hindert. Während Urd die durch die Vergangenheit vorbestimmten Seiten aufzeigt, können Sie im Jetzt durch freie Tat das Schicksal selbst gestalten.
Ob Sie nun den Empfehlungen von Werdandi folgen, ob Sie Ihre Einstellung an den positiven oder negativen Möglichkeiten der mittleren Rune ausrichten, liegt zu einem großen Teil bei Ihnen. Auf jeden Fall zeigt die dritte Rune (Skuld) die möglichen Folgen für Ihre Zukunft. Irgendeine »Schuld« werden Sie immer auf sich nehmen müssen, ganz gleich wie Sie sich verhalten. Ob jedoch diese künftige Schuld eine erfreuliche sein wird, liegt in der gegenwärtigen Vorgehweise begründet.
Trotz der Dreifältigkeit bildet die Antwort des Orakels eine Einheit. Um sie herauszufinden und in einem Satz oder Wort zu formulieren, müssen Lautwert, Name und Bedeutung der drei Runen beachtet und miteinander kombiniert werden. Auch hierbei dürfen Sie nicht stur nach festen Regeln vorgehen. Lassen Sie vielmehr Ihrer Phantasie freien Lauf und beachten Sie die vielfältigen Deutungs- und Kombinationsmöglichkeiten. Die richtige Deutung werden Sie daran erkennen, daß sie Ihnen sozusagen in die Augen springt. Dann haben die Runen zu Ihnen gesprochen, und Sie werden ihre Vogelsprache verstehen.

Name und Lautwert der Runen

| | | | | | |
|---|---|---|---|---|---|
| 1 | FA | F, V | 10 | AR | A |
| 2 | UR | U, W | 11 | SIG | S, Z |
| 3 | DORN | D, TH | 12 | TYR | T, Z |
| 4 | AS | O, A | 13 | BAR | B, P |
| 5 | RIT | R | 14 | LAF | L |
| 6 | KAN | K, G | 15 | MAN | M |
| 7 | HAGAL | H | 16 | YR | Y, R |
| 8 | NOT | N | 17 | EH | E |
| 9 | IS | I, J | 18 | ODIL | O, G |

Wie es schon aus den Einzeldarstellungen hervorging, sind weder Name noch Bedeutung der Runen eindeutig. Dasselbe gilt für die

Lautwerte. Jedesmal steht eine ganze Kategorie von Deutungsmöglichkeiten zur Verfügung, und die gekonnte Kombination ergibt die richtige Deutung. Vergleichen Sie zu den Lautwerten auch das im Anhang Gesagte. Zu der ODIL-Rune sei noch vermerkt: Sie hat in der Wikinger-Reihe eigentlich keinen Lautwert. Sie können jedoch für die Deutung der Antwort den gemeingermanischen Lautwert »o« oder auch »g« (für GIBUR) verwenden.

**Beispiele**

Die nun folgenden Beispiele können naturgemäß nicht systematisch aufgebaut werden. Sie dienen lediglich zur Veranschaulichung der Deutungsart und als Anregung für die eigene Kombination. Auch können keine Fragen konstruiert werden, denn sie wären künstlich und die Antworten entsprechend sinnlos. So habe ich beschlossen, jeweils zufällig und ohne eine gestellte Frage drei Runen zu ziehen. Auf diese Weise entscheidet gewissermaßen das Orakel selbst, welche Kombinationen hier besprochen werden.

AS – RIT – LAF

In der Edda begegnet uns der Ase Rig, der mit drei Frauen drei Söhne zeugt. Aus diesen werden später die Stammväter der Stände: der Knechte, der Bauern und der Jarle. Diese Geschichte ist in AS-RIT-LAF enthalten: Der Ase (AS) Rig (Urbild des fahrenden Ritters = RIT) zeugt Leben (LAF) und begründet so das Leben (LAF) der Menschen in den drei Ständen. Der jüngste und edelste seiner Söhne heißt Jarl, sein Name ist zugleich die isländische Bezeichnung für den Adel (Jarle). Den Adelstitel Jarl (englisch Earl) finden wir ebenfalls in den Runen AS, RIT und LAF, nämlich als ihre Lautwerte ORL oder ARL. Eine ähnliche Deutung wäre auch für die Kombination AR-RIT-LAF (ARL) möglich. Mit der Rune KAN anstelle von AS (also KAN-RIT-LAF) könnten wir hingegen den anderen Sohn des Rig entdecken, nämlich Karl, der Stammvater der Bauern ist, und dessen Name die Bezeichnung für diesen Stand (Karle) liefert.

AS-RIT-LAF kann also »der Ase Rig lebt« bedeuten. Durch die Person des Rig (RIT) erscheint das göttliche Prinzip (Ase = AS) in der Welt der Menschen und sorgt dafür, daß ihr Leben (LAF) in gerecht (RIT) geordneten Bahnen verläuft. Damit erhellt sich eine wesentliche Bedeutung des ritterlichen (RIT) Prinzips. Die mittlere Rune des Ritters (RIT) hat die Aufgabe, zwischen der überweltlichen und übermenschlichen Welt der Götter (AS) und dem irdischen und realen Leben (LAF) der Menschheit zu vermitteln.

AS (Urd): Welt, Leben und Mensch haben ihre Vergangenheit, ihre Wurzeln im Göttlichen, sie wurden von Gott erschaffen. Eine geistige Wirklichkeit belebt stets die stoffliche Realität. Die Frage ist nur, ob man dies erkennt.

RIT (Werdandi): Das Leben in der Gegenwart ist eine ständige Bewegung, eine unaufhörliche Reise. Um es zu verstehen und zu meistern, muß man das Leben irgendwie einrichten und ordnen. Dabei kann man sowohl richtig und gerecht als auch falsch und ungerecht vorgehen, man kann das Leben nach geistigen Prinzipien, aber ebensogut nach den Gesetzen der Materie ausrichten.

LAF (Skuld): Die Zukunft ist die Summe von Vergangenheit und Gegenwart. Sterben die geistigen Wurzeln ab, wird das Leben zum dunklen und sinnlosen Dasein. Gelingt es durch eine richtige Einstellung, die Verbindung zum Geist zu wahren, wird die Zukunft ein Leben in Licht und Liebe sein.

AS-RIT-LAF in einem Satz: Das rechte Leben läßt den Geist im Stoff erblühen und taucht die Welt in Liebe und Licht.
Auch in Hinblick auf die Runen teilt uns das Orakel etwas mit. Setzen wir Rune für RIT, so haben wir Sprache (AS) – Rune (RIT) – Leben (LAF). Die Bedeutung der Runen besteht demnach darin, die Sprache zu beleben und lebendig zu erhalten. Wenn (wie heute) der Geist die Sprache verläßt, verludert diese und wird zum toten Gerüst. Die Runen vermögen die geistige Verwurzelung der Sprache aufrechtzuerhalten, wodurch sie zum lebendigen Instrument der Schöpfung wird.
Sie sehen, daß die Antwort des Orakels vielseitig gedeutet werden kann. Sobald Sie sie jedoch auf die gestellte Frage beziehen, wird sie wesentlich eindeutiger ausfallen. Sie müssen die Kunst des Kombinierens lernen, und das Orakel wird für Sie zu einem wertvollen Ratgeber.

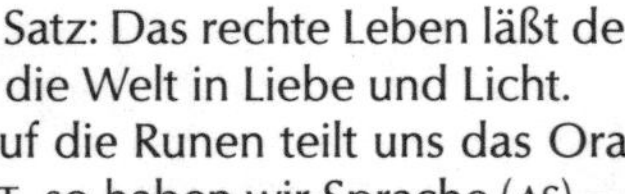

NOT – AR – KAN
Die Namen der drei Runen besagen »der Notar kann«. Erschrecken Sie bitte keineswegs ob solch schrecklicher Deutung. Die Frage ist nicht, ob eine solche Aussage wahr oder unsinnig ist, die Frage ist

vielmehr, was der Notar wirklich kann. Er kann zum Beispiel Noten (NOT) geheim (AR-KAN)* aufbewahren, er kann sie jedoch auch zur gegebenen Zeit veröffentlichen, und dann sind sie nicht (NOT) mehr geheim (AR-KAN). Der Notar kann sich also durchaus gegensätzlich verhalten und damit die Lage von Grund auf verändern.
Die erste Rune zeigt, daß Not herrscht. Sicherlich ist die Not nicht gewollt, sie ist vielleicht durch begangene Fehler in der Vergangenheit (Urd) oder als Folge eines Schicksalsschlages (Urd) entstanden. Auf jeden Fall verläuft das Geschehen nach irgendwelchen verborgenen Gesetzmäßigkeiten, und eben weil man diese nicht kennt, konnte die Not entstehen. Gelingt es nun, das Geheimnis (AR-KAN) zu lüften, so wird das Gesetz (EH) klar ersichtlich, den AR + KAN = EH. Damit kann aber auch die Not gewendet werden, denn das Gesetz wendet die Not, wie die EH-Rune die NOT-Rune wendet.

Notwende

NOT-AR-KAN zeigt somit die Möglichkeit einer Notwende an, und das Geheimnis dazu liegt vielleicht tatsächlich beim Notar!
Die drei Runen können auch die näheren Umstände einer germanischen Königskrönung beleuchten. Der alte König ist tot, sein Tod stürzt das Land in die sichere Not. Ohne Herz und Haupt wird das Land öde, die Menschen verhungern, und die Vögel fallen tot von den Bäumen. Das ist die durch die NOT-Rune angezeigte Ausgangslage. Schleunigst muß der Krönungsrat zusammenkommen, um einen neuen König zu wählen. Der Krönungsrat setzt sich aus Mitgliedern des Adels (AR) zusammen, nun tagen die Jarle (AR). Aus ihrer Mitte heraus wählen sie – völlig gleichberechtigt und ohne irgendwelche verwandtschaftlichen Beziehungen – denjenigen zum König, der dazu am besten geeignet ist. Durch die Krönung hat das Land einen neuen König (KAN), und das Reich erblüht in neuer, fruchtbarer Pracht. Das Land kann wieder ergrünen, weil die Ordnung wiederhergestellt worden ist: NOT + AR + KAN = HAGAL

Das Grüne Land oder Die Not ist abgewendet

NOT als erste Rune zeigt, daß Schicksalswaltung herrscht. Das Schicksal hat jetzt zugeschlagen, seine Wurzeln hat es jedoch in der

* lat. arcanum = Geheimnis

Vergangenheit. Vielleicht liegt eine karmische Schuld vor, vielleicht eine Verfehlung, oder aber ganz einfach höhere Gewalt. Wichtiger als die Frage nach der Ursache ist es jetzt, den Weg zu finden, der aus der Not führt. Dieser Weg im Hier und Jetzt ist AR. Nicht das frontale und aggressive Bekämpfen der Not ist notwendig (eine heute weitverbreitete falsche Ansicht), sondern ein Opfer, das aus dem Herzen kommt (das ist AR). Nur so kann die Fähigkeit (KAN) entstehen, die die Not zu wenden vermag.

SIG – UR – DORN

Die Lautwerte der drei Runen ergeben SUD oder SÜD. Im Süden ist das Reich des Feuers, dort herrscht der Feuerriese Surt der Schwarze. Im Gegensatz zum Eis des Nordens, das die Verstandeskräfte des Kopfes symbolisiert, steht der Süden für die Vitalenergien des Lebens, die im Unterleib lokalisiert werden können. Das Orakel empfiehlt die Hinwendung zu diesem Bereich und verspricht einen dadurch möglichen Kraftgewinn (DORN).

SIG-UR-DORN bedeutet Sieg-Urquell-Kraft. Im Zentrum des gegenwärtigen Geschehens steht die mittlere Rune UR. Sie weist den Weg zurück (in der Zeit, in der Entwicklung, in der Erinnerung usw.) zum Urquell, zum Urgrund und zu den Ursachen. Ist der Weg zum Urquell zurückgelegt, so steht ein Kampf bevor, der mit einem Sieg (SIG) enden muß, soll daraus Kraft (DORN) erwachsen. In einem Bild ausgedrückt: Tief im dunklen Wald liegt eine Quelle, die Ursprung unerschöpflicher Lebensenergie ist. Diese Lebensquelle ist jedoch verstopft, der freie Fluß des Lebenswassers wird von einem großen, wilden Tier verhindert. Dabei ist es gleichgültig, ob dieses Tier als Schlange (SIG), Drache (SIG), Auerochs (UR), Urstier (UR) oder als die Urkuh Audhumla (UR) der germanischen Götterlehre erscheint; sie alle symbolisieren eine wilde, ungebändigte Kraft, die unkontrolliert großen Schaden, domestiziert hingegen großen Segen bewirken kann.

Ein Psychologe würde sogleich das Unbewußte in unserem Urvieh erkennen (beheimatet im Unterleib, dem »Süden«) und eine Psychoanalyse zwecks Aufdeckung verdrängter Seelenmechanismen verordnen. Das ist auch richtig, zumal wenn Störungen aus der persönlichen Vergangenheit den freien Fluß der Lebensenergie hindern. Doch auch der seelisch gesunde Mensch (nach Ansicht mancher Psychologen gibt es diesen allerdings gar nicht) trägt das Urtier in sich und muß sich mit ihm immer wieder auseinandersetzen. Die

Spanier zum Beispiel betreiben mit ihrem Stierkampf in diesem Sinne »kollektive Psychotherapie« – ob sie nun wissen, was sie tun oder nicht –, wobei der Stier meistens getötet, psychologisch gesehen also »verdrängt« wird. Wie dem auch sei, ich würde dem seelisch Kranken die Therapie, einem Gesunden aber stets einen Urlaub in Spanien empfehlen.
Man sollte das Tier nicht töten, und wenn man es doch töten muß, sollte man es auch »essen«, das heißt einverleiben, seine Kraft in sich aufnehmen. Denn nur so kann die Lebensquelle erlöst werden, ansonsten sind Kampf und Sieg umsonst. Aus diesem Grund bekommt der Matador die Ohren des getöteten Stieres und nimmt sie mit. Den größten Sieg am Urquell hat der Kämpfer aber dann errungen, wenn ihm das Ungeheuer von nun an aufs Wort folgt.
Namen und Geschichte des germanischen Drachentöters Sigurd finden wir ebenfalls in SIG-UR-DORN. Sigurd-Sigfrid fand die Quelle (UR) im tiefen Wald, bewacht vom Drachen (SIG). Er tötete das Tier, aß sein Herz (bzw. badete in seinem Blut), erlangte unbesiegbare Kraft (DORN) und verstand fortan die Vogelsprache der Runen.

Diese drei Beispiele (insgesamt sind 4896 Dreier-Kombinationen möglich) dürften genügen, um die Art der Deutung zu illustrieren. Es gibt dabei keine starren Regeln – Runen sind Lebewesen, und wir wollen sie nicht umbringen –, der allgemeine Ansatz und der Rahmen müssen richtig sein, dann stimmt auch die Deutung. Selbst die hier vorgebrachten Beispiele dürfen Sie nicht als feste Lösungen ansehen, denn die Deutungen sind ohne eine gestellte Frage erfolgt. Sie sind nur Möglichkeiten und dienen nur dem Lernzweck. Je konkreter die Frage gestellt wird, desto genauer wird die Antwort des Orakels ausfallen. Dieselbe Kombination auf zwei verschiedene Fragen bedeutet zwei verschiedene Antworten, die trotzdem jedesmal richtig und als die eine Antwort wahr sind. Das Orakel ist eben keine wissenschaftliche Statistik, sondern eine lebendige Kunst.
Verzagen Sie nicht, wenn Ihnen anfangs keine komplexen Deutungen einfallen. Das A und O des Kombinierens ist die Beherrschung der einzelnen Runen. Wenn sie in voller Lebendigkeit vorhanden sind, werden sie schon von selbst miteinander zu reden anfangen. Mit der Schrift verhält es sich auch nicht anders. Doch während Lesen und Schreiben Denkvorgänge sind, stellen die Runen eine Bilder- bzw. Strukturschrift dar, welche Imagination bzw. Inspiration erfordern. Die Beschäftigung mit ihnen fördert die Erweckung eben dieser Fähigkeiten.

Nun sollen drei konkrete Beispiele aus der Praxis folgen. Dabei ge-

hen wir auf die mythologischen Bezüge der Runen nicht mehr ein. Diese müssen zwar im Hintergrund stets bedacht, doch letztlich in eine praktisch faßbare Antwort übersetzt werden. Die gestellte Frage wurde jeweils durch eine einzige Rune beantwortet.
Der Fragende ist ein 35jähriger Mann, verheiratet, 3 Kinder, im Beruf erfolgreich, hat Probleme mit seinem Privatleben. Er hat den Eindruck, daß sein Familienleben unter seiner beruflichen Belastung leidet, und spielt jetzt mit dem Gedanken, künftig nur noch halbtags zu arbeiten, um auf diese Weise mehr Zeit für die Familie zu haben. Finanziell könnte er sich sein Vorhaben durchaus leisten, etwas hält ihn jedoch davon ab.
Die Frage: »Welche Konsequenzen bringt es mit sich, wenn ich nur noch halbtags arbeite?«

Als Antwort bekommt er die AR-Rune. Die Antwort des Orakels ist positiv, der Fragende sollte seinen Plan in die Wege leiten. AR deutet an, daß er hierdurch die Chance erhält, aktiv in sein Schicksal einzugreifen und es von sich aus zu gestalten. Dies ist einem passiven Mittreiben gegenüber immer ein Gewinn.
Weiterhin bedeutet die AR-Rune Herzens- und Liebesopfer. Unser Mann wird sein Herz öffnen und seiner Frau und den Kindern mehr Aufmerksamkeit und Liebe schenken müssen. Bis jetzt hatte er dafür nicht genügend Zeit und gab vor allem Geld.
Die Schattenseite einer Rune erkennen wir oft aus der Sturzrune, diese ist hier KAN ᚴ. Das unbestimmte Gefühl, das den Fragenden von seinem Vorhaben abhalten will, hat also mit dem Könner (KAN), dem »Macher«, in ihm zu tun. Die vermeintlich »weibliche« Gefühlsseite des Lebens hat er ja bis jetzt zum größten Teil an seine Frau abgetreten, und so hat das Unbewußte Angst, diese Seite nun entwikkeln und dadurch einen Teil der ebenfalls vermeintlichen »männlichen« Macht abgeben zu müssen.

Eine 40jährige, alleinstehende Frau mit geregelter Berufssituation leidet unter starken Depressionen. Über die möglichen Gründe ihres Leidens hat sie keinerlei Anhaltspunkte, sie betont wiederholt, daß sie eigentlich »alles hat«.
Die Frage: »Weshalb geht es mir schlecht?«

Die Antwort ist die gestürzte TYR-Rune. Hieraus läßt sich vermuten, daß das Leben der Fragenden kein befriedigendes Ziel (TYR) verfolgt und diese Ziel- und Sinnlosigkeit die Ursache ihrer Krankheit ist. Auf diese Deutung reagiert sie mit einem gefühlsgeladenen Ausbruch. Sie beklagt ihr Dasein, das trotz aller Annehmlichkeiten hohl und sinnlos sei, so sehr, daß sie »gar nicht mehr leben« wolle.
Die Depressionen wurzeln also in der Ziellosigkeit. Sie muß ihr Leben ändern, dem Dasein Sinn verleihen, wenn die Störung schwinden soll. Wo und wie sie das nötige Ziel finden kann, wäre eine weitere Frage an das Orakel. Diese wird aber erst aktuell, wenn die Fragende die wirkliche Bereitschaft für eine unter Umständen radikale Lebensveränderung aufbringen kann.
Immerhin können wir jetzt schon etwas aus der Tatsache schließen, daß das Orakel mit der *gestürzten* TYR-Rune geantwortet hat. Dies ist nämlich (neben anderen Aspekten) ein Hinweis auf die notwendige Zuwendung nach unten, zum irdischen Bereich. Das fehlende Ziel soll nicht in den philosophischen Höhen der Geistigkeit und Vergeistigung gesucht werden, vielmehr muß es im konkreten, irdischen Dasein, bei der Mutter Erde und im eigenen Leib gefunden werden.

Die Ehe eines jungen Paares steckt in einer schweren Krise und ist dadurch in ihrem Bestand ernsthaft gefährdet. Die Frau wirft dem Mann ständige Untreue vor, er hingegen behauptet, sie könne seinen sexuellen Bedürfnissen nicht gerecht werden. In der Tat macht sie einen leicht vergeistigten, er dagegen einen stark erotischen Eindruck.
Die Frage: »Wie kann unsere Ehe gerettet werden?«

Das Orakel antwortet mit MAN.
Die eigene Schilderung des Ehepaares scheint die Situation gut zu charakterisieren: Sie ist etwas »verstiegen«, zu sehr dem Geist zugewandt, psychologisch gesprochen lebt sie ihren »Vaterkomplex«. Er ist dafür den Frauen »verfallen«, zu sehr mit der körperlich-erotischen Seite des Daseins beschäftigt, genau das aber ist der psychologische »Mutterkomplex«. Überspitzt formuliert führt sie ein »engelgleiches«, er hingegen ein »tierisches« Leben.
Die Voraussetzungen für die Rettung der Ehe sind unter diesen Umständen nicht gut. In dieser Lage gibt das Orakel mit der MAN-Rune

die einzig richtige Antwort. Nur ein gegenseitiger Ausgleich kann die Ehe retten, die beidseitige Besinnung auf die *Menschlichkeit*. Der Mensch muß stets das Gleichgewicht zwischen dem Tier und dem Engel in sich wahren, sobald die eine Seite überwiegt, gibt es nur Probleme. Die Frau muß sich nach unten, zur Erde hinwenden, sich der Verführung öffnen und auch die Kunst der Verführung selbst erlernen. Dies besagt auch die gestürzte MAN-Rune, die als YR ᛦ die Schattenseite des Problems andeutet. Auf diesem Weg muß ihr der Mann entgegenkommen und sich durch die Hinwendung zum Geist von der allzu starken sexuellen Bindung befreien. Nur so werden sie sich in der Mitte treffen und eine beiderseits befriedigende, menschenwürdige Ehe führen können.

Um doch noch rationale Anhaltspunkte für die Kombination von drei Runen zu erhalten, wollen wir eine »Eselsbrücke« für den Deutungsweg bauen. Wenn Sie die Brücke einige Male benutzt haben, reißen Sie sie ab und springen Sie.

1. Lesen Sie die Einzeldarstellungen aller drei Runen und versuchen Sie das Gelesene als Einheit zu sehen. Zeichnen Sie Binderunen, indem Sie die drei Runenzeichen in einer Figur vereinigen. Wenn drei Runen auf einmal beim Lesen und Zeichnen zuviel sind, versuchen Sie es zunächst mit je zwei Runen. Erste und zweite Rune weisen eher in die Vergangenheit, zweite und dritte zusammen mehr in die Zukunft, doch letztlich sind alle drei in der Gegenwart.

2. Verbinden Sie die Lautwerte der drei Runen zu einem Wort. Vielleicht gewinnt dieses Wort sofort eine Bedeutung oder erinnert Sie an ein anderes, ähnliches Wort. Ist dies der Fall, haben Sie bereits einen konkreten Anhaltspunkt für Ihre Deutung. Tun Sie dasselbe mit den Namen der drei Runen. Sie können auch die Lautwerte mit den Namen kombinieren, bis Sie auf eine sinnvolle Bedeutung stoßen (was nicht immer der Fall sein muß).

3. Nehmen Sie jetzt die drei Orakel-Stichworte und versuchen Sie daraus einen sinnvollen Satz zu bilden. Dabei können Sie auch die gemeingermanischen (S. 18) und ebenso die sonstigen Bedeutungen der Runen miteinander kombinieren. Vielleicht finden Sie gleich mehrere Sätze (wie vorhin Wörter), sammeln Sie all diese Möglichkeiten, auch wenn sie vollkommen widersprüchlich (oder gar lächerlich) sind.

4. Vertiefen Sie sich danach in der Betrachtung der mittleren Rune, werden Sie selbst zu dieser Rune. Wenden Sie sich nach links, beginnen Sie ein Gespräch mit der ersten Rune, Ihrem linken Nachbarn. Tun Sie dasselbe nach rechts hin. Sammeln Sie all Ihre Einfälle, sie geben Auskunft über die Verwurzelung in der Vergangenheit und die möglichen Früchte der Zukunft.

5. Nun können Sie alle Einfälle, Eindrücke und Eingebungen zusammen betrachten. Werfen Sie alles fort, was nicht zu einem einzigen ehernen, vielseitig schillernden Guß gehört, denn dieser ist die Antwort, der Rest Schlacke und Abfall. Jetzt brauchen Sie nur noch die Frage klar vor Augen zu führen und dem Guß den Schliff zu geben der der Frage gemäß ist.

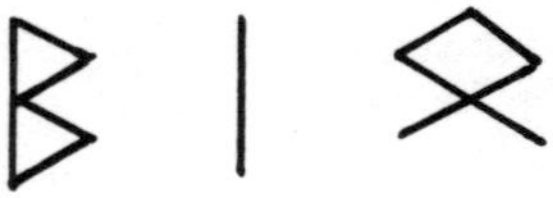

Wenden wir das Verfahren gleich an. Eine Frage wurde gestellt. Die Antwort des Orakels lautet: BAR – IS – ODIL (GIBUR). Was heißt das?
1. Die Binderunen BAR-IS-ODIL, BAR-IS und IS-ODIL:

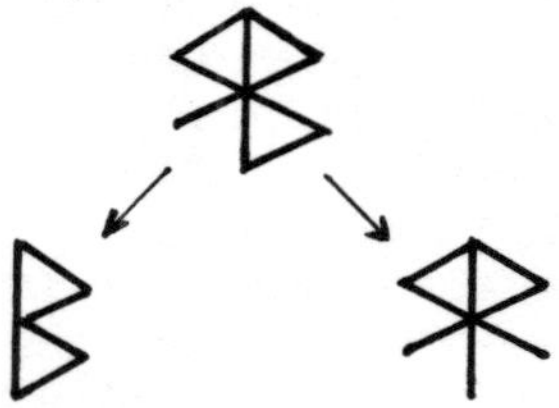

2. Die Lautwerte von BAR-IS-ODIL bzw. BAR-IS-GIBUR ergeben folgende Kombinationsmöglichkeiten:
BIO (Leben), PIO (ein Papst?), BIG (groß), PIG (etwa ein Schwein?), B (zwei), PI (Kreiszahl), IO (Geliebte des Zeus, Mann und Frau).
Die Namen der Runen (alle drei bzw. je zwei):
B-IS-ODIL (bis Odil, wer ist Odil?), B-IS-GIBUR (bis Gibur, wer ist [oder was ist] Gibur?), BAR-IS (hat das etwas mit Paris zu tun?), IS-O (iso = gleich).

3. Kombination der Bedeutungen der drei (bzw. je zwei) Runen:
Mutter will den Gral; Mutter ist der Gral; Mutter, ich will den Gral; Mutter, ich bin den Gral; Mutter und ich; ich und der Gral.

4. Das Gespräch:
IS: »Ich bin ich, ich will ich sein und und bin es. Was bist und willst Du, Mutter?«
BAR: »Ich bin die Mutter. Ich liebe Dich, Du bist ein Teil von mir, mein Sohn. Ich nähre und beschütze Dich, ich nehme Dir alle Sorgen, doch werde ich Dich vielleicht eines Tages verschlingen.«
IS: Ich liebe Dich auch, Mutter, doch jetzt muß ich noch ein anderes Gespräch führen.« (Zu ODIL gewandt:) »Ich bin ich, ich will ich sein und bin es. Was bist und willst Du, Gral?«

ODIL: »Ich stehe hier und warte darauf, daß Du mich findest.«
IS: »Was habe ich davon, wenn ich Dich finde?«
ODIL: »Siehst Du es nicht? Such mich einfach! Wenn Du mich findest, wirst Du es wissen. Und noch eins:

Kiese nun, Du kannst es jetzt,
schimmernder Schildbaum:
Wort oder Schweigen wähle Du selbst!
Bestimmt ist alles Unheil.«

5. Nachdem wir alle Vorbereitungen getroffen haben, betrachten wir die drei Runen zusammen. Wir sehen ein großes, rundes BIO-Gefäß, das alles Leben dieser Erde in sich trägt und regelt.
In der Mitte steht der Fragesteller (IS). Die ganze Binderune (alle drei Runen) zeigt einen Ritter (RIT), der seine Mutter (BAR) auf dem Rükken trägt. Oder trägt die Mutter den Ritter? Links zur Vergangenheit hin sehen wir die Mutter. Nicht nur die persönliche Mutter ist gemeint, vielmehr das mütterliche Prinzip schlechthin, das viele Gesichter annehmen kann. Die Mutter bietet Sicherheit, droht aber auch mit der Gefahr des Verschlingens – in der Binderune BAR-IS ist das Ich verschluckt und einfach verschwunden. BAR und IS, Mutter und Ich, leben zusammen in einer Symbiose (BI) ungleicher Lebewesen.
Rechts zur Zukunft hin ist die Verlockung. Auch sie trägt tausend Namen und muß nicht (kann aber oft) durch den Geliebten bzw. die Geliebte verkörpert sein. Sie verspricht nichts, lockt dennoch (oder gerade deshalb) unwiderstehlich. Sie ist der Gral. Die Vereinigung mit dem Gral ist eine gleichwertige (ISO) Verbindung, das wird auch durch die Binderune IS-ODIL unübersehbar bestätigt. Der Gral lockt, doch gibt es keine Garantie, daß wir ihn je finden werden. Doch wenn wir ihn finden . . .

Und das ist der ewige Kreislauf des Lebens. Das Ich muß den mütterlichen Bereich verlassen, wenn es wachsen soll, und sich auf die Suche begeben. Wenn der Sucher den Gral findet, wird er sich mit ihm vereinen, das Ich vergessen und glücklich sein. Auch die Mutter freut sich, denn der Sohn ist heimgekehrt.

Das ist der Guß des Orakels, es fehlt nur noch der Schliff. Wenn etwa die Frage eines jungen Mannes nun lautet:

»Wie wird sich mein Leben verändern, wenn ich meine Wäsche nicht mehr bei der Mutter, sondern in der Wäscherei waschen lasse?«,

so dröhnt die Antwort des Orakels unwiderstehlich (und etwas gereizt wegen des profanen Anliegens):

»Geh hin, denn mancher hat schon den Gral in einer öffentlichen Wäscherei gefunden!«

Ernsthafte Fragen werden selbstredend gründlicher beantwortet.

Konstanz, den 7. Februar 1985 Zoltán Szabó

# Anhang

## Die Runen in Körperstellung und Intonation

Nachfolgend finden Sie zu jeder der 18 Wikinger-Runen eine Körperhaltung abgebildet, die die körperliche »Einstellung« der Runen veranschaulicht. Auch andere Körperhaltungen sind möglich, sie müssen jedoch sorgfältig konstruiert werden. Üben Sie diese Stellungen zusammen mit der Intonation der Rune. Dabei sollte sowohl der entsprechende Laut als auch der Name der Rune möglichst langgezogen *gesungen* werden. Die Tonlage können Sie selbst bestimmen, so wie das Singen für Sie angenehm ist und leichtfällt.

Kurze Beschreibung der Körperhaltungen:

ffffff
fffaaa
ffffff

1. FA
Aufrechter Stand mit geschlossenen Beinen (wie bei den meisten Runen). Der rechte Arm ist schräg nach oben gestreckt, Handfläche nach oben. Der linke Oberarm liegt am Körper, der Unterarm parallel zum rechten Arm, die Hand zur Faust geballt, die Handfläche nach oben. Der rechte Arm ist also empfangend, der linke symbolisiert die Phallus-Kraft.

uuuuuu
uuurrr
uuuuuu

2. UR
Bei durchgestreckten Beinen ist der Oberkörper nach vorne gebeugt, die Arme hängen parallel zu den Beinen nach unten, die Handflächen nach innen gekehrt. Das ist die Stellung eines Bauern bei der Feldarbeit. Leicht gespreizte Beine geben einen besseren Halt.

d-d-d-d-d-d
dorn-dorn
d-d-d-d-d-d

3. DORN
Aufrechter Stand, beide Oberarme liegen am Körper, die Unterarme zeigen rechtwinklig dazu nach vorne, die Hände zu Fäusten geballt, Handflächen nach innen. Man kann die Stellung auch mit nur einem Arm einnehmen. Diese Stellung symbolisiert einen Dorn oder Thors Hammer, obwohl sie auch eine phallische Bedeutung hat, steht hier nicht diese, sondern die Bedeutung »Kraft« im Vordergrund.

oooooo
ooosss
oooooo

4. AS

Der rechte Arm ist schräg nach unten gestreckt, Handfläche nach unten. Der linke Oberarm liegt am Körper, der Unterarm parallel zum rechten Arm, Handfläche nach unten (keine Faust). Hier ist also nicht das Empfangen, sondern das Geben betont.

rrrrrr
rrriiit
rrrrrr

5. RIT

Das rechte Bein ist nach vorne gestreckt, bereit, einen Schritt zu machen. Der linke Arm ist angewinkelt, die Hand liegt zur Faust geballt an der Stirn (Daumen und Zeigefinger berühren die Stirn). Das ist der Ritter, der seinen Weg nach seiner Vision geht.

k-k-k-k-k-k
kaaannn
k-k-k-k-k-k

6. KAN

Aufrechter Stand, der rechte Arm ist schräg nach oben gestreckt, die Handfläche nach oben. Diese Stellung ist also ebenfalls empfangend und stellt keinen Gruß (etwa »Heil Hitler«) dar. Durch die Empfängnis entsteht Potenz, die hier nicht sexuell zu verstehen ist.

hhhhhh
hagal-hagal
hhhhhh

7. HAGAL

Aufrechter Stand, die beiden Arme sind gestreckt und befinden sich in einer Kreisbewegung. Oben sind die Handflächen nach oben, unten nach unten gekehrt. Durch diese Bewegung wird das All umfaßt (umhegt), das ist HAGAL.

nnnnnn
nnnooot
nnnnnn

8. NOT

Der linke Arm ist schräg nach oben gestreckt, die Handfläche nach oben. Der rechte Arm ist schräg nach unten gestreckt, die Handfläche nach unten. Betrachten Sie sich in dieser Stellung im Spiegel, so sehen Sie die NOT-Rune, ein anderer sieht Sie von vorne als EH, von hinten als NOT. Durch NOT fließt die Energie von links oben nach rechts unten.

iiiiii
iiisss
iiiiii

9. IS

Der aufrechte Stand schlechthin. »Stillgestanden!«

aaaaaa
aaarrr
aaaaaa

10. AR

Das rechte Bein nach vorne gestreckt, bereit, einen Schritt zu machen. Übertrieben wird die Stellung zum militärischen Stechschritt. Ein Arm parallel zum schreitenden Bein ergibt eine weitere Stellung der AS-Rune.

11. SIG

ssssss
sssiiig
ssssss

Die Arme sind angewinkelt, die Hände zu Fäusten geballt. Die eine Faust (egal welche) liegt an der Hüfte (Handfläche nach hinten), die andere an der Schläfe (Handfläche nach vorne). Wie ein Blitz durchfährt die Energie den Körper.

12. TYR

t-t-t-t-t-t
tyyyrrr
t-t-t-t-t-t

Aufrechter Stand, beide Arme sind seitlich schräg nach unten ausgestreckt, Handflächen nach unten. Eine weitere Stellung: Beide Arme angewinkelt über dem Kopf (siehe ODIL), die Spitzen der zwei Mittelfinger berühren sich.

13. BAR

b-b-b-b-b-b
baaarrr
b-b-b-b-b-b

Liegend. Die Beine sind angewinkelt und gespreizt, die Arme ebenfalls angewinkelt, die Handflächen umfassen den Kopf. Das ist die Stellung einer Geburt. Ebensogut ist es möglich, die Stellung in der Hocke auszuführen, dies entspricht dann einer »natürlichen« Geburt.

14. LAF

llllll
llaaff
llllll

Aufrechter Stand, ein Arm ist schräg vorne nach unten gestreckt, die Handfläche nach unten. Auch ist es möglich, mit dem Zeigefinger auf einen Punkt zu zeigen, den die Augen suchen.

15. MAN

mmmmmm
mmaann
mmmmmm

Aufrechter Stand. Beide Arme sind seitlich schräg nach oben gestreckt, die Handflächen nach oben. Auch der Blick ist leicht nach oben gerichtet. Das ist eine Gebets-, Empfangs- und Opferstellung, auch die Stellung des Gekreuzigten.

16. YR

yr-yr-yr
yyyrrr
yr-yr-yr

Stand mit gespreizten Beinen, die Arme liegen am Körper, die Handflächen an den Oberschenkeln. Mit dieser Stellung steht man fest »mit beiden Beinen auf der Erde«, auf dem Boden der Realität, die nicht immer mit der Wirklichkeit identisch ist.

17. EH

eeeeee
eeeeee
eeeeee

Der rechte Arm ist schräg nach oben gestreckt, Handfläche nach oben, der linke Arm schräg nach unten, Handfläche nach unten. Im Spiegel erscheint die Stellung wie von hinten gesehen als EH, von vorne gesehen als NOT (siehe NOT-Rune). Die Energie fließt durch EH von links unten nach rechts oben.

18. ODIL
Stand mit gespreizten Beinen (wie bei YR). Die Arme angewinkelt über dem Kopf (wie bei der weiteren Form der TYR-Rune), die Spitzen der Mittelfinger berühren sich. Die ODIL-Rune können Sie nicht intonieren. Sie ist die Rune des Grals und Schweigens.

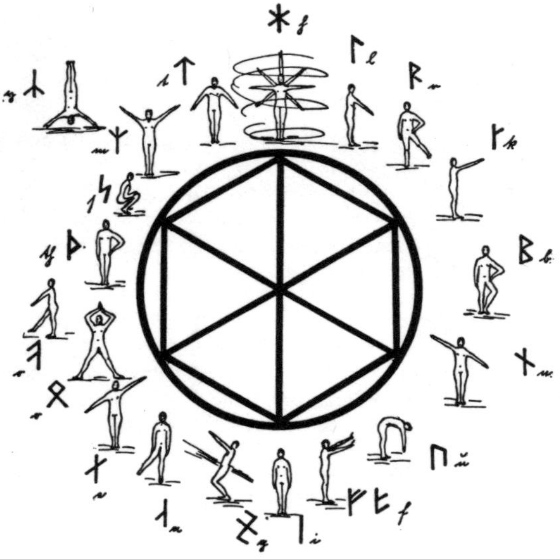

*Alles tanzt*

*(Abbildung aus S. A. Kummer: »Heilige Runenmacht«)*

und KS geschrieben werden. V wird entweder als »w« oder »f« gesprochen und entsprechend als W oder F geschrieben. CK können Sie in Runen mit KK schreiben. Schließlich die Laute »ä«, »ö« und »ü«: für sie stehen die Binderunen AE, OE und UE.

Experimentieren Sie mit Wörtern, Begriffen und Namen in Runen! Sie werden sehen, daß dies eine große Hilfe für das Verständnis der Sprache ist. Schreiben Sie vor allem Ihren eigenen *Namen** in Runen und ergründen Sie dessen Wesen. Sie können auch eigene Binderunen konstruieren, wie das Beispiel mit dem Namen Tyr zeigt:

* Nomen ist Omen. Je mehr Sie Ihren Namen mit und in Runen erforschen, desto besser begreifen Sie Ihr Schicksal. Entwerfen Sie Ihr Wappen in Runen und betrachten Sie den Schild, den Sie als Namen stets vor sich tragen. Oder ist Ihr Name Ihr Wesen?

*Runen als Wappen: (Abbildung aus S. A. Kummer: »Heilige Runenmacht«)*

## Erklärungen der mythologischen Namen

**Äl:** Göttlicher Met, Bier (vgl. englisch ale) der Asen.

**Alben:** Alfen, Elben, Elfen, Wesen zwischen den Göttern und den Menschen.

**Alfheim:** Reich der Alben, hier wohnt Freyr.

**Allvater:** Name Odins, der wichtigste seiner Beinamen.

**Alswinn:** Himmelspferd, das zusammen mit Arwaker den Sonnenwagen (Sol) zieht.

**Alwis:** Weiser Zwerg.

**Arwaker:** Neben Alswinn das zweite Himmelspferd der Sonne.

**Asen:** Das führende Göttergeschlecht. Luftgötter, die das frühere Geschlecht der Wanen (Wassergötter) abgelöst haben. Es gibt zwölf Asen (mit Loki dreizehn) und vierzehn Asinnen. Die Rune der Asen ist AS.

**Asgard:** Garten, Burg und Wohnsitz der Asen.

**Ask:** Der erste männliche Mensch, von den Göttern aus dem Holz der Esche erschaffen (vgl. Embla).

**Audhumla:** Die Urkuh. Sie und der Urriese Ymir sind die ersten Lebewesen.

**Baldur:** Der makellose und lichte Ase, Sohn des Odin und der Frigg. Baldur – Inbegriff des Guten – wird durch die Verführung des Loki vom blinden Höd getötet.

**Berserker:** Ekstatische Krieger in Bärenfellen.

**Bestla:** Eine Riesin, Mutter von Odin, Wili und We.

**Bifröst:** Die Brücke, die Asgard und Midgard, Himmel und Erde miteinander verbindet. Bifröst wird von Heimdall bewacht und ist für die Menschen als Regenbogen sichtbar.

**Blain:** Ein Riese.

**Bor:** Vater von Odin, Wili und We.

**Bragi:** Einer der zwölf Asen, Gott der Dichtkunst und der Dichter (Skalden). Bragi ist der Sprecher der Asen.

**Brimir:** Ein Riese.

**Brynhild:** »Kriegerin in der Brünne«, nordischer Name der Brunhild aus dem Nibelungenlied.

**Buri:** Stammvater der Götter, Odins Großvater.

**Dag:** Der Tag, Name einer gemeingermanischen Rune.

**Dagda:** Oberhaupt der Tuatha De Danann, eines atlantischen Volkes aus der Frühzeit Irlands.

**Delling:** Der Morgentau.

**Disen:** Geburtshelferinnen im allgemeinen Sinn. So sind die Nornen, aber auch Freyja Disen.

**Einherjer:** Die in der Schlacht gefallenen »Einzelkämpfer«, sie wohnen in Walhall.

**Embla:** Der erste weibliche Mensch, von den Göttern aus dem Holz der Ulme (vielleicht aber auch Weinstock) erschaffen (vgl. Ask).

**Fafnir:** Ein Drache, wird von Sigurd getötet.

**Fenrir:** Wolf-Ungeheuer, neben Hel und der Midgardschlange ein Kind Lokis. Fenrir beißt die rechte Hand des Tyr ab und verschlingt in der Götterdämmerung Odin und die Sonne.

**Feuerriesen:** Südliche Feuer-Wesen, ihr Anführer ist Surt.

**Freki:** Einer der beiden Wölfe Odins (s. a. Geri)

**Freyja:** Die bezaubernde und zauberkundige Liebesgöttin. Sie ist Wanin, ihr Bruder ist Freyr, die Rune der beiden ist FA. Freyja ist »Frau Herrin« und die Wanen-Dis.

**Freyr:** Frey, Fro, Herr, ein Fruchtbarkeitsgott und Wane. Freyr ist mit dem keltischen Hirschgott (Hirschkönig) identisch, seine Rune ist FA.

**Frigg:** Die Göttermutter, Odins Frau.

**Gerd:** Eine schöne Riesin, wird Freyrs Frau.

**Geri:** Einer der beiden Wölfe Odins (s. a. Freki).

**Grani:** Das Pferd Sigurds.

**Gullweig:** Eine wanische Zauberin, die den Asen-Wanen-Krieg auslöst.

**Gungnir:** Der Speer Odins.

**Gunnlöd:** Eine Riesentochter, die den Skaldenmet bewacht. Sie wird von Odin in Schlangengestalt verführt, der so in den Besitz des Skaldenmets kommt.

**Har:** Der »Hohe«, ein Beiname Odins.

**Heervater:** Ein Beiname Odins.

**Hel:** Das Totenreich (für Strohtote) und zugleich dessen dunkle Herrscherin, eine Tochter Lokis.

**Helweg:** Der Weg zur Hel, der neun Nächte dauert.

**Hermod:** Götterbote, fährt den Helweg zu Hel, um Baldur zu suchen.

**Höd:** Der blinde Ase, der Baldur auf den Rat Lokis hin mit einem Mistelzweig erschießt. Wali rächt Baldur, indem er Höd tötet.

**Hönir:** Siehe Wili.

**Hugin:** Einer der beiden Raben Odins (s. a. Munin)

**Idafeld:** »Wo früher Asgard stand.«

**Idun:** Hüterin der goldenen Äpfel, welche den Göttern ewige Jugend verleihen.

**Ing:** Ein Fruchtbarkeitsgott phallischer Natur, Vorgänger des Freyr. Ing ist ebenfalls der Name einer gemeingermanischen Rune.

**Irminsul:** Heilige Säule der heidnischen Sachsen, stellt den Weltenbaum dar.

**Jarl:** Stammvater der Adligen, von Rig gezeugt.

**Jörd:** Die personifizierte Erde.

**Jöten:** Riesen.

**Jötunheim:** Thursenheim, das Reich der Riesen.

**Kenning:** Dichterische Umschreibung in der Skaldendichtung. Beispiel: »Vogel des Blutes« ist eine Kenning für den Adler, aber auch für den Raben.

**Kwasir:** Der klügste aller Menschen. Aus seinem Blut (mit Honig gemischt) stellten die Zwerge den Skaldenmet her.

**Loddfafnir:** Zauberlehrling der Runenkunde aus dem Zauberlied des Odin.

**Lodur:** Siehe We.

**Loki:** Der Erzbösewicht unter den Asen, zugleich der häufige Retter aus der Not. Loki ist ein Feuergott mit engen Beziehungen zur Unterwelt.

**Mani:** Der personifizierte Mond, Bruder der Sol (Sonne).

**Mannus:** Sohn des Tuisto, Ahnherr der Germanen nach Tacitus (Germania).

**Merlin:** Der größte keltische Zauberer aller Zeiten.

**Midgard:** Mittelerde, der mittlere Garten, Reich der Menschen.

**Midgardschlange:** Riesenschlange, die die Welt umspannt und dabei den eigenen Schwanz verschluckt. In der Götterdämmerung töten sich Thor und die Schlange gegenseitig.

**Mimir:** Weiser und wohlwollender Riese, der Runenmeister Odins. Sein Brunnen, in dem Odins Auge liegt, ist die Quelle der Weisheit, woraus Odin und Mimir jeden Morgen trinken. Mimirs Haupt dient nach seinem Tod Odin als Ratgeber.

**Mistel:** Eine heilige Pflanze der Germanen (wie auch der Lauch). Ein Mistelzweig ist die Todeswaffe, die Baldur tötet.

**Mjöllnir:** Der sagenhafte Hammer Thors.

**Munin:** Einer der beiden Raben Odins (s. a. Hugin).

**Muspellheim:** Die südliche Feuerwelt der Feuerriesen.

**Nebelheim:** Niflheim, nördliche Welt des Eises.

**Nidhögg:** Leichenfresser, haust unter der Weltesche.

**Nornen:** Schicksalsfrauen, die das künftige Leben von Menschen und Göttern bei deren Geburt bestimmen.

**Nott:** Die personifizierte Nacht.

**Od:** Gatte der Freyja, möglicherweise Odin selbst.

**Odin:** Wodan, Wuotan, Wotan, oberste Gottheit. Vielseitig schillernde Gestalt mit etwa 50 Beinamen und ebenso vielen Funktionen. Gott der Runen.

**Odrörir:** Siehe Skaldenmet.

**Ragnarök:** Götterdämmerung oder Weltuntergang. Danach beginnt die dunkle, eiskalte »Wolfszeit«, die wiederum mit dem Auftauchen einer neuen Welt endet.

**Rater:** Ein Name für die Asen, der sie mit den Runen verbindet.

**Riesen:** Thursen, Jöten, ein den Menschen vorangegangenes, älteres Geschlecht, das vom Urriesen Ymir abstammt. Die Rune der Riesen (wie auch Thors) ist DORN.

**Riesenheim:** Das östliche Reich der Riesen (s. a. Jötunheim).

**Rig:** Wahrscheinlich ein Name des Asen Heimdall. Rig ist runenkundig und zeugt die drei Stände der Knechte, der Bauern und der Jarle.

**Seidr:** Drogenzauber der Wanen im Gegensatz zu Galdr, der Wortmagie der Asen.

**Sigurd:** Der nordische Drachentöter, entspricht Sigfrid.

**Skaldenmet:** Zaubermet, der die Dichtkunst fördert (s. a. Kwasir).

**Skuld:** »Schuld«, die jüngste der drei Nornen.

**Sleipnir:** Odins achtbeiniges Pferd, von Loki geboren.

**Snorri:** Verfasser der Prosa-Edda.

**Sol:** Die personifizierte Sonne, Schwester des Mani (Mond).

**Strohtote:** Die Toten, die im Bett (also auf Stroh) und nicht in der Schlacht starben.

**Surt:** Der »Schwarze«, Anführer der Feuerriesen, der in der Götterdämmerung Freyr tötet und dann die Welt verbrennt.

**Teiwaz:** Siehe Tyr.

**Thjodrörir:** Ein Zwerg.

**Thor** (Donar): Sohn Odins und der Jörd, der stärkste Ase. Thor beschützt die Menschen und bekämpft die Riesen, seine Rune ist DORN.

**Thule:** Prima Thule = Atlantis. Ultima Thule = Island.

**Thund:** Ein Beiname Odins.

**Thurse:** Riese.

**Tuatha:** Atlantisches Volk in Irland.

**Tuisto:** Allererster, »erdentsprossener« Gott der Germanen nach Tacitus (Germania), sein Sohn ist Mannus.

**Tyr** (Ziu, Saxnot, Teiwaz): ursprünglich Himmelsgott (als Teiwaz), zuletzt Kriegsgott, seine Rune ist TYR.

**Ull:** Einer der zwölf Asen mit Bezügen zu Altantis.

**Urd:** »Schicksal«, die älteste der drei Nornen.

**Urdbrunnen:** Wohnsitz der Nornen und Beratungsplatz der Asen.

**Utgard:** Der untere Garten, Unterwelt.

**Utgard-Loki:** Riesen-König, der sogar Thor überwindet.

**Walhall:** Halle in Asgard, Wohnsitz der toten Einherjer.

**Wali:** Sohn Odins, Rächer Baldurs. Wali und Widar sind die einzigen Götter, die Ragnarök überleben und danach die neue Welt erbauen.

**Walküren:** Wie die Nornen die Geburt (Disen), bestimmen die Walküren den Tod der Menschen, indem sie die Todgeweihten auswählen (küren).

**Walvater:** Beiname Odins als Vater der Toten.

**Wanen:** Das den Asen vorangegangene, ältere Göttergeschlecht von Wassergöttern. Zuletzt leben Wanen und Asen miteinander in Frieden.

**Wanenheim:** Die westliche Wasserwelt der Wanen.

**We:** Lodur, Bruder Odins. Bei der Erschaffung der ersten Menschen gibt We »Leben und lichte Farbe« (s. a. Wili).

**Werdandi:** Das »Gegenwärtige«, die mittlere der drei Nornen.

**Widar:** Sohn und Rächer Odins. Widar ist ein schweigsamer Gott, der im Wald lebt (vgl. Wali).

**Wili:** Hönir, Bruder Odins. Bei der Menschenschaffung gibt Wili den »Sinn«, während von Odin die »Seele« kommt (s. a. We).

**Wölwa:** Seherin.

**Wotan:** Bevorzugt für Odin in seinem Aspekt als wütender Herr der Wilden Jagd. Oft als einäugiger, heruntergekommener Wanderer mit einem großen Schlapphut vorgestellt und gesehen, der die Menschen in den Wahnsinn treiben kann.

**Ydalir:** »Eibental«, Wohnsitz des Ull, dem die atlantische Eibe heilig ist.

**Ygg:** Ein Name Odins.

**Yggdrasil:** Weltenbaum, Weltesche, Weltachse, Weltgerüst, dargestellt durch die Rune HAGAL.

**Ymir:** Urriese, neben der Urkuh Audhumla das erste Lebewesen.

**Yngwi:** Yngwi-Freyr als Name zeigt die Verwandtschaft von Ing und Freyr.

**Zwerge:** Das Kleine Volk.

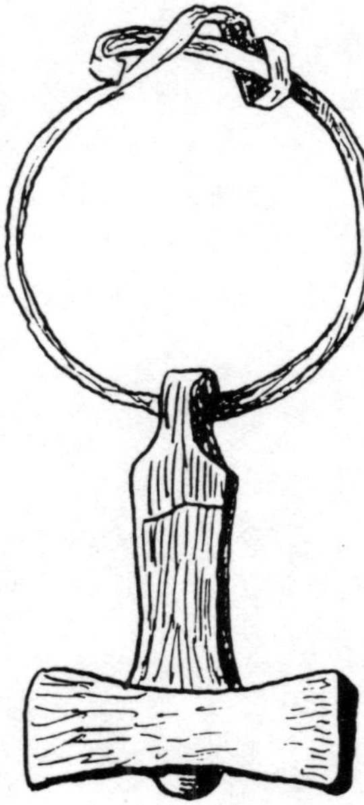

## Bibliographie

*Runenkunde:*

Blachetta, Walther: Das Buch der deutschen Sinnzeichen, Berlin 1941

Buchholz, Erich: Schriftgeschichte als Kulturgeschichte, Bellnhausen über Gladenbach 1965

Gorsleben, Rudolf John: Hoch-Zeit der Menschheit, Leipzig 1930

Krause, Wolfgang: Runen, Berlin 1970

List, Guido von: Das Geheimnis der Runen, Wien 1908

Spiesberger, Karl: Runenmagie, Berlin 1968

Szabó, Zoltán: Astrologie der Wandlung, München 1985

*Götterlehre:*

Bates, Brian: Wyrd – Der Weg eines angelsächsischen Zauberers, München 1984

Burri, Margit: Germanische Mythologie zwischen Verdrängung und Verfälschung, Zürich 1982

Edda (nach Felix Genzmer), Düsseldorf – Köln 1979

Germanische Götterlehre (Diederichs, Hrsg.), Köln 1984

Spanuth, Jürgen: Die Atlanter, Tübingen 1976

Steiner, Rudolf: Die Mission einzelner Volksseelen, Dornach 1962

Tacitus: Germania, Leipzig 1971

Uehli, Ernst: Nordisch-Germanische Mythologie, Stuttgart 1965

Wichmann, Jörg: Germanische Götter, in Unicorn, Nr. 6, Detmold 1983

**Zoltán Szabó,** 1945 in Ungarn geboren, hat 20 Jahre lang dort gelebt. Von 1965 bis 1975 eine lange Wanderung entlang des 48. Breitengrades: Budapest, Wien, München, Zürich und Konstanz. Dabei Studium der Mathematik an der Universität München und der Psychologie am C.G.Jung-Institut in Zürich. Seit 1980 betreibt er eine Praxis für Astrologie und Psychologie in Konstanz.

Christian Rätsch
Bilder aus der unsichtbaren Welt
Zaubersprüche und Naturbeschreibung bei den Maya und Lakandonen
verlegt bei Kindler